差別論入門

女性差別はなぜ存続するのか

安川寿之輔

明石書店

女性差別はなぜ存続するのか——差別論入門／目次

はじめに――初歩的な逆立ち

人はだれでも、本音かたてまえかは別として、「差別はいけない」と言う。その場合、「いけない」のは差別をすることである。ところが、人が差別問題を考えるときには、途端に逆立ちして、被差別部落民はなぜ差別されるのか、民主主義の社会で女性や障害者はなぜ差別されるのか、世界各地でユダヤ人や黒人はなぜ差別されるのか、と考えようとする。差別が不正や誤りであるなら、差別論の考察は、差別の不正を知りつつ、ついつい他を差別してしまう「差別する者」に向かうはずであるのに、逆立ちして、被差別者の側に差別される「いわれ」（理由、由来、根拠）を探ろうとする。

日本の「同和教育」で部落差別を「いわれなき差別」と教えようとするのも同じ事例である。よくあるように、被差別部落の歴史をたどり、被差別部落民の祖先があたりまえの同じ日本人であることを明らかにして、部落差別が「いわれなき差別」であることを強調するとしたら、その論理からいえば、黒人は、例えば現在のアメリカの「多数派」である白人とは明らかに人種が異なっていることから、黒人差別は「いわれある差別」ということになる。

そもそも「いわれなき差別」、原因のない差別というとらえ方は、偏見をただそうとする善意までは疑わなくてもよいが、とらえどころのない幽霊のような話である。「六千部落三百万人」ともいわれた多数の人間が差別される社会事象に原因がないはずがない。それに、原因がなければその事象を除去する手だても考えられない。日本の近・現代社会のなかに、封建身分差別としての部落差別を存続させる原因があるからこそ、その原因を除去することによって、部落差別をなくすることが出来るのであると説明すると、大抵の人は納得するが、ではその日本の社会の「いわれ」はなにかと問うと、途端に頭をかかえこむのである。

　過酷な受験競争教育体制と過剰な「管理主義教育」のもとで差別やいじめに鈍感に育っている現在の日本の学生の大半は、黒人差別を肌の色による差別と誤解している。「差異」と「差別」は字が異なるように違うことであると説明しても、差異と差別の区別ができない。皮膚の色の違いが差別の本質的な要件であるならば、人種的な差異として肌の黒い黒人は永遠に差別から解放されないということになるではないか、という単純明快な論理を指摘すると、なるほどと気づきはじめる。そのうえで、本の題名自体が黒人差別は「色ニ非ズ」という意味の有吉佐和子の『非色』（角川文庫）を読んでもらうと、とりあえず誤解は解消するのである。

　以上の簡単な考察から、差別論の主題は、被差別部落民、在日韓国・朝鮮人、女性、障害者、黒人、ユダヤ人など被差別者集団に所属する「人はなぜ差別されるのか？」ではなく、これらの人々を差別しようとする「人はなぜ人を差別するのか？」という困難な課題を解明することでなければならない。支配する側にとっては、「分裂して支配せよ」が統治のＡＢＣであるように、民衆総体は差別や分断や競争によって確実に不利益をこうむるのであるが、それにもかかわらず民衆はなぜに、たやすく、またひろく差別にからめとられるのかを、私たちは考えていかねばならない。

　そのための回り道として、はじめに「差別とはなにか」という問題を簡単に考察しておこう。差別は古今東西をとわず普遍的に存在してきたものであるだけに、「差別とはなにか」という本質を言いあてた表現を探すのにこと欠かない。思いつくまま並べてみよう。

“Woman is the slave of the slaves.”

（ジョン・レノンとオノ・ヨーコ『ジョン・レノン詩集』）

「女にたいして傲慢で攻撃的で軽蔑的な態度をとるのは、大抵、自分の『男らしさ』に自信のない男たちであるのが普通である。」

（ボーヴォワール『第二の性』）

「人間は自由なものとして生まれた。しかもいたるところで鎖につながれている。自分が他人の主人であると思っているような者も、実はその人々以上にドレイなのだ。」

（ルソー『社会契約論』）

「めいめい、他人を奴隷とし、他人を食える望みがあるので、自分もいつかは奴隷として使われたり食われたりするのだということを忘れてしまっている」という革命前の中国の「人肉の宴席」を告発した魯迅の言葉も、「人は自分の奴隷をもつ望みがあることで、自分が奴隷でありうる」「奴隷である人間ほど、自分の奴隷をもちたがる」と翻案することができよう。

（魯迅『墳』）

つまり差別とは、①まず前提として、差別する側の人間自身がじつは自己を疎外された「ドレイ」であったり、「鎖につながれてい」たり、「自分……に自信のない男たち」であるという一般的な事実があり、②次に、その事実を直視したり自覚したくないために、人は差別によって「自分のドレイ」や献身者をもったり、女を「軽蔑」したり、「自分が主人である」と一時的に錯覚することによって、③手っとり早く自分のアイデンティティーや「自信」を回復したり、自分が「ドレイ」で「鎖につながれている」事実を忘れようとする後ろ向きの行為である。

女性差別にそくして単純化すれば、家父長とされた男性が、奴隷制社会・封建社会・資本主義社会を通じて長年にわたり歴史貫通的に、それぞれのレベルで人間として抑圧され、解放されてこなかったために、男性は「主人」の地位にあこがれ、固執してきたのであり、その結果として、女性差別が存続するのである。そのことをズバリ表現した「女性問題は男性問題である。」という言葉は、女性差別が存在することは、男性がその社会において抑圧され、人間性を疎外されている事象と不可分の関係にあることを示唆したものであり、また同じことであるが、「差別される側」ではなく「差別する側」を問題にすることの必要性を端的に示したものである。

問題のむつかしさの第一は、差別する側の人間が、二〇世紀の民主主義社会において、それなりの豊かさも手中にし、憲法上は自由・平等・友愛の主体である自分が実は人間性を疎外された「ドレイ」であり、「人間として解放されていない」「鎖につながれ」た存在であるという明らかな事実を認識することがじつは困難であるということである。もともと人は一般に、「時代を超えられない」という言葉に示唆されているように、自分が生きている時代の歴史と社会と教育によってどうつくられてきているかを、自己認識することは難しい。くわえて、人間的に疎外され、抑圧された惨めな状況にあればあるほど、人はそうは思いたくないという潜在的な願望にも支えられて、自己の疎外感や心理的抑圧を客観的に認識することは絶望的に困難となる。

だから、その代償行為として差別を選ぶ場合も、その差別にいたる自分の潜在的な意識過程の推移を自分で意識したり、認識することは難しい。差別は無意識的な行為や選択であるのが普通である。したがって、人は自分が差別していること自体に気づくことも困難である。一九九五年十一月三〇日のニューヨーク・タイムズ紙が、「大半の日本人がこの（同和）問題を口にするのを恐れている。このため、多くの若者は自国の差別より、むしろ米黒人差別の知識の方が多い」と報道して、日本の青年が自国の部落問題について無知であることを指摘したように、他の国や他の時代の差別事象は差別として比較的容易に認識できるが、自分に身近な差別ほど——例えば、一般に女性差別を——差別と認識し難いという法則性も成り立っているのである。

問題のむつかしさの第二は、「人間が自由な人間になっていなくても、国家は自由国家（共和国）でありうる」「市民社会の奴隷制こそ、その外見からいえば、最大の自由である。」（マルクス）という逆説に象徴されるように、近代国家の人権宣言や憲法によって、政治的共同体における万人の自由・平等・友愛が宣言され、それが憲法に明記されていても、日常の市民社会を生きる人間はおよそ自由・平等・友愛の主体たりえないという近代社会の本質的な矛盾が存在することである。つまり、すべての人間を自由・平等・友愛の主体として解放する社会システムは、なおジョン・レノンの「イマジン」に歌われたユートピアの世界である。

人類は、奴隷制社会、封建制社会、資本主義社会という大きな歴史の流れのなかで、例えば身分制度＝出生主義にかわる能力主義の原理を手中にすることによって、人間が自由・平等・友愛の主体となる社会的条件を少しずつ確実にひろげてきたが、今度は能力主義による支配のもとで、万人を自由・平等・友愛の主体として解放する確実な展望をなおその手中にするに到っていない。

しかし、万人の自由・平等・友愛というたてまえをだれもが知るようになり、「イマジン」を身近に聴いたり想像することもできる現代人は、自己の疎外状況をリアルに認識できなくても、漠然とは自分が「自由な人間になっていな」いことを感じており、それへの苛立ちと、その状況から一挙的に抜け出すことができないことも同時的に感じており、その代償として、他人を攻撃したり貶めることで、あるいは他人の自由を制約することで、束の間自分が自由になれたように感じられる行為を無意識的に選択しようとする。だから、多くの人は「差別はよくない」と知り、またそう考えながら、「人間の社会から差別が無くなると思いますか？」と問われると、否定する者のほうが多くなる。

たとえば、本書でもしばしば言及する毎年の名古屋大学新入生への私のアンケート調査結果で見ると、「人間の社会から差別が無くなると思いますか？」という問いへの答えでは、「①差別はいけないことであるが、無くならないと思います。」の選択肢を選ぶ学生が毎年一貫して六〇％を越す（一九九五年の新入生では、①六〇・一％、「②せめて自分だけは差別しないように努力したい」が二五・九％、「③差別が無くなるように積極的に努力したい」が一二・一％、「④差別があるからこそ、向上の意欲や努力の励みがある」が一・九％）。

だから、この学生たちに先の有吉佐和子『非色』を読んでもらうと、主人公の林笑子が黒人差別は肌の色による差別でないという本質的な認識にたどりつく以前の、初期の、絶望的な差別認識「人間は誰でも、自分よりなんらかの形で以下のものを設定し、それによって自分をより優れていると思いたいのではないか。それでなければ生きていけないのではないか。」人間という生き物は、もともと差別なしでは生きていけない動物ではないのかと笑子が悲観的に考える部分を、そろって多くの学生が共感をこめて感想文に引用するのである。

そういう人類史の現状から、壮大なジョン・レノン「イマジン」の歌った遠い世界――国家も戦争も宗教も強欲も飢餓も無くなり、人類が、私的所有の多寡をめぐって目を血走らせたり競い合うことを卒業することによって、みな兄弟（姉妹）となる夢の世界に、どういう道のりでわずかでも近づいていくことができるのか、本書では、女性差別を主題としながら、人間社会における差別解消への道のりを読者とともに模索していきたい。

そのために、本書は次のような構成をとる。「I　人はなぜ人を差別するのか――女性差別存続の客体的条件」は、本書の理論篇にあたる。「人はなぜ人を差別するのか」という問題自体の難しさのために、本書のなかでは一番読みづらい内容かもしれない。しかし、本書のオリジナリティーはIにあるので、読者の挑戦を期待したい。「II『女性革命』の時代と社会＝人間の変貌」は、「女性革命」の時代を迎えて、社会と人間のあり方が急速な変革と転換をとげつつある日本社会の現状を描いたもので、人類社会はようやく女性解放の可能性を展望できる段階を迎えようとしている。「III　一九七九年の女性論――女性解放の主体的条件と客体的条件」は、「女性革命」前夜の時点で書いた私の女性論であり、当然書き改めたい箇所も存在するが、私がどの程度時代を正しく把握し見通していたか、逆に「時代を超えられなかった」かを検証する素材として、手を加えないことにした。「IV　人間社会における差別消滅の展望――ジョン・レノン『イマジン』の思想に寄せて」は、ジョン・レノン

「イマジン」の思想に寄せて、人間社会から差別の消滅するユートピアを展望したものである。

なお本書では、女性差別を主題としながら、可能な限り他の差別事象とあわせて考察をすすめた。その理由の第一は、同じ日本人だから「部落問題はいわれなき差別である」という把握は、黒人差別という他の差別事象と対比することでその把握の皮相性が明らかになるように、他の差別事象と比較考察をすることが、女性差別事象の正しい理解を助けてくれるからである。第二に、同様の対比で、女性問題と障害者問題は、女性が「出産を担う性」としての一定の（一般に思われているよりはわずかの）差異と「ハンディキャップ」をもち、障害者が各種の能力において一定のハンディキャップをもっている点において、他の差別事象と異なる側面をもっており、したがって解放の展望にも自ずと異なる側面が考えられるのである。第三に、ジョン・レノンたちのいうように、女性差別が「ドレイのドレイ」という二重の差別であるということは、女性差別が他の諸差別事象を支える役割さえ果たすということを意味する。したがって、「最後の植民地」（ブノワット・グルー）とも呼ばれる女性差別事象からの解放運動を進めるためには、とりわけ他の諸差別事象の解放運動とのかかわりと連帯を重視しなければならないのである。

つまり、女性差別は、身分、性、階級という三重の差別を背負った日本の被差別部落の女性が、「妻子を犠牲にして部落解放運動に奔走する活動家」男性を支えたり、解放運動に直接参加した女性が、各種解放運動の補助要員や下働き（時には「ハウスキーパー」）に位置づけられるという形で、差別のなかの差別という重層構造を問題にする必要があるのである。このように、さまざまな差別が内的なつながりをもって存在している事実をふまえて考察を進めなければならない。

差別事象への総合的なアプローチをこころみる第四の理由は、本書が被差別者集団に所属する「人はなぜ差別されるのか？」ではなく、「人はなぜ人を差別するのか？」をこそ主題とするからである。「黒人は黒人である。一定の諸関係のもとで彼は初めて奴隷となる」というマルクスの平凡な言葉が示唆するように、黒人が白人と異なり、女性が男性と異なるのは自然的差異であり、差異と差別は明らかに異なる。にもかかわらず、一旦差別が出来あがると、人は差異が差別の原因であると誤解・錯覚するようになるのである。しかし、差別の「主役」はあくまで単なる差異でしかないものを差別に転化する「一定の諸関係」である。したがって、差別の口実や契機となる差異は「脇役」にすぎない。だから人類は「一定の諸関係」の支配のもとでこれまで、あろうことなかろうこと、愚にもつかないことを差別の口実＝「脇役」に仕立てあげてきたのである。

以上のことから、『女性差別はなぜ存続するのか』という本書の主題にせまる場合も、「女性はなぜ差別されつづけるのか？」ではなく、「人はなぜ、女性と限らず各種の集団を差別し続けるのか？」という視座を片時も離れてはいけないのであり、そのために私たちは、「脇役」である人種や民族や性や能力や出身地や宗教などの差異でしかないものを差別に転化する「一定の諸関係」をきわめる――つまり、差別の本質をきわめるという作業と並行して、女性差別を考察することが、女性差別事象により確実にせまっていく方法論となるのである。

I

人はなぜ人を差別するのか

——女性差別存続の客体的条件

1　民主主義と差別——矛盾の近代社会史

a　世界中に見られる差別——自由・平等・友愛と差別

人間の自由・平等・友愛という民主主義を原理とする近代資本主義社会のもとで、現実にはさまざまな人間差別が存在し、存続している。人種差別、民族差別、性差別、部落差別、カースト差別などなど。

典型的な近代ブルジョア民主主義革命として知られるフランス革命は、「自由・平等・友愛、然らずんば死を」というスローガンのもとにたたかわれ、その理念は、一七八九年、〈人および市民の権利宣言〉第一条「人は、自由かつ権利において平等なものとして出生し、かつ生存する。社会的差別は、共同の利益の上にのみ設けることができる。」や、一七九三年憲法の人権宣言の第一条「社会の目的は、共同の幸福である。」、第二一条「公の救済は、一の神聖な負債である。社会は、不幸な市民に労働を与え、または労働することができない人々の生存の手段を確保することにより、これらの人々の生計を引きうけなければならない。」などという条文に具体化した。そしてフランスでは、現在でもそのすべての硬貨にliberte, egalite, fraternite（自由、平等、友愛）の三文字が刻まれている。

差別がこの自由、平等、友愛のすべての原理に反することは、あきらかであるが、より重要な問題として、差別が被差別者の自由の束縛や抑圧を意味するだけではなく、差別者自身の不自由に起因することは、のちに考察するとおりである。差別が差別者と被差別者（つまり、働く民衆間）の平等を切りさき、（働く民衆同士の）友愛＝連帯を否定する行為であることも明白である。このように、差別は自由、平等、友愛のすべての理念と原理を裏切る行為であるにもかかわらず、なお今日、人類の世界をひろく覆っている。

フランス人権宣言の典拠となった独立宣言をもつ民主主義の先進国アメリカから見てみよう。この国では、黒人（アフリカ系アメリカ人）と先住民「アメリカ・インディアン」への差別、※同じ白人移民内での差別、非白人移民への一般的差別のなかでもとくにひどいプエルトリコ人とチカノと呼ばれるメキシコ系アメリカ人などへの差別がある。

※差別は、女性差別を例外として、一般に被差別者の「生きる」という最大の基本的人権を抑圧・剥奪する。データは古いが、アメリカ人の平均寿命が六四歳であった一九六四年の「アメリカ・インディアン」の平均寿命は四二歳であった。

その具体的な様相の一端を、有吉佐和子『非色』（角川文庫）の主人公、林（ジャクソン）笑子の目をとおして紹介してみよう。

「私にはどうもニグロが白人社会から疎外されているのは、肌の色が黒いという理由からではないような気がしてきた。白人の中でさえ、ユダヤ人（正しくはユダヤ系アメリカ人。以下同様。とくに断わらない限り、カッコ内は安川による)、イタリア人、アイルランド人は、疎外され卑しめられているのだから。そのいやしめられた人々は、今度は奴隷の子孫であるニグロを肌が黒いといって、あるいは人格が低劣だといって、蔑視することで、自尊心を保とうとし、そしてニグロは(自分より肌も白い)プエルトリコ人を最下層の人種とすることによって彼らの尊厳を維持できると考えた……。」

「私もそろそろニューヨークを見渡すことができていて、白人の社会にも奇妙な人種差別があることに気がついてきていた。ジュウヨークと呼ばれるくらいユダヤ人の多いところであったが、それでもユダヤ人は蔭では指さされているようであった。アイルランド人も、白人の中では下層階級に多く属しているようであった。イタリア系の白人はなぜか軽んぜられていた。汚物処理車に乗っているのはイタリア人が多かったし、イタリア料理屋は二、三の例外はあったが他は最も安上りな大衆食堂であった。彼らの職種で代表的なものは、魚屋、床屋、洗濯屋で、それらは他の白人たちの経営するものより料金が安い。」

同じ白人の中でも「イタ公」とさげすまれるイタリア系移民の活路の一つがアウトローの暗黒街のボスにのしあがる道であり、映画『ゴッド・ファーザー』などで知られるマフィアの故郷は、イタリア南部のシチリア島とされている(差別されている者が例外的によりひろく活躍している世界として、やくざ以外にスポーツと芸能界がある。共通するのはそれらが「実力」の世界という点である)。映画『死刑台のメロディー』で知られる一九二七年に無実の罪で死刑にされた有名な冤罪《えんざい》事件「サッコ・ヴァンゼッティ事件」の無政府主義者の二人もこのイタリア系移民であり、事件には「イタ公なんか人間じゃない」的なイタリア系アメリカ人への偏見・差別がかかわっていた（五〇年後の一九七七年にマサチューセッツ州知事が二人の無実を公式に声明した）。また、アイリッシュ差別は、アメリカの歴代の大統領中アイルランド系出身は第三五代のケネディが初めてであったことにも示されている。アメリカの人種別的につくられた階層中のエリートは、長い間ワスプ（ＷＡＳＰ）、つまり白人でアングロサクソンでプロテスタントのアメリカ人とされてきた。その点で、カトリック教徒出身の最初の大統領としても、ケネディの当選は異色であった。プエルトリコ人は、一六世紀にプエルトリコ島を植民地支配したスペイン人と原住民や黒人との混血である。

つぎに、世界最初の先駆的なブルジョア革命を行なったイギリスでも、アイルランド問題や旧植民地諸国からの移民への差別がある。前者は、一九二一年のアイルランド自治領の分離から英領にとり残された北アイルランドの先住民であるカトリック教徒（人口の三分の一）が、「第二市民」として差別されている問題であり、南北アイルランド統一を主張して武装闘争を推進しているＩＲＡ（アイルランド共和国軍）の抵抗運動で長年流血の惨が重ねられてきた（一九六九年八月からの五年間でイギリス軍兵士だけで千名以上が死亡）。後者については、たとえばロンドンでは「有色」人種五四万人が人口の七・三％（一九七三年）を占め、かれらはイギリスの工業とサービス業の底辺部に雇用され、弱体化したイギリス経済を支える低賃金労働力を構成させられている。ロンドンでしばらく生活すると、タクシー運転手はすべて白人だが、バスや地下鉄の運転手や車掌には「有色」人種が目立ち、日曜日にも開店している商店というと大抵「有色」人種の経営である、などという事実にすぐ気がつく（これらは私の一九七〇年代の見聞）。

ところで、「有色」人種（カラード・ピープル）という呼称が典型的な差別語であることは、ほんの少し考えれば、誰でも気がつくことである。非白人が「有色」人種なら、白人は当然「無色」人種か「透明」人種になるが、白人は無色でも透明でもなく、れっきとした白色の人種である。つまり、この呼称は、「コロンブスがアメリカを発見」という場合と同類の白人中心の歪んだ世界観、人間観のあらわれである。

このほか、ヨーロッパを中心とする諸外国における一般的な差別として、ユダヤ人差別、シンティ・ロマ（ジプシー）差別、旧帝国主義諸国による旧植民地民族差別などがある。また、高度に発達した資本主義諸国に流入する「発展途上」国からの移民だけではなく、国境をこえた出稼ぎ型の外国人移住労働力への差別も一般的である。さらに、世界の資本主義諸国の歴史を通じて、多くの場合無自覚なままで長期にわたり普遍的に存在しつづけてきた差別として、性差別と障害者差別がある。思いつくままにあげてみただけでも、このように数多くの差別がひろく世界に存在する。

そして、日本においても差別の事例は枚挙にいとまがない。世界共通の（ただし、よりひどい）女性差別、障害者差別はいうに及ばず、部落差別をはじめとして、在日韓国・朝鮮人差別、アイヌ系日本人差別、琉球＝沖縄県民差別（明治・大正・昭和三代の天皇が一度も訪れなかった唯一の県。「基地の中に沖縄がある」現状も差別事象といえる）、へき地差別、アメリカ占領軍との「混血」児差別、朝鮮・中国・東南アジア諸国への旧植民地民族差別、現在は「キーセン（妓生）観光」に代表される経済進出による新植民地主義的民族差別などがある。さらに、若干異質の差別としては、定時制学校卒業生を典型とする普遍的な学歴偏重の差別や母子家庭青年への差別、思想信条による差別、原爆被爆者差別、水俣病をはじめとする公害患者差別などなど。

このように、さしあたり資本主義の近・現代社会には数多くの差別がひろく存在してきたし、かつ現存する。そうすると、これらの各種の差別は、近代社会の原理あるいは本質そのものに由来して存在するものなのか、それとも、常識的に考えられるように、自由、平等、友愛という近代社会の原理の例外あるいはその不徹底として諸差別が存在するのか、そのどちらなのかが問題になる。この問題については、ひとまず次のように考えられよう。人間の自由、平等、友愛という民主主義の原理をたてまえとする社会において、これだけ各種の差別が、例外視するにしてはあまりにもひろく普遍的に存在しているということは、この近・現代社会そのものにむしろ、人間への諸差別を必然的に内包せざるをえないような本質的属性が存在するのではないか、と考えてみることである。

誤解のないようにあらかじめ断わっておくと、このようにとらえるということは、日本の封建的身分差別の残存としての部落差別や古代奴隷制に起源をもつ女性差別、障害者差別などの各種の差別を、資本主義社会の本質的属性である、ととらえることではない。そうではなくて、後述するように、賃労働の搾取（五五ページ参照）というその本質的属性（階級的な収奪と搾取）のゆえに、近代資本主義社会は、さまざまな差別をあたかもその本質的属性と見まがうばかりにたえず利用しようとするということである。以上のことを、近代資本主義社会の生誕の時期にさかのぼって、ひとまず歴史的に確認してみることにしよう。

b　J・J・ルソーと女性差別――近代ブルジョア民主主義革命と差別

J・J・ルソーは、一八世紀フランスの啓蒙思想家のなかでも人間の自由と平等と連帯（社会契約）という近代民主主義思想をもっともラディカルに主張して、フランス革命に圧倒的な影響をあたえた。ところがその同じルソーは、『社会契約論』と同年に刊行した主著の一つ『エミール』において、女性をつぎにみるような従属的な性ととらえることによって、人間の半数をしめる女性を、近代社会の自由、平等、友愛の主体から排除した。このように、ルソーの女性論をむしろ近代社会の女性差別思想の典型としてとらえなおし、これまでの男性中心の日本のルソー研究、さらには近代社会思想研究の視座に根底的な再検討あるいは自己批判をせまる仕事をしたのは、『女性解放思想史』（筑摩書房）、『女性解放思想の歩み』（岩波新書）の著者水田珠枝である。

ルソーはまず、女性は生活「必需品を手に入れるために」男性に依存しているから「自然の法則そのものによって、女たちは、自分自身のためにも、その子どものためにも、男たちの思いのままになるよう、命ぜられている」ととらえる。かれは「男たちはその欲望のために女たちに依存しているが、女たちはその欲望のためにも必要のためにも男たちに依存している。だから、女たちが私（男）たちなしに生き続けることよりも、むしろ私たちが女たちなしで生き続けるほうが容易である。」と考えた（ルソーの女性差別思想についての詳しい考察については、安川寿之輔・悦子『女性差別の社会思想史』明石書店を参照）。

そして、「家に閉じこもったまま、家事と家族の世話にかかりきりにな」ることこそ、「自然と理性とが女に命じている生きかた」である、と誤ってとらえる歪んだルソーの目には、「ほとんどすべての女の子は、読み書きをいやいやながら学ぶのに、針仕事といえば、女の子がいつも喜んで学ぶもの」であると映ったのである。また、「両性の結合においては、……一方は能動的で強く、もう一方は受動的で弱くなければならない。つまり、必然的に、一方は欲求し、力がなければならないが、他方はわずかばかり抵抗すればそれで十分である。この原則が確認されれば、女は男によろこばれるようにとくにつくられているということになる。……女は男によろこばれるように、征服されるようにつくられているのならば、男の怒りを挑発するよりは、男にこころよく思われなければならない。」つまり、ルソーによれば、「受動」性を本質とする女はあくまで「男に媚びる性」であった。

したがって、こうした女子にたいする教育の方針としては、女性の「第一のそしてもっとも重要な特質は温順ということであ」り、女性は、「男という不完全な存在、しばしば悪徳にみち、いつも欠点にみちみちている存在に服従するように」教育されなければならず、また「夫の不正をさえ耐え忍び、その非行を不平もいわずに我慢することを、早くから学ばなければならない。」のである。したがってまた、ルソーは、「従順さ」こそが女性の「一生涯必要とする」基本的モラルだと主張した。

「娘たちはいつでも服従していなければならない。」「従順さ」は女性のあらゆる生活の原理であり、娘時代には、女は「母親の宗教を信じなければならない」し、妻になれば、「夫の宗教を信じなければならない。その宗教が間違っているときでも、……（その）従順さが、間違いの罪を神のもとでぬぐい去ってくれる。」一般的にいって、女性は「みずから判定者となることができない」から、「父親と家族の決定を教会の決定と同じように受けいれなければならない」。男性は「善を行うのに自分自身で決断し、公衆の判断をものともしない」。ところが女性の行動は、「人びとがかの女のことをどう考えているかが、かの女が実際にそうであることにおとらず大切である。」という差異がある。したがって、女子教育の方法は「男の教育法とは反対でなければなら」ず、「人びとの意見は、男のあいだでは徳の墓場であり、女にとっては美徳の玉座である。」

このように、ルソーの女子教育の方針の「すべては、男に関係づけ」てとらえられていた。「男によろこばれること、男の役にたつこと、自分を男に愛させ尊敬させること、男が幼い時には養育し、成人したら世話をやき、男の相談相手となり、男をなぐさめ、男の生活をここちよくたのしいものにすること、これがあらゆる時代の女の義務であり、子どもの時から女に教えられなければならないことなのである。」と、日本の男＝「主人」が随喜の涙を流してよろこぶほど、その女性論、女子教育論は、男性本位の、女にとって屈辱的な内容であった。もちろん女の子が「跳ねたり、走ったり、叫んだり」して身体を「練磨」しなければならないとルソーが主張する時も、その目的は、当然男の子と異なり、「女は男と同じように強健である必要はないが、男のために、かの女から生まれてくる男が同じように強健であるために、女も強健でなければなら」なかったのである。※

※ 関連して紹介しておくと、先進国の社会契約思想を日本に輸入するにあたって、その重要な抵抗権思

想を骨ぬきにして、この革命思想を専制政府への服従と自発的な納税の理論的補強物に換骨奪胎した後進国日本の思想家福沢諭吉の場合は、女子体育論については、「男」＝「市民」の強健のためではなく、「国民」＝「臣民」の強壮のためにそれを構想していた。福沢も「女子が運動体操の事などに身を委ねるときは、温柔優美の風を損ふに至る可し」という世間の考えをしりぞけ、かれも女の「戸外の運動」や体育をむしろ重視して、「特に注意して大に勉めざる可らず」と主張した。その目的は、「婦人の健康如何は国民の体力に大関係あるものなれば、……真実国民の母たる可き女子を造る」ために、という国権主義的発想であった。女子＝「国民の母」→「母体強壮」→「好子孫」→「人種改良」→「富国強兵」の推進、という論理をとった福沢の女子体育論は、ルソーのいう「平等な市民」のためではなく、「帝室に忠誠なる臣民」のためという目的の違いはあったが、女性自身の健康や解放のための体育構想ではなかった点において、ルソーと基本的な枠組は同じであった（近代日本の女性差別思想を体系化した福沢諭吉の社会観＝人間観については、筆者著『日本近代教育の思想構造』（新評論）参照）。

なお、私は一九九四年の社会思想史学会（慶応義塾大学）での福沢の女性論についての報告に「日本の社会は福沢を漸く過去の思想家とし得るか？」という刺激的な副題を付した。そうした理由は、遅まきながら女性の「労働権の確立」と「性役割分業の打破」という「静かで長い革命」としての「女性革命」の時代（本書II参照）を迎えた日本の社会にとっては、福沢の女性論はすべて過去のものになろうとしているからである。その女性論の内容を列挙しておこう。

①女性が家事・育児を「天職」として、「男子を助けて居家処世の務に」つくという性別役割分業観。②女性の参政権や労働権の欠落。③日本資本主義の対外進出のための娼婦の海外「出稼ぎ」の積極的肯

定論をふくむ公娼制度必要論。④「温和良淑」「優美」「柔順」という日本女性「固有」の「美徳」養成のための特性教育論＝男女共通教育の否定。⑤女子の郷里を離れての遊学反対論。⑥「西洋流の自撰結婚」＝恋愛結婚反対論と離婚の自由否定の「偕老同穴」論。⑦福沢の男女平等的センスを示すものとして好意的に紹介されてきた結婚の際の新苗字創出のアイディアも、夫妻別姓が制度化されようとしている現代では、霞んだ存在にならざるを得ない。

ルソーは、『人間不平等起源論』の冒頭では、人間の自然的、肉体的な不平等（差異）と、社会的、政治的不平等とを区別し、両者が結びつくことには反対した。ところが、女性が妊娠、出産をになう性であるために、労働の主体としては当然男性との一定の差異（ハンディキャップ）をもつことについては、「はかりが完全につりあっている時には、それをかたむけるのに一本のわらがあれば十分である」という勝手な論理によって、男性と女性との能力や人間的価値に決定的なボーダーラインをひいてしまったのである。かくして、教育思想史上は「児童の福音書」としてこれまできわめてたかく評価されてきた『エミール』の内容は、実際には児童の半数をしめる少女に、受難と忍従の反福音を説いていたのである。

そして、このルソーの女性差別思想は、フランス革命にもそのままひきつがれ、近代社会の性差別思想の原型となった。一七八九年のフランス人権宣言は、「人は、自由かつ権利において平等なものとして出生し、かつ生存する。」として、たてまえとしては、人間全体の解放を宣言しながら、実際にはその解放は、女性の非存在あるいは従属のうえにたつ半数の家長としての男性を解放しただけのものであった。それを象徴するのが、オランプ・ド・グージュの処刑である。かの女は、右の〈人および市民の権利宣言〉が男性に保障した権利をそのまま女性にも保障すべきであるとして、一七九一年に〈女性と女性市民のための権利宣言〉を公表した。

前者の構成と内容を模倣しながらも、無権利の女性の立場をふまえて、前文では「母親、娘、姉妹、すなわち国民の女性代表者たちは、国民議会の構成員になることを要求する。女性の権利への無知、忘却、軽蔑が、公共の不幸と統治の腐敗の諸原因にほかならないことを考えて、女性のゆずりわたすことのできない、神聖な自然権を、厳粛な宣言として提示する」と、グージュは、女性の参政権を要求し、第一条「女性は自由なものとして生まれ、権利において男性と平等である」をはじめとして、人権宣言の主体としての人間に女性を加えていったのである。第十条を「女性も断頭台に立つ権利があるのだから、議会の演壇に立つ権利も同様に持つべきである」と書いたグージュは、「演壇に立つ権利」ではなく「断頭台に立つ権利」だけを保障され、死刑を執行された。そのことを報じた当時の新聞は次のように書いた。

「厚かましくも、家事を放棄して革命に没頭した、オランプ・ド・グージュ」は、公衆も完全に正当と認める理由、つまり「彼女は政治家であろうとした。それゆえ法律は、その性にふさわしい徳を遺棄した陰謀家に制裁を加え」るべく、十一月十三日、かの女を断頭台に送った。女が人間であることを主張することは、命とひきかえになったのである。※

※　近代の民主主義の基本的な評価にかかわるこの重要な歴史的事実が、日本の学校教育ではただしく教

えられていない。私が調査を始めた一九八六年度では、高校（予備校）までにこの事実を教えられたことのある学生は一～二％であった。その後日本の「女性革命」の進行と並行して体験者の比率は増大し、一九九三年度に最大一七・七％になったが、その後また減少を始めており、九四年度一四・八％、九五年度一〇・三％となっている。

つぎに、このフランス革命に先立って、独立宣言を公表し、世界最初の成文憲法をもつ民主共和国を建国していったアメリカの場合を見よう。このアメリカの民主主義の萌芽は、一六一九年のヴァージニアの代議制議会の誕生とされている。ところが皮肉にも、この議会を開設した同じ年、同じ場所で、同じ人間たちによって、アメリカ最初の黒人奴隷の輸入が実行された。イギリスの軍艦をともなった一隻のオランダ船から同州ジェームズタウンに陸上げされた二〇人のギニア黒人を、煙草プランターたちは購入したのである。つまり、アメリカ民主主義の誕生と黒人の奴隷としての収奪の開始がワンセットであったのである。そして、このアメリカ史の皮肉は、そのまま一七七六年のアメリカのブルジョア民主主義革命を象徴する「独立宣言」書の作成過程においても、再度くりかえされたのである。

「人間はすべて平等につくられ、造物主によって一定の奪うことのできない権利をあたえられ、そのなかには生命、自由および幸福の追求がふくまれる」という有名な宣言の歴史的文書の作成過程において、トマス・ジェファーソンの草案にあった黒人奴隷貿易を弾劾した条項が、南部プランターと北部奴隷輸入商人の意向によって、抹殺されてしまったのである。草案にはつぎのように書かれていた。イギリス「国王は、人間性そのものに反する残忍なたたかいをおこない、いまだかって彼に逆らったことのない僻地（アフリカ）の人々の生命と自由という最も神聖な権利を侵犯し、彼らを捕えて、西半球の奴隷制度の中につれこむかあるいは運搬途上で悲惨な死にいたらしめた。……この海賊的なたたかいこそ、キリスト教徒たるイギリス帝国国王によってなされてきたのである。人間が売買される市場をあくまで開いておこうと決意し、この憂うべき取引の禁止ないしは制限を企図したあらゆる法律の成立を妨げるため、彼は拒否権を行使した。……」

さらに、一七八八年に発効した世界最初の成文憲法としてのアメリカ合衆国憲法は、その第一条第九節一項「現存の州が、入国を適当と認める人々の来住および輸入に対しては、連邦議会は一八〇八年以前においてこれを禁止することはできない。」その他、第四条第二節三項、第一条第二節三項などの条文において、この憲法は、民主主義と人間性に真っ向から反する奴隷制度を合法的なものとして、承認したのである。つまり、アメリカ資本主義の歴史は、そのまま人間が同じ人類同胞にたいしてどれほど暴虐非道になりうるかを実証する歴史となり、世界史に輝く同国のブルジョア民主主義革命と最初の成文憲法は、ともに血ぬられた黒人奴隷制を前提とした人間の自由、平等、友愛の宣言となったのである。

そして、憲法第一条第九節一項の規定の期限をすぎて奴隷解放宣言の行われるのがやっと一八六三年のことであり、憲法修正第一三条（奴隷制廃止）の確定はその二年後のことであった。しかも、その奴隷解放の内実は、「リンカーンは、おれたちを自由にしたことで、称讃を博しましたね。でも、ほんとにかれはおれたちを自由にしましたかね？　かれは、おれたちに、おれたちだけで生きてゆけるための機会は何ひとつ与えてはくれないで、おれたちに自由を与えてくれたんですよ。」（J・レスター『奴隷とは』岩波新書）という黒人自身の証言のように、黒人の苦難の歴史は、そのまま現代にひきつがれていくのである。

生地獄さながらの高い死亡率で知られる奴隷貿易の大西洋横断航路は、奴隷一人にわりあてられた空間が長さ一六七・六センチ、幅四〇・六センチ、「本棚に並べた本」よろしく、二人ずつ左右の手足を鎖でつながれ、黒人たちは「棺桶に納まっているより窮屈」な状態に詰めこまれた。この「黒い家畜」の運送にあたる奴隷船のはなつ悪臭は、何カイリも離れた船の乗員を悩ませたといわれる（E・ウィリアムズ『資本主義と奴隷制』理論社）。航海の途次における黒人のたかい死亡率の数字については、論者によって大きなひらきがあるが（デュ・ボイスは五分の四、H・パーソンズは二分の一。ウィリアムズの指摘するように、イギリスの奴隷貿易廃止論者によって、中間航路の「恐怖」が誇張されたという側面もある）、生きてアメリカ大陸に連行された奴隷の総数は、「一、五〇〇万人から五、〇〇〇万人あるいはそれ以上のあいだ」と推測されている（H・パーソンズ『ヒューマニズムとマルクス思想』合同出版）。

以上のように、近代民主主義思想の歴史に新紀元を画したアメリカ独立宣言とフランス人権宣言は、幾百万、幾千万の人間（女性や黒人）の隷従、非存在を前提とした家長（男性）や白人（男性）という限られた人間の自由、平等、友愛の宣言にすぎなかった。つまり、近代社会においては、女性、黒人、植民地人民、ユダヤ人、被差別部落民、障害者など——数字からみて間違いなく人類の過半数をこす——無数の、マイノリティとはいえない被差別者集団が、この社会の原理としての民主主義のたてまえそのものからも差別され、「自由、平等、友愛」の主体から疎外されてきたのである。

そして、この被差別者集団が労働運動、農民運動の高揚にも励まされながら、黒人解放運動、植民地解放・独立運動、女性解放運動、シオニズム運動、部落解放運動、障害者解放運動などに立ちあがっていくなかで、今日、これまでの帝国主義諸国中心の、あるいは欧米や白人男性中心の歴史と社会の見方、とらえ方が根底から問いなおされるようになってきたのである。そしてまた、従来のように、資本主義社会と民主主義原理をイコールでとらえることそのものに、疑問と異議が提起されるようになってきたのである。

つまり、欧米先進国あるいは日本の近代化は、国外における奴隷貿易や植民地支配、そして国内における黒人奴隷制、妻の家内奴隷制、部落差別などの確立や再編の過程と並行して進んでいるのである。たとえばイギリスの場合は、ピューリタン革命＝ブルジョア革命を画期として、クロムウェルの武力侵攻によるアイルランドの植民地化が開始され、ついでアメリカ植民地の政治的経済的支配の強化がめざされたのである。その植民地支配のくびきから一八世紀後半に独立を達成したアメリカの場合は、イギリス産業革命と連動する南部の綿花栽培の発展によって、黒人奴隷制のプランテーション農業が、まさにこの独立の時期から最盛期にむかうのである。一七九〇年、最初の国勢調査による合衆国の黒人数七五万余（総人口の一九・三％）は、五〇年後の一八四〇年には二八七万余（一六・一％）に増大しており、この間、各地の奴隷制反対運動の成果として、自由黒人は漸増するが、その黒人中の比率は、一七九〇年七・九％が一八四〇年にやっと一三・四％に増えただけである。

以上のわずかな考察だけからみても、近代の世界史は、資本家階級と労働者階級という階級的視点からだけではなく、その歴史をになった過半数をこす被差別、被抑圧人民（女性、植民地人民、黒人、被差別部落民、障害者など）の視点を積極的にもちこむことによって、大幅に書きかえられなければならないのである。

c　差別は見えにくい

——性差別発言史、されど「ブラック・イズ・ビューティフル！」

アメリカに大西洋横断の奴隷船で黒い「人肉貿易」として連行される以前のアフリカの広大な大地で生活していた黒人たちは、当然ながら奴隷ではなかった。「黒人は黒人である。一定の諸関係のもとで彼は初めて奴隷となる。」というマルクス（『賃労働と資本』）の平凡ではあるが含蓄ある言葉の示すように、黒人は黒人であり、女性は女性であるにすぎない。そして、人種や性が異なるということは自然的差異であり、その差異そのものはなんら差別を意味しない。「一定の諸関係」こそが、これらの差異を差別に転化させるのである。したがって、私たちが差別の本質を考えるためには、この差異を差別に転化させる「一定の諸関係」をこそ問題にしなければならない。

この差異を差別に転化させる「一定の諸関係」という怪物の考察はつぎの2にゆずり、ここでは、一旦差別がつくりだされると、それが人間をどれほどまでに物事を見えなくさせてしまうのか、また、差別がどれほどの威力をもって一人歩きをはじめるのか、ということについて、まとめて考察しておきたい。まず、差別される側の人間から見よう。

　ひとたび人は差別に支配されるようになると、「美意識の隷属化」（本多勝一『アメリカ合州国』）に象徴される精神のドレイ状態におとしこまれる。その典型を『マルカムX自伝』（河出書房）に見よう。マーカス・ガーベイの世界黒人向上協会の組織者でバプティスト派の牧師だった父を悪名たかきキュー・クラックス・クラン（K・K・K＝暴力的黒人排撃主義者団体）に殺され、自らは黒人社会のどん底でハスラー、ポン引き、はては強盗までやり、麻薬常用者でもあったマルカムXは、刑務所の中で自己変革をなしとげ、読み書きを練習し、次々と高い知性を自力で獲得した。かれはついにブラック・マスリム（黒人社会建設を目的とするアメリカの黒人イスラム団体）の最も戦闘的で説得力のあるリーダーになり、さらにアフリカの独立諸国への旅行を契機に、新しい理念（OAAU、アフリカ系アメリカ人統一機構）によるラディカルなアメリカ黒人の解放運動を展開しようとするが、その矢先（一九六五年二月）、三九歳の若さで暗殺者の手によって非業の死をとげた（三年後にはノーベル平和賞を受賞した穏健派のキング牧師さえ暗殺するアメリカの社会であり、マルカムは自伝刊行より先に自分が殺されることを予期していた）。マルカムは、差別による自己の精神的ドレイ状態を、ブラック・マスリムとの出合いで克服し、その自らの解放を被差別黒人同胞全体の戦闘的な解放運動に結びつけてたたかったのである。

　『マルカムX自伝』（執筆者は、『ルーツ』の著者アレックス・ヘイリー）は、屈辱的な精神的ドレイ状態におとしこまれていた青年期のマルカムXの自画像をつぎのように伝えている。

「私の頭上には、どんな白人ともおなじように真っすぐな、ふさふさとして、なめらかな、真っ赤な――まったく真っ赤な――髪が輝いていたのである。なんと滑稽であったことか！……今では『白人』のように見える自分の髪に、ただ茫然と見とれながら立っているなんて。その愚かさに気づかず、もう二度とコンクなしではすまさないぞ、と誓った。そして事実、長年のあいだ、そうであった。……アルカリ液で文字どおり肉を焼きながらも、あらゆる苦痛に耐えた時、このことは、堕落へ向かって私が踏みだした、真に大きな第一歩であった。黒人は『劣等である』――そして、白人は『優れている』と思い――また、黒人は、白人を基準にして『美しく』見えんがために、神の造り給うた肉体を、敢えて汚し、不具にするように信じこまされ、洗脳されているアメリカの多数の黒人の男女のひとりで、私はあったのだ。」

「黒人は黒人であ」り、皮膚の色の黒さは自然的差異にすぎない。当然ながら奴隷化される以前のアフリカの黒人たちにとっては、人間とは黒いものであり、黒という自然の色にプラスもマイナスの意識もあろうはずはなかった。その黒人たちが白人の世界で奴隷として支配され、奴隷解放後も被差別的状況におかれる中で、自分たちの精神をドレイ化させられ、美に関する意識そのものまでが見事に隷属化させられたのである。かくして、白は美しく、黒は醜悪であるという神話が創出され、その意識が人々を支配する。その結果、たとえば一九四六年当時、アメリカの黒人の五分の三が「黒色は現存する色のなかで最も悪い色だ」と思いこまされるようになっていた。

　ところがさらに黒人たちは、自分たちの主人あるいは差別者としての白人との自然的差異にすぎない髪のちぢれにも劣等意識をもつように変えられ、ちぢれ毛をのばす薬や技術に非常な関心をもち、「肌を白くし、縮れ毛を矯正する職業は一千万ドルの儲け仕事であった」という時期が長らく続いた。まっすぐな髪は黒人のあこがれの象徴であった。それがいかにつくられた愚かしい意識であるかということは、逆に「まっすぐな髪」にわざわざ金をかけて「ちぢれ毛」にする白人や日本人がいくらでもいることを考えればいい。また、あとで指摘するように、一九六〇年代の黒人解放運動の高揚とともに、黒人自身がコンクをやめてアフロ・ヘア・スタイルを誇示するように変化することによっても、その愚かさは明白である。

　青年期のマルカムXが「もう二度とコンクなしではすまさないぞ、と誓った」コンクとは、まさにその美意識の隷属化の象徴であった。派手な「ズートスーツ」を着てニューヨークの街をつっぱってのし歩いていた青年マルカムは、黒人は「劣等である」と「信じこまされ」、「その愚かさに気づかず」、アルカリ液で自己の「肉を焼き……あらゆる苦痛に耐え」てまでコンクすることで、髪を真っ直ぐにして一歩でも「優れている」白人に近づこうとしていたのである。しかし、この「愚かさ」は非行青年マルカムだけのものではなかった。当時は「じつに多くの、いわゆる『上流階層』の黒人たちがコンクをつけている。……ひじょうに多くの黒人芸人たちもそれをつけてい」た時代であり、マルカムがジャズのライオネル・ハンプトンやアカデミー賞受賞俳優のシドニー・ポワティエを尊敬していたのは、かれらがその頭髪をコンクしていなかったことが有力な理由であった。

　当の黒人自身が自然的差異にすぎない自己の肌の色や髪のちぢれに劣等意識をもち、それをのろっていた（る）ほどであるから、私たち日本人の多くが、黒人差別というのは、アメリカの人口の一一

%をこす肌が黒く髪のちぢれた人たちが、その故に差別されている現象である、と常識的にそう考えているとしても不思議ではない。しかし、もし読者が黒人差別は肌の色や髪による差別だと考えているとしたら、あなたは黒人は永遠に差別から解放されない、あるいは黒人は解放されなくてもよい、と考えていることと同じになるのである。いうまでもなく、いつまでも「黒人は黒人であ」り、黒人が白人になることはない。

有吉佐和子の小説『非色』(角川文庫)は、そうした日本人の誤った常識に正面から挑戦した興味ある小説である。のちにそのストーリーも見ることにするが、ここでは、その題名『非色』が、黒人差別は「肌の色が黒いという理由からではない」という意味であることだけを、指摘しておこう。それから、黒人の血がたとえば一六分の一だけ混じっていて、外見、容貌はまったく白人そのものの色の白い人間も、アメリカ社会では「黒人」(!)として差別されることを紹介しておこう。日本の被差別部落民がその「出生」を「隠して」、「一般の」社会に同化しようとする場合と同じように、「パッシング」によって、「色の白い黒人(?)」が「純白人」になりすますことは十分可能であるが、かれの血に何十分の一でも黒人の血が混じっていることが知られると、再びかれは「白い黒人」として差別されるのである(その愚かしさ!)。

黒人差別を例にとって、差別にともなう精神のドレイ化現象について少し立ちいって考察したが、同様の現象は、女性差別や部落差別その他のあらゆる差別においても普遍的に見られることである。たとえば、一九二二(大正一一)年三月に被差別部落民が自ら解放運動に立ちあがって全国水平社を創立した時の中心メンバーであり、「全国に散在する吾が特殊部落民よ団結せよ。」にはじまるその創立宣言を起草した西光万吉も、運動開始以前のかれは、「生まれてくるということが一番悪いんです。死こそが最高相の文化です。地上において、私共は果して何を求め、何を望み得ましょう」と、自己の生そのものを呪いつづけており、「差別の劣等感は、酒によっても、仏教によっても、そして小説※によってもいやされなかった」という毎日を送っていたのである。

※住井すゑ『橋のない川』（新潮社）の主人公たちは、島崎藤村の名作『破戒』について、おりにふれて語りあっている。例えば第二部で畑中誠太郎は弟の孝二に次のように語っている。「身許を知られとうないと思う気持はわかるが、知られたからというて、今までかくして悪かったとあやまる丑松の気が知れぬ。なんぼ絵そらごとやというても、あれはあんまりや。あれを作った人は、まるでわしらのことを知らぬのや。つまりあの話を作った人は、はじめからエッタは世間の人とちがう人間やと思いこんでるんやで。そのくせ……」。

女性差別の場合は、さしあたり差別する側の男性がかの女の恋人や夫であるという関係にあり、しかも、ルソーや福沢諭吉などの男性は、実際にはあらわに女性を差別しながらも、表向きはその同じ著書で「男も人なり女も人なり」、「（男女）軽重の別あるべき理なし」と主張するので、女性差別は、黒人差別や部落差別よりは見えにくい関係にある。だからこそ、女性差別は多くの女性が独立と解放に立ちあがらない「最後の植民地」として残されてきたと考えることもできよう。しかし、女性差別の場合も、「女らしさ」の神話によって、多くの女はその精神をドレイ化させられ、「平気で他人にかばってもらい、愛され、助けてもらい、指導してもらって、平気である」（ボーヴォワール）という退嬰的な人格を身につけさせられてきたのである。

つぎに、差別する側が差別によってやはり物事が見えなくさせられる場合を、ブノワット・グルー『最後の植民地』（新潮社）の内容を中心にして、「アダムの肋骨からイブを産み出した」という珍奇な聖書の物語にはじまる、男性による女性差別発言の証言史によって見ることにしよう。それは、何千年にわたって男性がいかに身近な女性というものについて真実を見ることができず、さしあたりいかにかの女たちを「誤解」してきたかの歴史といえよう。もちろん女性も当然その影響をうけ、自分自身を見誤ってこなかったはずはない。いずれにしても、「女にたいして傲慢で攻撃的で軽蔑的なのは、たいてい、自分の男らしさにもっとも自信のない人達であるのが普通である。」というボーヴォワール（『第二の性』）の言にしたがえば、男性がこれだけ女性に悪罵を投げつけ続けてきたということは、男という生き物は、なんと自分に自信がなく、「劣等感になやむ人達」であったのか、ということについての資料集でもある。いくつかの項目に分類して、紹介しておこう。

≪女というもの≫

「すべての男のかしらはキリストであり、女のかしらは男であり、キリストのかしらは神である。男は神のかたちであり、栄光である。女は、また男の光栄である。なぜなら、男が女から出たのではなく、女が男からでたのだから。また、男は女のために造られたのではなく、女が男のために造られたのである」（聖書）

「法的権利の及ばない者は、未成年者、既婚婦人、犯罪者及び精神薄弱者である」（ナポレオン）
「女というもの……一生、大きな子供であり、要するに、子供と、真の人間である成年男子とのちょうど中間に位する段階に属する」（ショーペンハウエル）
「彼女たちには十分に食べさせ、身にまとうものを与えなければなりますまい。しかし、社会の風には当てぬこと。彼女たちは、祈禱書と、料理の本さえ読んでいれば、いいのです」（バイロン）
「この者たちには脳味噌は存在しない。彼女らの哀れな頭は、何か入れると、ぐじゃぐじゃになってしまう」（イギリスの医学博士）
「女を大臣にだと。編物庁次官ではまずいかね」（ド・ゴール仏大統領）
「支配しにくい三つの物がある。馬鹿と、女と、大洋である」（アグニュー米副大統領）

≪女の知（理）性≫

「科学は、女性にとっては大変危険なものである」（一八世紀の哲学者、メートル）
「女性は愚鈍という生きた彫像である。神が残った泥で彼女を造った時、知性は入れ忘れられた」（一九世紀の哲学者、ラムネー）
「女性は精神的近視である。……女たちの理性が薄弱である結果として、現実のもの・直観的なもの・直接に実在するものなどは、女たちのうえに一種の強い力をおし及ぼすけれども、その反対の、抽象的な思想とか、一定の格率とか、……に対する顧慮などの働きは、おおむね、微々たるものに過ぎない」（ショーペンハウエル）

「知性をふり廻す女は醜く、気狂いじみた女猿のようである」(プルードン)
「聡明な女性の多くは石女《うまずめ》である」(フロイトの愛弟子、ロンブロゾ)
「女性は、女らしさという貴重な特質を犠牲にして、知識を購っている」
(フロイトの女弟子、ドゥーチェ)

≪女の教育≫

「少女は横柄にならぬよう、そして、家事と服従とに向くように教育されなければならない」

(ショーペンハウエル)

「女子を教育することほど嫌なものはあるまい。……それはまた、とりもなおさず、女に男なしですませることを教えるようなものである」「女にはお前は女王だと説きつつ奴隷のようにあつかえ」

(バルザック)

≪キリスト教≫

「女よ、おまえは悪魔の門だ。神の御子が死ななければならなかったのは、おまえのせいだった。悪いことは何もかも女のせいだ。女は常に喪服をまとい、ぼろをまとっているべきだ」

(テルトゥリアヌス教父)

「女性の霊魂は、毎月、月経によって汚されるので、聖域の純潔を護持するために、女性は生理の期間中、教会には足を踏み入れてはならない※」(聖アウグスチヌス)

「女性の司祭など、絶対あり得ない。茄子《なす》が雲雀《ひばり》のように飛ばないからといって、それが不正ではないように、これは女性の排除ではない」（一九七二年、ルロン神父）

※　女性の聖歌隊がローマのサン・ピエトロ寺院で初めて歌うのを許されたのは——一九七〇年のこと。

≪性≫

「夫は妻が姦通したときには彼女を懲役におくり、離婚を行うことができる。姦通の現場をとりおさえて殺害しても、法の下では許される。これに反して夫は妾を自宅につれこんだときにのみ罰金を課せられるのであり、この場合にかぎり、妻は夫と離婚することができる」（ナポレオン法典）

「とても自信たっぷりで、まるで領主様みたい……とても美しく……固く、堂々としていて塔のよう……脚の間の睾丸の不思議な重さ！　何て不思議な重さ、謎の重み……根源的なもの、すべての美しい物の根、完全な美そのものの始源の根」（D・H・ローレンス『チャタレー夫人の恋人』）

「そいつを開いたままにして、ランプを近づけてみた。誓って言うが、おまんこをこんなに真面目に調べてみたのは初めてだ。見れば見る程つまらない。衣服に包まれた女を見れば、いろんなことを想像して……奴らに個性を与えてしまう。本当にあるのは脚の間の割れ目だけさ。中にゃ何もありゃしない、全く何も。ぞっとするぜ。」（ヘンリー・ミラー）

「私は受胎調節を憎悪する。それは醜悪な行為だ。私にはあの恥知らずな共産主義者の方がまだましだ」（ノーマン・メイラー）

「避妊は姦淫を正当化するであろう——それは人間の心にひそむあらゆる動物的なもの、畜生的な

ものの厭うべき開発である」（フォワイエ仏法務大臣）

以上のような数々の「女らしさ」の神話が、女性自身の反抗や「最後の植民地」からの解放のたたかいへの参加によって、次々ともろくも崩れつつあることは、IIで見るとおりである。そのことは、他の被差別者集団にまつわる神話やかれら自身の隷属化させられたドレイ意識についても同様である。「黒人は劣等である」「アイヌ（黒人、被差別部落民）の子は、粗暴だ」「女（黒人、被差別部落民、朝鮮人）はバカである、……けがれている」「白は美しい」などという無数の差別（優越）意識や偏見は、差別を合理化し、正当化するために、多くの場合、支配階級によってつくりだされ、注入されるのであり、ひとたびそうした意識や偏見が形成されると、それが一人歩きを始め、逆にその時代と社会の差別を温存、強化するというマイナスの能動的な役割をはたすのである。

しかし、社会経済的な差別の現実とも結びついて再生産されるこれらの偏見や差別意識も、差別されている当事者自身が、差別の撤廃と解放をめざして立ちあがるようになると、もともと人為的につくり出されたものでしかないだけに、そうした意識は簡単に崩れ始めるのである。とくに差別される側がもたされてきた劣等意識やドレイ根性は、被差別者集団が自らの力で解放のたたかいに立ちあがるとともに、簡単にぬぐい去られるようになるのである。

具体的には、解放運動の初期において法則的に見られるといってよい劣等意識、ドレイ根性の初期の一八〇度の逆転であり、その意識変革は、「黒は美しい」のように過渡的には排外主義的な姿をとるが、運動の成長とともに、そうした弱点は克服され、旧被差別者集団は、これまで自分たちを差別してきた敵ともいうべき民衆と連帯して、同じ働く民衆を数々の偏見や差別によって分断してきた共通の敵の打倒のためにもたたかうようになるのである。ここでは、解放運動の初期に共通にみられる劣等意識のラディカルな逆転作業と、その中で提起される運動のスローガンについてだけ、見ておくことにしよう。

一九一一年青鞜社の創立宣言中の「元始女性は太陽であった！」という宣言、一九二二年の全国水平社創立宣言における「吾々がエタである事を誇り得る時が来た」という呼びかけ、一九六〇年代の黒人解放運動の高揚の中で提起された「ブラック・イズ・ビューティフル！」のスローガン、その黒人解放運動に励まされる形で高揚するアメリカのウーマン・リブ運動の成果として、E・G・デイビスは、ボーヴォワールの『第二の性』にかわって『第一の性』（一九七一年）を刊行し、青鞜社と同様に、「祝福された女性」の「黄金時代」を描き出した。

長年にわたって抑圧、差別され、虐げられてきた人間集団が解放を求めて立ちあがる際には、その運動と思想の中で「白は美しい」という旧来の価値観を一八〇度逆転させ、自らの集団のアイデンティティと自己主張を、「エタがエタであることを誇り得る時が来た」「黒（こそ）は美しい」「女＝第一の性」というかたちで、うち出していくという過渡的な時期が存在するのである。黒人のアフロ・スタイルも、そうした意識変革の中で生まれた髪型である。その典型的な事例として、全国水平社創立宣言の一節を紹介しておこう。

「兄弟よ、吾々の祖先は自由、平等の渇仰者であり、実行者であった。陋劣なる階級政策の犠牲者であり男らしき産業的殉教者であったのだ。ケモノの皮剝ぐ報酬として、生々しき人間の皮を剝ぎ取られ、ケモノの心臓を裂く代価として、暖い人間の心臓を引裂かれ、そこへ下らない嘲笑の唾まで吐きかけられた呪はれの夜の悪夢のうちにも、なほ誇り得る人間の血は、涸れずにあった。そうだ、そして吾々は、この血を享けて人間が神にかわろうとする時代にあうたのだ。犠牲者がその烙印を投げ返す時が来たのだ。殉教者が、その荊冠を祝福される時が来たのだ。

吾々がエタである事を誇り得る時が来たのだ。」

2 資本主義社会における人間の分裂と対立

——差別の根源と本質

a 資本主義社会における自由・平等・友愛とは

人種や性の自然的差異、さらにそれに歴史的社会的契機の加わる民族の差異などを差別に転化させる「一定の諸関係」は、近代市民社会すなわち資本主義社会の成立期を中心とする各国の歴史的、社会的条件によって、それぞれ異なっている。また、近代社会に共通する性差別や障害者差別の場合も、各国のこの条件の違いに対応して、差別のあり方やその度合いを異にする。しかしながら、近代社会の本質的属性と見まがうばかりの各種の人間差別の本質や機能を考えるうえでは、この各国の歴史的、社会的条件の違いに応じて、さまざまな差別の内容や性格が、あるいは同一の差別の程度が各々にどのように異なるのか、また、各種の差別について、どういう差異がその差別の契機や起源や根拠となっているのかを問うことには、あまり積極的な意味がない。

もちろん、差別事象を考察するにあたって、各々の差別の起源をたどることによって、その差別がいかに「いわれなき差別」であるかを明らかにすることには、差別意識や偏見をなくしていくための迂回路として、一定の積極的な意味はある。しかし、そうしたアプローチに主眼をおくと、差別問題についての誤った把握をひき出さないとは限らないのである。たとえば、「はじめに」で言及したように、日本の被差別部落民の起源をたどることによって、部落民の祖先がまったくあたりまえの同じ日本人であることを明らかにして、部落差別が「いわれなき差別」であることを強調するとしたら（部落差別についての偏見をただす意味で当然一定の意味はあるが）、その論理からいえば、黒人差別の場合は、黒人は黒人であって、アメリカ人の多数をしめている白人とは明らかに人種が異なっているということで、差別は「いわれある差別」となりかねないのである。同様にして、能力の発達に一定のハンディキャップをもっている障害者は、その能力の「劣等」のゆえに差別されても仕方がないという論理になるのである。

もともと差別とは、性や人種などの自然的差異、歴史的に形成された身分や民族などの社会的差異、さらには人為的に創出された架空の差異（例えば、宗教間の対立）などが「一定の諸関係」のもとで差別に転化されたものである。障害者を含めて、限られた範囲内で自然的基礎（遺伝的素資）に関係する人間の能力の違いによって差別される場合でも、そうした差別がひきおこされるのは、その社会が人間をその労働能力において、業績や社会への（直接的な）貢献度によって評価することを当然としている社会だからである。つまり、人間をその労働能力において評価するという社会の「一定の諸関係」があるからこそ、能力主義や序列主義にもとづく人間の選別がおこなわれるのである。

したがって、被差別者集団あるいは被選別者集団の側から見れば（あるいは、人間が人間であるかぎり同等の人間的価値をもつという近代社会の平等の原理からいえば）、すべての人間差別や選別は、「いわれなき差別」「いわれなき選別」といえるのであり、逆に、差別や選別がかならず「一定の諸関係」

によってつくり出される点からみれば、すべての差別は「いわれなき差別、選別」ではなく、例外なくその「いわれ（理由、由来、根拠）」をもっているのである。そしてまた、すべての差別が（差別される者自身の側にではなく）その社会の中に「いわれ」をもっているからこそ逆に、私たちは、その「一定の諸関係」の除去をとおして、人間差別のすべての廃絶を展望することができるのである。

だから、差別の主役は「一定の諸関係」であり、各種の差別の起源や契機となる差異は脇役にすぎない。そうすると、主役こそスターであり、脇役は、小ものでも雑魚でもなんでもいいということになる。つまり、差別の契機や口実となる差異は、一見差異と思われるものなら何でもいいのである。人類（差別者）はこれまで、「一定の諸関係」の支配のもとで、あろうことなかろうこと、愚にもつかないものを片端から差別の口実にしてきたのである。そのことがわかれば、ほんに差別の起源を真面目にさぐること自体が阿呆らしくなるほど、いい加減のものを差別や蔑視の口実にしてきたのである。まったく逆のものでも同時に差別の口実になりうる。皮膚の色は黒でなくても白でもよい。目玉の色も黒でなくても青でもいい。鼻の高さは低くても高くても曲っていても真っ直ぐでもいい。男でも女でもいい。ふざけるならばハゲだって、ハゲ王国では支配者のシンボルとなって、頭に気持悪い髪が黒々と生えている者がバカにされ、差別されるのである（そういえば、ハゲも大抵の場合、まさに自然的差異にすぎない）。

黒人差別も、アメリカを黒人が「建国」して、白人を奴隷貿易の対象にしていたら、白人差別になったのであり、白人は確実にその色の白さと真直ぐに生えた髪のゆえに差別され、マルカムWは、「白は劣等である」と確信し、パーマをかけ肌をやきこがすことに熱中するのである。そういえば、アジア・太平洋戦争中に小学生（国民学校）であった私は、地元の造船所で使役されていたアメリカ人（白人捕虜）を、つぎのように蔑視することを教員から教えられた。「やつらを見ろ。目ん玉はまるでイワシの目の腐ったような色をしさらしている。皮膚ときたら、まるで死人のように青白いのだ、気持悪いぞ」と。ところが、敗戦の一夜があけるとともにぼくたちは、日本社会特有のカメレオン的転向により、「青い目をしたお人形は、アメリカ生れの……」という歌（もともと戦前の歌）を教えられ、イワシの目の腐ったのと同じ色の目が、いつのまにかあこがれの「青い目」に変ったことをさとらされたのである。変ったのは、日本が敗戦国になったことだけである。

話が大分脱線してしまったので、もとに戻ろう。さまざまな差別が近代資本主義社会の本質的属性と見まがうほどに普遍的に存在していることを考えると、この人間差別の本質、機能、さらには解放の展望を究明していくためには、各種の差別の現象や起源の違いや独自性をこえて、共通に各種の差異を差別たらしめている社会的、歴史的条件を明らかにしていくことこそが重要である。※

※一時、部落解放の教育をめぐって、「解放教育」こそが、日本の民主主義教育の原点であるという主張がみられた。しかしこの主張は、第一に、部落差別が近代社会の本質的属性と見まがうばかりに存在している数多くの人間差別の一つにすぎないことを正しく理解しておらず、第二に、これから考察するような、近代社会の差別を本質的に規定している「いわれ」を正しく把握しておらず、第三に、解放の展望から強いて違いをいえば、部落差別より障害者差別や性差別の方が解消が困難であり、より差別の原点的な位置をしめていることを見おとしており、第四に、以上のような問題点を十分自覚しないまま

に、部落差別からの解放を目ざす教育という独自性をもつ教育の名称に、あらゆる差別と抑圧からの人間一般の解放を意味する「解放教育」という名称、概念を使用している、などという諸点において、あきらかに問題がある。

「ユダヤ人問題によせて」(一八四三年)を書いたマルクスも、ユダヤ人差別の原因を、ユダヤ人の民族性の差異やユダヤ教という宗教上の違いにもとめたりはしていない。またかれは、ユダヤ人問題は、近代市民革命によって各国で人間の自由、平等、連帯が宣言されたにもかかわらず、その原理の例外として、ユダヤ人差別がなお存続している現象である、とも考えていない。むしろマルクスは、近代市民社会の歴史と現実そのものによって、いいかえれば、ほかならぬ人間の自由と平等と連帯をたてまえとする私的所有の社会のもとで、まさにその原理によって、必然的に人間の差別と敵対、つまり「ユダヤ人問題」が存続させられている、と把握するのである。

市民社会の現実としての近代資本主義社会における自由と平等と連帯とは、商品生産者の自由な利潤追求活動と、商品所有者の人間労働の通約性を基礎とする商品の等価交換と、その交換という行為によって、互いの社会的連帯性が確認されるという関係を、その実質的な中味としている。

資本主義社会の一般的基礎は、人間のなんらかの欲望をみたすすべてのものが商品として生産され、各人がさまざまな欲望をみたすために、その生産物を、貨幣をなかだちとして相互に交換しあうことである。互いに異なる使用価値をもった商品が交換しうるということは、どの商品も人間の労働の生産物であるという共通性に媒介されているからである。どの商品にも、生産者の国籍や容貌や性格や能力の違いをこえて（労働の不同等性を捨象して）、共通に人間の脳、筋肉、神経、手などの生産的支出ともいうべき「抽象的人間労働」が投入されている、と考えられるのである。この抽象的人間労働の量によって商品の価値は規定されるのである。つまり、商品の等価交換を原則とする資本主義社会では、人間はすべて（抽象的）人間労働の主体として平等であり、各人は人間労働という通約性をもつ存在であると社会的に確認されているのであり、その意味でこの社会は、人間平等の理念を唯物論的に定着させたのである。

資本主義社会の多数をしめる労働者は、「職業選択の自由」にみられるような、自由な人格として、自分の所有している（唯一の）労働力商品＝労働能力を自由に処理（販売）してよい。かれは、かの女は、等価交換の原則にもとづいて、法的に対等な関係にある買い手（資本家）にその労働力商品を、自由な契約にもとづいて、売ることができる。その商品の価格（労働力商品の価値）についての合意が成立しなければ、売り手は売らなくてもよいし、買い手も買わなくてもよいのである。

ただ労働者にとって残念なことは、かれの自由は二重の意味での自由であり、かれは自由な人格として自由にその商品を処理できるが、このように封建的拘束から自由になった労働者は、同時に、生産手段（田畑、機械、道具、工場など）や生活手段からも自由である（切り離されている）ため、生きていくためには、唯一の財産である自己の労働力商品を売らねばならないということである。この商品の買手がつかなければ、かれは生きることができないのである。しかしともかく、労働者もいまや所有権の主体として、その財産である自己の労働力商品を、平等（等価交換）の原理にもとづいて、自由に処理する権利を完全に有しているのである。働く人間が自由で、支配階級（資本家）と対等な関係に立つということは、人類の歴史上初めての画期的な出来事である。

一方、資本家にとって嬉しいことは、等価交換の原則にもとづいて、労働者の労働力商品をその価値（労働力の所有者である労働者と家族の生活維持に必要な生活手段の価値）どおりに買っても、この魅力的な労働力という商品は、その労働力を一日一定の時間だけ使用することによって（二四時間近く使用したら労働者は死んでしまうが）生産される商品の価値の方が、労働力の価値よりも大きいという特性をもつのである。資本家は等価交換をしたのであるから、誰に恥じることもなく、この労働力の価値との差額である「剰余価値」を手に入れることができる。かれは、労働力と生産手段を価値（その商品を生産するのにその社会で平均的に必要な労働時間）どおりに買って生産を行ない、生産物を価値どおりに売ってもなお、確実にもうかるのである。これが、世にいう賃労働の搾取である。

そして、労働者の悲哀は、じつは、賃金奴隷としてどこかの資本家にその労働力を買ってもらわねば生きられない、という意味での強制労働に服して、みすみす資本家に自らの労働力の価値以上の剰余価値を提供せざるをえないということである。このあたりで、資本主義社会の万人の自由と平等（と連帯）という原理が、そろそろあやしくなってくるのである。

b　疎外された労働――近代社会における人間の「類的本質存在」の疎外

近代資本主義社会の圧倒的多数をしめる労働者は、自分の所有する労働力商品を、平等（等価交換）の原則にもとづいて、自由に売ることができる。どの雇用主にその商品を売ることも自由である。

ところがかれは、農民のように自分が生きるに必要なものをつくり出す生産手段をもっていないので、その商品、つまり自分自身をどこかの雇用主に買ってもらわないかぎり、日常的に生きることができない。その意味において、かれにとっての労働は、強制労働である。かれは任意労働を強制される立場にあることで、じつは自由な主体ではない。また、雇用主は、その労働力商品を価値どおりに買っても、その価値以上の剰余価値を入手することができる。つまり、等価交換にもかかわらず、労働者は労働を搾取され、労働者の悲哀が資本家の喜悦であるという関係において、かれらは資本家と断じて平等ではない。

つまり、労働者は法的には自由、平等の人格主体でありながら、日常的には不自由、不平等な存在であるという複雑な関係におかれているのである。労働者が、生きるために働く社会的生産の過程において、その人間性をどのように疎外されていくかを、初期マルクスの〈疎外された労働〉（『経済学・哲学手稿』）の概念を借りながら、考察することにしよう。

生産手段を所有する資本家は、魅力的な労働力商品を購入して生産活動を営むが、かれは、一日八時間なら八時間という契約時間内にかんする限り、機械や原料などの生産手段の場合と同様に、買って自分のものになった労働力商品を、どのように消費、使用しようとも自由である。だから、その時間内では、労働者がトイレに入っている時間までストップ・ウォッチで測って、「トイレの時間が長すぎるぞ！」と文句を言うこともできる。こうした労働過程によってつくられた生産物は、ひとまず資本家の所有に帰す。つまり、労働者は、不思議なことに、自分が汗水ながして働きながら、第一に、その労働の生産物から疎外されるのである。

もちろん、労働者は自分の労働力商品の価値どおりのものを賃金としてもらうのであるから、さしあたり生産物から疎外されても少しも不思議と思わないようになっている。しかし、ほんらい、ルソーらに代表される（古典近代）のブルジョア思想からいえば、自分の肉体や精神を駆使して労働をしたものが、その成果を排他的に所有する権利があるのであり、この「労働による所有」の原則からいえば、自ら汗して働いた労働者がその成果から疎外されることは、もともとありえない不当なことである。

労働は、ほんらい人間の自己実現であり、自己の能力の対象化（外化）である。つまり、人は労働の能力を労働という行為によって対象の中へ外在化し、労働生産物の中に移しかえていくのである。それと同時に、人はその労働の過程において、労働対象と労働手段の性質や工程についてのさまざまな経験や知識を獲得し、仕事にかかわる能力としてそれらを自らの中に蓄積していくのである。つまり、労働の対象化（外化）はほんらい獲得であり、労働の過程は労働者が対象化すべき「自己」を自分の中につくりあげていくという自己創造の過程、感性の形成過程と重なっているのである。この歴史貫通的な「人間と自然との物質代謝」過程としての労働過程を、のちにマルクスは『資本論』の中でつぎのように描いた。

「労働はさしあたり、人間と自然との間の一過程、すなわち、そこにおいて人間が人間の自然との物質代謝をかれ自身の行為によって媒介し、規制し、統制する一過程である。……この運動によって人間は自分の外の自然に働きかけてこれを変化させ、そうすることによって同時に人間自身の自然

（人間本性）を変化させる。人間は、人間自身の自然のうちに眠っている諸力能を発展させ、その諸力の働きをかれ自身の統制のもとにおくのである。」

人間にとっての労働という営為は、かれによれば、たんなる経済的な行為ではなく、ものをつくることがそのまま人間をつくることにつながるという哲学的な、あるいは人間学的な意味をもっているのである。そうした自己実現、自己確認、自己形成としてのほんらいの労働が、資本主義社会の疎外された労働のもとではなにを生みだすかについて、マルクスはつぎのような鋭い指摘をする。

「労働が生産するところの対象、労働の生産物は労働にたいして一つの疎遠なものとして、生産者からは独立な一つの力として対峙してくるということにほかならない。労働の生産物はある対象のうちに定着し、物的となった労働であり、労働の対象化である。……労働の対象化は対象の喪失および対象への隷属、そして獲得は疎外として、手放すこと（外在化）としてあらわれる。……

労働者が身をすりへらして働けば働くほど、かれが自分に対抗したものとして作りだすところの疎遠な対象の世界がますます強力なものになり、かれ自身、つまりかれの内面の世界がますます貧しくなり、かれ自身に属するものはますます少なくなる……。

労働者はかれの生産物のなかに自己を外在化するが、このことの意義はただたんにかれの労働が一つの対象、一つの外的な存在になるところにあるだけでなく、かれの労働がかれの外に、かれとは独立した疎遠なものとして存在し、そしてかれに対峙する一つの自立的な力となり、かれが対象に付与した命がかれに疎遠なものとなって敵対してくるところにある。」

『経済学・哲学手稿』を書いた当時（一八四四年）のマルクスは、まだ剰余価値の理論や労働力の概念を見出していない時期であるが、それにもかかわらずかれは、労働の生産物からの疎外という第一の疎外によって、①労働者が剰余労働（価値）を収奪されること、②労働者が自己実現、自分の生命力の発現の成果から疎外され（遠ざけられ）て、それとひきかえに賃金という死んだ物質をもらうという事実に、生命の高貴が物質の多寡に還元される姿のあること、③労働者の生産物が他の人間のものになるだけでなく、資本としてかれに対立し、かれを支配する自立的な力をもつようになる、などという多くのことを、おぼろげながらも示唆していたといえよう。

　このような生産物からの労働者の疎外があるということは、当然その結果を生みだす労働過程そのものにおけるかれらの疎外があるはずであるとして、マルクスは、第一の疎外を第二の疎外の考察につなげる。もともと労働者の労働は、資本家の利潤獲得という目的をみたすための生産活動であるから、かれはその労働を自分にとって疎遠なものと感じる。つまり、労働者は、「労働をはなれて、はじめてわが身にかえったくつろぎを感じ、労働にはいるとわが身をはなれたよそよそしさを感じる。かれは、労働のいとなみをやめたときにはわが家にあるがごとくほっとし、労働をいとなむときには、異郷にあるがごとく」感じるのである。

　資本主義生産のもとでの労働者の労働は、人間本来の生命活動や自己実現ではなく、つまり、その労働をとおしてなんらかの自己の欲求や目的を直接実現していく行為ではなく、食べるとか、「妻子を養う」とかいう、労働をよそにして別に存在している目的や欲求をみたすための、やむをえない手段にすぎないのである。生きるためにやむをえず従事しているいとわしい「強制労働」である。なろうことなら労働はしたくない、と、まるで労働を嫌悪するのが人間の本性ではないかと思えるような有様である。ほんらい「人間自身は、かれらがかれらの生活手段を生産しはじめるやいなや、自分を動物から区別しはじめる。」のであり、労働は人間に固有の営為であり、しかもそれはほんらい人間の自己実現であった。ところが、その労働をいとなむという人間的な機能において、職場における労働者は、「あァ、早く今日の仕事が終らないかなあ！」と、ただ苦役を強いられている動物のような自分を感じているのである。

そして逆に、労働者は、食うとか、飲むとか、セックスをするなどという動物なみの諸機能において、生きている自分や自由な主体としての活動をいとなむ自分を感じているのである。労働を離れ、会社から帰宅して冷えたビールを一杯飲んで、かれは「あァ、おれは生きているんだナ」と実感する。しかし、食ったり飲んだりセックスする程度のことなら、さしあたり猫でも豚でもやっていることである。そうした動物なみの諸機能をいとなむ時にのみ、「生きている」自分を実感している人間の姿があるとすれば、それは人生ではなく、さしあたり動物なみの「豚生」といえよう。

マルクスは、このように労働者が働くことをうとましく感じ、「動物的なものが人間的なものに、人間的なものが動物的なものになる。」という人間の転倒した姿、あるいは「生きていることは生きることを犠牲にすること」になっている姿という大変鋭い表現によって、労働過程における人間の自己疎外という第二の疎外の情景を描きだした。

もちろん、食ったり飲んだりセックスすること自体は、「正真正銘の人間的な機能」である。さらに現代の労働者はもう少し「高尚」である。かれらは、健康に有害と知られている煙草に自己をまぎらし、パチンコ、マージャン、競輪、競馬などのギャンブルにうつつをぬかし、あるいはもう少しつつましく（?）日曜大工、園芸、オーディオ、ペット、ディスコ、ドライブ、旅行、流行（サル真似）、マイホーム（ウサギ小屋）の夢（「同情は連帯を拒否した時に生まれる」という意味での「同情」のバーゲンセールの傾向をもつ）ボランティア活動などに熱中、没頭し、さらには、もう少し派手に「キーセン観光」や「南極観光ツアー」に翔ぶことを知っており、かれらはこうした嗜好、ギャンブル、遊び、趣味などに熱中している時に、生きている自分や自由な主体としての活動をいとなむ自己を錯覚している。所詮、趣味は趣味、遊びは遊び、逃避は逃避、ひまつぶしはひまつぶし、有害なものは有害なものである（この部分では、「疎外された労働」からの回復をはかる逃避的な代償行為と、人間の「必要労働」時間が短縮されて獲得する「自由時間」における人間の自由で創造的な活動とを区別せず、後者について一面的な評価になっている点を反省している）。

『資本論の世界』（岩波新書）の著者内田義彦もいうように、ピカソや湯川秀樹がどれだけ生きたかという場合には、人は二人が生涯において食べたり飲んだり愛したものの量や質で評価したり、かれらの趣味や遊びの回数や内容で評価するわけではない。そうした行為自体は、さしあたり人間の誇りや偉大さや人間性を証明するものではない。生きることは、今日、ものをつくることとは離れた文化的な消費生活やレジャーを楽しむことと考えられているが、それは、多くの者が疎外された労働によって「生活」のために余儀なく「労働」をしており、「つくる」ことにおいて、「生きる」喜びや実感を味わっている人があまりにも少ないからこそ、転倒した労働観が形成されているといえよう。なかには少数、食べるために生きている人もいるが、普通は生きるために食べるのであり、人は消費するために生きているのではなく、生きるために消費するというのがほんらいの姿であろう。ピカソや湯川秀樹がどれだけ生きたかという場合には、かれらがどれだけの素晴らしい絵画や基礎物理学の理論をつくりだしたかという、その労働の成果で評価されるのである。※

※ 大学生の場合はどうであろう。現代日本の大学生たちも、労働者の「労働の疎外」現象と同様に、能力主義とつながる単位制度という誤った大学制度にも影響されて、圧倒的に「学習の疎外」現象に支配され、「自ら学ぶ主体」というほんらいの学生のあり方を大幅に疎外されている。「学ぶ」ために大学に入学したはずの学生たちも、講義をはなれて、はじめてわが身にかえったくつろぎを感じ、教室にはいるやいなや、わが身をはなれたうわの空となる。講義が面白くなければ、出なければいいのだ。大学とはほんらいそういう世界なのである。そしてかれらも、教室や演習室で（動物にはできない学生固有の、しかも自己実現でもある）「学習」をしている時よりは、昼の食堂や放課後のサークル活動などの時の方が生き生きしている。

もともと学生が講義をきくといっても、かれらはその（教員の）講義をききたいからきくという場合の方が（稀有な）例外であり、その講義をよそにして別に存在している単位をとるとか、卒業資格をえるという目的のためにやむをえず受講しているにすぎない。だから、学生がよく「大学に来ている」ということと、よく「学んでいる」ということは、基本的に別のことである。近年、日本の大学生はくそ「真面目」になり、戦後の日本の大学史上初めてといわれるほど講義によく出席する。ところが、日本の大学が「レジャーセンターになりさがった」とか、「大学生の恐るべき学力の低下」などと、マスコミでさわがれるようになったのは、こうしたくそ「真面目」な学生が急増した時期からのことである。

疎外された労働は、第三に、人間はほんらい自由で目的意識的な能動性をもった活動をいとなむ類（社会）的存在であるという「人間の類的本質存在」を労働者から疎外する。「類的本質存在」というと耳なれない言葉であるが、人間という類の本質的なあり方という程度の意味であり、私たちに耳なれた表現をつかうなら、さしあたりそれは「人間の人間たる所以」とか「人間性」という言葉におきかえてもよいであろう。まずマルクスにならって、その中味を見よう。

マルクスは、「自由な意識的活動こそ人間という類の性格である。」という。では「意識的活動」とはなにか。「動物はその生活活動と直接的に一体をなしている。それはその生活活動と区別されない。それはそのまま生活活動である。だが、人間は自分の生活活動そのものを自分の意欲と意識の対象ならしめる。……意識的な生活活動は人間を直接的に動物的な生活活動から区別する。ほかでもなくこのことによってはじめて、かれは類的本質存在なのである。……かれが類的な本質存在であればこそ、かれ自身の生活が対象なのである。そして、そうであればこそ、かれの活動は自由な活動なのだ。」

同じことをマルクスは、のちの『資本論』の中で次のように具体的に説明している。「クモは、織物師の仕事にも似た作業をするし、ミツバチは下手な大工が恥かしいと思うくらい立派に巣をつくる。しかし、もっとも下手な大工でさえもっとも上手なミツバチとはまるで違う点がある。それは大工は実際に家を建てる前に、すでに頭脳の中でそれを築いているからである。労働過程のおわりには、そのはじめにすでに労働者の観念のなかに存在していた、つまり観念的にはすでに存在していた結果が出てくるのである。」

つまり人間は、ものをつくったり活動する際には、あらかじめ自分の頭のなかでその製品や活動の結果を描いている。そして、この頭のなかにあらかじめ描き出した観念、目的、目標の実現にむけて、人は生産したり、活動したり、生活したりするのである。だからたとえば、自然対象に働きかけてものを生産する場合には、人間は「自然的なもののうちに、同時にかれの目的を実現するのである。」(『資本論』)ということになる。

つづいてマルクスはまた、動物との対比で人間の「自由」をわかりやすく説明する。「たしかに動物も生産をする。たとえば、ミツバチやビーバーやアリなどのように、かれらも自分の巣や住いをこしらえはする。けれども、かれらは直接に自分もしくは自分の子どもにとって必要なものを生産するだけである。かれらは一面的に生産をするのにたいして、人間は普遍的に生産をする。動物はただ直接的な肉体的必要におされて生産をするのにたいして、人間自身は肉体的必要からすら自由に生産をする。そして、その必要から自由な状態においてこそほんとうの意味で生産をする。動物はただそれ自身のみを生産するのにたいして、人間は自然の全体を再生産する。……人間は美の法則にならってすら、ものをつくることもするのである。」マルクスはこのように、「自由な労働こそ人間を人間として形成する力の基本である」と考えていたのである。

さらに人間は、生存のために自然対象に働きかけて労働する際に、協力しあうこと、連帯すること、協同労働することの必要性と有効性を認識するなかで、人間と人間とのかかわり、すなわち「第二の自然」としての社会を組織していく。「人間は一つの類存在である。なぜなら、かれは実践的にも理論的にも類を、つまりかれ自身の類をも他の諸事物の類をもともに自分の対象にするばかりでなく、また――もっともこれは同じ事柄の別な言い方にすぎないが――かれが自己自身にたいして、現にそこに存在する生きた類にたいするようなあり方をする点、かれが自己自身にたいして、ある普遍的な、それゆえに自由な存在者にたいするようなあり方をする点でもそうなのである。」

同じことをまたマルクスは、『資本論』の「相対的価値形態」の説明のところで、つぎのように書いている。「見ようによっては、人間も商品と同じことである。人間は鏡をもってこの世に生まれてくるのでもなければ、私は私である、というフィヒテ流の哲学者として生まれてくるのでもないから、人間はまず他の人間のなかに自分を映してみるのである。ペテロという人間は、パウロという人間にたいして、自分に等しいものとして相関係することによってはじめて、人間としての自分自身に相関係するのである。しかし、このようにしてペテロにとっては、パウロなるものの全体が、そのパウロ的な肉体のままで、人間という種属の現象形態として認められるのである。」

太郎という人間は、自分だけでは自分がなんであるか、その類的本質がなんであるかはわからないのである。太郎は、個人としてではない人間一般の一員としての次郎とかかわりをもつことによって、次郎の姿のなかに自分（人間）というものの姿を認識するのである。つまりこれは、人間はひとしく人間という類の一員であるということの表現であり、同時にそれは人間の社会的存在としての自覚と不可分であることを示しているのである。

人間が人間であるための本質的要件ともいうべき「類的本質存在」の中味を検討した。問題は、この人間の類的本質存在が資本主義社会の労働過程において、いかに無惨に疎外されているかということである。労働者は、資本家あるいは経営幹部のたてた目的のために、かれらの意志や指示に従属して労働する。したがって、一日八時間というもっとも長時間の生活活動ともいうべき職場労働を、自分（たち）の意欲や意識の対象とすることができない。かれらは、労働をとおしての人と人とのつながりを、分業によって寸断され、生きた人間が死んだ機械や機構の付属品とされ、資本家や幹部の目的定立と指揮統制のもとに労働に従事させられ、自分（たち）でなにかひとつの製品をつくりだしているという実感をもつことができない。

　労働過程が本質的に自由で目的意識的な精神活動の場でもあるという動物の活動から人間のそれを区別する根本的な活動、つまり精神労働は、もっぱら資本家と一握りの経営幹部層や技術陣によってのみ担われ、一般の労働者はそれにしたがって自らの神経や筋肉を動かすだけという肉体労働の世界にとじこめられる。「自分がしている仕事が、いったい何に使われるものかをまったく知らないでいることは、非常に意気をくじけさせるものである。自分がいろいろと力をつくしているところから、一つの生産物が生れだしてくるのだという感じをいだくことができないからである。自分もまた、生産者の列に加わっているのだという自覚を持つことができない」というシモーヌ・ヴェイユの証言「工場日記」（山之内靖『社会科学の方法と人間学』岩波書店）は、人間がその類的本質存在を疎外されることの苦痛と非人間性を鋭く告発したものである。

　内田義彦の前掲書が幾分ふざけて書いているように、労働者は自分の労働力商品を自由に処分する権利はもっているが、「労働に対する処分権など全然もっていない。うそだと思ったら職場で労働を自分の自由に処分してごらんなさい。処分されるのはあなた御自身でしょう。」ということになり、「労働を自由に処分する」のは、あくまで労働力商品を購入した資本の行為である。それも日本のような後進国の資本になると、労働過程だけでなく、企業ぐるみ選挙や社宅制度によって、労働者の日常生活や投票行動までを管理、統制したがりさえするのである。映画監督チャップリンやルネ・クレールが偉大な芸術家たりえたのは、かれらが『モダンタイムス』や『自由をわれらに』という一九三〇年代の作品のなかで、資本主義社会の工場労働者が、自由な意識的活動をいとなむ類的存在としての本質を疎外された非人間的な姿で、工場の生産労働に従事させられている状況を、見事にかつ先駆的に映像化した点である。

　人間が人間であるかぎり、かれは自分の労働に意味を求め、人と人とのつながりを求め、手ごたえを求め、自由を求め、対象との格闘のなかで自己を確認することを求めるものといえよう。こうした類的本質存在の疎外という第三の疎外は、第二の労働過程における人間の自己疎外の内実を明らかにしたものといえよう。問われていることは、機械制大工業の成立による労働の疎外の普遍化によって、労働の領域から失われてしまったもの、つまり人間の類的本質を労働者がいかにしてとりもどし、労働者が生産の工程に従属するのでなく、いかにして労働者が工程の主人となりうるかということである。自主管理運動や教育課程の自主編成などは、そうした労働者の人間回復の試みの一つといえよう。※

※　疎外された労働の姿を精神労働（経営陣）と肉体労働（労働者）が真っ二つに分裂している生産労働の世界について考察したが、この二つの労働がなお一人の人格に統一されていると思われている教育労

働者の場合はどうであろう。教科書検定によって教育内容を支配され、「試案」だった学習指導要領も法的拘束力をもつとされ、「日の丸・君が代」が日本の国旗・国歌であるというウソを教えることを強いられるようになっている日本の教員は、専門的職業人としての教育の自由と主体的な創意工夫をなにより も抑圧されている。加えて民間教育団体や教員組合運動に参加して連帯をはかることにも圧力を加えられ、ひたすら「ひらめ教師」になることを求められている。つまり、日本の教員は自由、目的意識的能動性、連帯という人間の類的本質存在のすべてを、資本とその意志を代弁する政府＝文部省によって、抑圧されているのであり、権力によって現在の日本の教育労働に求められているのは、精神労働と肉体労働の統一などでは断じてなく、せいぜい神経労働と肉体労働の統一にすぎない。

　大学生の場合はどうか。かれらは労働者ではないが、青年は鋭敏な鏡として社会の現実を反映するという存在のため、また、日本サラリーマンの予備軍としての教育の成果も加わり、人間の類的本質存在を疎外されている状況は同じである。ただし、かれらは労働者と違って、自由を保障され、主体的に学び、自治会活動に連帯することも期待されているにもかかわらず、自ら特権的な類的本質存在を返上しているのだから、疎外状況はよりいっそう深刻だといってもよい。灰色の「受験地獄」からぬけだし、受験「勉強」から自由になったかれらは、いまやなにをしてもいい、なにをするのも自由である。ところが、かれらはガク然として一つの事実に気がつく。大学でなにかを学ぶため、なにかをこそするために長年の受験戦争をたたかってきたはずであるのに、かれらは、さて大学でなにをすればいいのかがわからないのである。〈～からの自由〉を手に入れることは、自由の半面でしかない。ほんらい目的意識的な能動性をもった活動主体である人間にとって、〈～への自由〉の意欲、夢、能力こそが自由の核心である。ところが、受身一方の受験「勉強」に圧倒的に支配されている日本の学校「教育」を十数年間うけてきたことによって、日本の青年たちは、自立性、自主的な思考と能力という一番基本的な人間的資質と能力を抑圧され、奪いつくされて、燃えつき、燃えかすとなって、やっと大学にたどりつくのである。目的意識的な能動性をもって学生生活をおくり、大学時代にこれだけは是非やりたいという意欲や目標や能力をもたない人間にとっては、大学の保障する「自由」は、ただ永遠の退屈であり、反故であり、重荷であるにすぎない。受験戦争の深刻化、熾烈化に比例して、日本の学生の「人間的インポテンツ化」は間違いなく重症化し蔓延した。その結果が、講義への出席率の異常な高さとなった。そうした学生の姿が不思議に思えて、なぜそんなに「真面目」によく大学に来るのかと尋ねてみると、青春のど真ん中にいるはずのかれらが、「先生、家にいても退屈だし、ほかにすることもないから大学に来ている」と答えたのには、さすがに驚いた。九〇分も教室でじっと座っているということは、ほんらい大変な労働である。そうした労働自体に、さしあたりなんの目的意識ももっていないのである。そうした姿に気づいて、少し注意して観察してみると、すでに二〇歳前後にして余生をおくっているとしか思えぬ「若年寄」が間違いなく増大しているのである。

以上、第一の疎外から第三の疎外までを考察したが、このように、「人間が自分の労働の生産物とかれの生活活動とかれの類的本質存在とから疎外されていることの一つの直接的な帰結は、人間から人間が疎外されることである。」として、マルクスは、最後に疎外された労働が（自分を含む）人間から人間を疎外するという重要な問題を論じる。

「人間が自分自身にたいしてとりむすぶ関係は、人間が他の人間にたいしてとる関係のうちにはじめて現実化し、かつ表現される」のであるという前提に立って、マルクスは、この人間からの人間の疎外をつぎのように分析する。「人間が自分自身に対立する場合には、かれには他の人間が対立しているはずである。人間がかれの労働、労働の産物および自分自身にたいする関係についていえることは、かれの他の人間にたいする関係についても、他の人間の労働と労働の対象にたいする関係についてもおなじことがいえるはずである。

一般的にいって、〈人間の類的本質存在が人間から疎外されている〉という命題は、ある人間が他の人間から、またかれらの双方が人間的本質存在から疎外されているということである。」

つまり、人間からその類的本質存在が疎外されるということは、Ａという人間（または階級）とＢという人間（または階級）が対立、敵対の関係におかれるということであり、また、ＡもＢもその人間の本質的なあり方、自己の人間性を奪われているということである（なお、この場合のマルクスは、人間の類的本質存在の疎外をさきの第三の疎外の意味としてではなく、第一から第三の疎外までを包括する概念として使っている、とうけとってよい。第二の疎外の内実が第三の疎外であり、また第一の疎外は、第三の類的本質存在のなかの意識的活動の成果が疎外されることである、と考えればよいであろう）。

このように、「人間から人間が疎外される」というのは、ＡとＢが対立、敵対の関係におかれるという意味と、Ａ、Ｂ双方から人間性が疎外（スポイル）されるという二重の意味で使われているのである。それと同時に、この二つはまた、Ａ、Ｂ双方から類的本質が疎外されているからこそ、ＡとＢは（同じ階級に所属している場合を含めて）対立、敵対の関係にあるのだ、ということも含意されている。さらには、前提に立ちもどると、「Aが自分自身にたいしてとりむすぶ関係は、AがBにたいしてとる関係のうちにはじめて現実化し、かつ表現される」ということであるから、結局は、「人間から人間が疎外される」というのは、Aから人間性（類的本質存在）が疎外されていることである、という出発点に立ちもどるのである。

つづいてマルクスは、以上の幾分抽象的なきらいのあった命題を、資本主義社会の生産の現実に即応して考察する。このことによって、マルクスは、かれの疎外論を抽象的な人間疎外論一般の図式（一部の論者からはそう誤解されている）ではなく、階級的な人間疎外論として提起していることを明らかにするのである。

「労働の生産物が（労働者の）私にとって疎遠であり、私にたいして疎遠な力として対立しているとすれば、それはいったいだれのものなのだろう？　私自身の活動がわたしのものではなく、疎遠でなにかむり強いされた活動であるとすれば、それはいったいだれのものなのだろう？　私以外のだれかのものである。このものは何者なのか？」と、問題を立てたうえで、マルクスは、この「何者」かのヴェールを次第にはいでいくのである。

「労働の生産物が労働者のものでなく、疎遠な力がかれに対立しているとすれば、これは、その生産物が労働者以外の誰か他の人間のものであることによってのみ可能である。かれの活動がかれにとって責苦であるとすれば、その活動はだれか他の人間にとっては享楽であり、生の喜びであるにちがいない。……労働者の労働の生産物にたいする関係は、かれにとっては疎遠な、敵対的な、強力な、かれとは独立した人間がこの生産物の主人であるようなかたちになっているのである。かれ自身の活動にたいするかれのあり方がなにか不自由な活動にたいするあり方は、だれか他の人間に捧げられ、その人の支配、強制、くびきのもとでおこなわれる活動にたいするごときものなのである。」

この生産物と労働過程を支配している「主人」が、『経済学・哲学手稿』第一手稿の初めの方に書いている「他人の労働の生産物にたいする私有」としての「資本」であることは、もはや明瞭であろう。また、のちのマルクスの表現をつかえば、この資本は、「対象化された労働が人格のすがたをとって」「人身の買手の役」も演じるところの「自分の意志と自分の魂のそなわった物神」である。つまり、かれの疎外論は、ここにいたって、賃労働の搾取という階級的収奪を告発するものとしての骨格をあらわしてくるのである。「私的所有は外在化（対象化）された労働……の産物、結果、必然的帰結である。」ことをマルクスは強調し、「たとえ私的所有が外在化された労働の根拠、原因のようにみえるとしても、それはかえってそのような労働の帰結である」と指摘して、資本（家）のお蔭で労働者が働いているのではなく、労働者が働いているお蔭で資本家が働かないで存在しえていること、さらにもともと資本そのものが外在化され、蓄積された労働者の労働の産物にすぎないことに、かれはクギをさしていくのである。

そしてマルクスは、この労働の疎外をさらに階級闘争へとつなげていくのである。

「人間は、疎外された労働を通して、たんに疎遠でかれに敵対的な力としての生産の対象と行為にたいするかれの関係を産みだすだけではない。かれはまた、他の人間がかれの生産活動と生産物にたいしてとる関係と、またかれがこの他の人間にたいしてとる関係をも、産みだすのである。かれは一面において、みずから生産をいとなむことによって、自分の現実性を喪失し、自分に罰をくわえ、みずから生産物をつくることによって、それを喪失し、自分のものではない生産物たらしめるが、おなじく他面においてかれは、生産をしない人々の生産活動と生産物にたいする支配を産みだすのである。……こうして、労働者は、疎外され外在化された労働を通して、労働とは無縁な、労働の外にいる人間のこの労働にたいする関係を産みだす。労働者の労働にたいする関係は、資本家――あるいは、労働主といってもよい――の労働にたいする関係を産みだすのである。」

　ここでマルクスは、資本と労働の分離、つまり階級的対立が資本主義的な人間疎外の原因であるだけでなく、同時に、この疎外された労働によって、その前提条件である資本と労働の階級対立そのものが維持され、再生産されるという重要な事実を指摘している。疎外された労働をくりかえすことによって、労働者は、「かれに敵対的な力」「生産活動と生産物にたいする支配」力をもつ資本を不断に再生産、蓄積させ、「労働者が身をすりへらして働けば働くほど、かれが自分に対抗したものとしてつくりだすところの疎遠な対象の世界がますます強力なものにな」っていくのである。死んだ労働が生きた労働の生命力を吸収することによって、ますます資本はその威力を拡大していくのである。

　しかしまた、この死せる労働としての資本の「喜び」が大きければ大きいほど、その「責苦」が大きくなっていく労働者は、その苦しみへの反発をバネにして、資本「にたいしてとる関係をも、産みだす」にいたるのである。この資本と対抗して労働者が「とる関係」=階級闘争については、この段階のマルクスは多くを書き残していない。しかしながらかれは、おぼろげながらも、つぎのようなたたかいの基本的な展望は明確にしていたのである。

「労賃の腕ずくでのひきあげ……は、結局奴隷の給金をよりよくすることでしかないはずであって、労働者にも労働にも、人間的な本分や尊厳をかちとってくれることはないであろう。……労働は疎外された労働の一つの直接的な帰結であり、疎外された労働は私的所有の直接的な原因である。だから一方が倒れれば他方も倒れざるをえない。

疎外された労働の私的所有にたいする関係から、さらにもう一つの結論がだせる。それは、私的所有等々や奴隷状態からの社会の解放は労働者の解放という政治的形態であらわれるということである。それは、ただ労働者の解放のことだけが問題だということではなくて、むしろかれらの解放のうちに人間一般の解放が含まれているからこそそうなのである。なぜなら、人間のあらゆる奴隷状態が生産にたいする労働者の関係のうちにふくまれ、かつあらゆる奴隷的関係がこの関係の変容と帰結にほかならないからである。※」

※　これを読むと、私はかつての岡林信康のプロテスト・ソングの一節が、このマルクスの文章をそのまま歌ったものではないかという思いで、憶いだすのである。

「そりゃーよかったネ。給料が上がったのカイ。組合のお蔭だネ。上がった給料で一体何を買う？　テレビでいつも言っているあの車を買うのカイ。それで自由になったのカイ。それで自由になれたかヨ。

あんたの言っている自由ナンテ。豚箱の中の自由サ。俺たちが欲しいのは、豚箱の中でのよりよい生活なんかじゃないのサ。新しい世界サ。新しい世界サ。」（記憶をたどったので歌詞の正確さには自信がない）

マルクスは、この文章において、不十分ながらも、つぎのような変革の展望を、その必然性をふくめて描いていたのである。資本と労働はもともと敵対的な矛盾関係にあるのだから、たんなる賃金のひきあげによっては、労働者は真に解放されることにはならないのであり、疎外された労働そのものからの労働者の解放、つまり経済的な改良ではなく、政治的な変革によってのみ労働者の解放（「新らしい世界」）は実現するのである。

そして、差別をはじめとする人間のさまざまな奴隷的な関係や状態の根源は、基本的に働く人間の物質的財貨の生産における「労働の疎外」関係にもとづいているのだから、労働者の疎外された労働からの解放は、そのまま普遍的な人間一般の解放をもたらすのである。

c　市民と公民の分裂——政治的解放と人間的解放

資本主義社会の土台としての生産過程における〈疎外された労働〉によって、人間はその類的本質存在を疎外され、その結果として、「人間から人間が疎外され」、人間と人間は、階級対立を含めて、たがいに対立、敵対の関係におかれることが明らかになった。つづいて、自由、平等、友愛の人格主体としての人間がこのように不自由、不平等、敵対の主体に歪められる原因を、マルクス『ユダヤ人問題によせて』（一八四三年）を主な手がかりにしながら、近代社会の基本的人権の構造、それを規定している政治的国家と市民社会の二極分裂とのかかわりで考察することにしよう。

マルクスは、フランス革命期の「もっともラディカルな憲法」であるジャコバン憲法の〈人および市民の権利宣言〉（一七九三年）を対象にして、近代人の基本的人権は、政治的な権利としての「公民の権利」と、市民社会の成員の権利としての「人間の権利」の二つからなることを明らかにしたうえで、両者の関係をつぎのように問題にする。「公民の権利」が国民の「政治的共同体つまり国家制度への参加」の権利であり、それが一七九三年宣言では、第七条の言論、出版、集会の自由、第二三条の国民主権、第三三条、三五条の圧制への抵抗権や革命権などを指すことは明白であろう。

マルクスが問題にしているのは、後者の「人間の権利」が「利己的人間の、人間と共同体とから切りはなされた人間の権利にほかならないという事実」である。第二条に規定されたその平等、自由、安全、所有の四つの自然権について、かれは、各々の条文を引用しながら、「他人の権利を害しないすべてをなしうる」権利としての自由は、「人間と人間との結合にもとづくものではなく、……自己に局限された個人の権利」であり、その自由の具体化としての私的所有の権利は、「任意に、他人にかまわずに、社会から独立に、その資力を収益したり処分したりする……利己の権利」であり、平等は「いま述べた自由の平等にほかならず」、安全は「利己主義の保証」にすぎないことを明らかにしたうえで、マルクスは、「だから、いわゆる人権はどれ一つとして、利己的な人間以上に、市民社会の成員としての人間以上に、すなわち自分の殻、私利と我意とに閉じこもり共同体から区分された個人であるような人間以上に、こえでるものではない。」と結論する。

マルクスが批判しているのは、フランス革命に代表される市民革命が政治的共同体（国家）を私的所有者の「いわゆる人権の保全のための単なる手段にまで引きさげたこと」、その結果、「公民（シトワイアン）は利己的な人間（オム）の召使と宣言され、人間が共同的存在としてふるまう領域は部分的存在としてふるまう領域の下におしさげられ、結局シトワイアン（公民）としての人間ではなしに、ブルジョア（市民社会の一員）としての人間が本来的な真の人間だと考えられ」るようになったことである。もちろんマルクスは、市民革命による政治的解放が「一大進歩」であることを否定しているのではない。この政治的変革が「古い市民社会（封建制度）……の（特権的な）政治的性格を揚棄した」ことは積極的に評価しながら、かれは、この革命が同時に政治（国家）から市民社会と利己的な精神を解放した、つまり野放しにしたことを問題にしているのである。

いいかえれば、マルクスは、政治的解放と人間的解放が明確に異なること、つまり「政治的解放そのものは人間的解放ではない。」ことを主張しているのである。さらに同じことであるが、かれは、「人間が自由人でなくても、国家は自由国家（共和国）でありうる」のはなぜか、あるいは、国家が万人の自由、平等、友愛を宣言しても、なぜ人間はその日常生活において自由、平等、友愛の主体となりえないのかという問題を設定しているのである。

市民革命によって、近代社会は、政治的国家の共同生活圏と市民社会の私的生活圏とに分裂し、近代人もこの二重の生活圏に対応して、その精神を二重人格的に分裂させられる。その姿をマルクスはつぎのように見事に描きだす。

「政治的国家が真に発達をとげたところでは、人間は、ただ思考や意識においてばかりでなく、現実において、生活において、天上と地上との二重の生活を営む。すなわち、一つは政治的共同体における生活であり、そのなかで人間は自分で自分を共同的存在だとおもっている。もう一つは市民社会における生活であって、そのなかでは人間は私人として活動し、他人を手段とみなし、自分自身をも手段にまで下落させて、ほかの勢力の玩弄物となっている。」

まず、政治的国家とその構成員としての公民（国民）の存在と意識について、見よう。この天上の世界で例えば選挙権を行使する際には、公民は、自分を「類的存在」「共同的存在」だと考えているが、その内実は、「仮想的な主権の空想的成員であり、その現実的な個人的生活をうばわれて、人間は非現実的な普遍性でみたされている。」たしかに、〈人および市民の権利宣言〉によって、万人が「自由かつ権利において平等なもの」と宣言され、法の前の平等も国民主権も認められていた。しかしながら、その「普遍性」が偽瞞的なものにすぎないことは、たとえば参政権の制限によって、すべての公民がこの共同体の主人公だなどとはとてもいえないことがわかろう。また、普通選挙権がかりに成年男女一般に認められるようになったとしても、ルソーが『社会契約論』で指摘したように、「イギリスの人民は自由だと思っているが、それは大まちがいだ。かれらが自由なのは、議員を選挙する間だけのことで、議員が選ばれるやいなや、イギリス人民は奴隷となり、無に帰してしまう。」という、総選挙の日だけの国民主権にすぎない、という問題は残る。

もちろん、マルクスが一番に問題にしているのは、すでに指摘したように、平等に保証された日常生活における自由、安全、所有などの自然権が、もともと「人間と共同体から切りはなされた」エゴイスティックな個人＝私的所有者の権利にすぎず、公民はそうした利己的な（本来的な真の）人間の「召使」に位置づけられていることである。

つぎに、人が日常を生きる市民社会とその構成員としての「私人」「人間」「自然人」「ブルジョア」の存在とその意識について、見よう。経済生活を中心にして利己的な人間がその日常の生活をおくっている地上の市民社会は、文字どおり「欲望と労働と私利と私権の世界」であり、この世界の精神は、「利己主義」と（学生の場合は「受験戦争」によって鮮明にイメージできる）「万人の万人にたいするたたかい」と表現できよう。私的所有と自由競争を基礎にして、社会的分業と私的交換によって人間と人間が結びつけられている市民社会において、こうした利己主義のぶつかりあう姿を、ルソーの先駆的な資本主義批判の書である『人間不平等起源論』（一七五五年）は、つぎのように描きだしている。

「各人が他人の不幸の中に自分の利益を見出す、といった商業というものについて、ひとはどう考えたらよいのか？　富裕な人であって、貪欲な相続人たちやしばしば自分自身の子どもたちからその死を秘かにこいねがわれていないような者は恐らく一人もなかろう。海上の船であって、その難破がどこかの商人にとって、吉報でないようなものは一艘もなかろう。悪意の負債者が屋内にある一切の書類とともに焼けてしまえばよいと思わないような家屋は一軒もなかろう。隣国の民族の災難を喜ばないような民族は一つもなかろう。このようにして、われわれは同胞の損害の中に自分の利益を見出し、また一人の失脚はほとんどつねに他人の繁栄となる。しかしそれよりもっと危険なことがある。

それは公共の災害が多数の個人の期待となり希望となる、ということである。すなわち、ある者は疾病を、またある者は死亡を、他の者は戦争を、他の者は饑饉を希望する。私は豊年の兆を見て泣き悲しむひどい人々を見た。またあんなに多くの不幸な人々から生命や財産を奪ったロンドンの大火災は、おそらく一万人以上の人に財産をこしらえさせた。」

ルソーはまた、こうした排他的、利己的な市民社会の生活と観念的虚構としての政治的共同体の一員としての地上と天上の二重の生活にきり裂かれた近代人の姿についても、『エミール』（一七六二年）第一篇の初めの方で、つぎのように見事に描きだしていた。

「公民的秩序のなかに身を置きながら自然の感情を公民的感情よりも優位に置こうとしている人々は、そういうことを望むことの無意味さがよくわかっていないのである。かれらはいつも本当の自分とは矛盾した気持を抱き、自分の偽らぬ気持の動きと公民（市民）としての義務感情との、そのいずれにも従いかねて、結局、人間（私人）にも公民にもなりきれないでいる。つまりかれ自身のためにも、他人のためにも役に立つ人間にはなれないのである。こういう人間は、現代風の人間のひとり、フランス人とかイギリス人とかブルジョアとか、そういうものにはなれるだろう。だがそんな人間はものの数ではない。」

「世間の教育は、相反する（公民たるべきか人間たるべきかという）二つの目的を追求して二つとも取り逃している……。この教育は、いつも他人のことばかり考えているように見せかけて、その実、自分のことだけしか考えていないような裏表のある人間をつくることしかできない。ところが、そういう見せかけは世人共通のことであるから、誰ひとりとしてだまされる者はいない。要するにこういう教育は骨折り損のくたびれもうけということになる。

　私たちがいつも心のなかで感じている矛盾は、じつはこのような矛盾から生じてきているのである。自然と世間の人々の双方によって相反する道へひっぱられ、互いに違った衝動を使いわけするように余儀なくされて、その揚句、私たちは自然人（本来の人間、私人）にも社会人（政治的人間、公民）にもなれない中途半端な道をたどることになる。かくて私たちは、生涯引きまわされたりこづかれたりしながら、自分の主体性を確立することもできず、したがって自分のためにも他人のためにもならなかった人間として人生を終ることになるのである。」

　とても二百年以上前の作品とは思えない。ここでのルソーの鋭い指摘は、そのままホンネとタテマエ、個と全体の分裂を充分統一できないまま、だからといってどちらかの一方にも徹しきれず「裏表」をもって「中途半端」な人生をおくっている現代の私たちへの批判になっているといえよう。同じ近代社会批判をより深くより体系的に敢行したマルクスの言葉にもどすなら、市民社会の人間は、「日常あるがままの人間」「世俗的な存在」「自然的な人間」「個人的＝感性的存在」などという表現にみられるとおり、まさに「現実の人間」である。ところが、実在するこの「現実の人間」は、「利己主義、私利的欲望を……類的紐帯におきかえ、人間世界をたがいに敵対しあうアトム的な個々人の世界に解消」してしまっており、後述する貨幣の物神崇拝のもとで、「自分自身を失い他に売渡され非人間的な関係や要素の支配下におかれている」ため、かれらは、「まだなんら現実的な類的存在ではない人間」であり、「真の人間」とはいえないのである。つまり、「現実の人間」は、自由、平等、友愛の主体としての「真の人間」ではないのである。

これにたいして、政治的国家の公民は、「類的存在だと考えられている」故に、かれらこそ憲法や人権宣言に自由・平等・友愛の主体と明記された「真の人間」である。ところが、そう考えられている「真の人間」たるべき政治的人間は、じつは「抽象された、擬制的な人間にすぎず、比喩的な、道徳的な人間」であり、かれらは、「仮想的」「抽象的」「空想的」な国家の成員にすぎない。したがって、かれら天上人の自由、平等、友愛という「普遍性」は、まさに「非現実的」な幻想にすぎないのであり、その意味で、かれらも「まだなんら現実的な類的存在ではない」人間である。

まとめていえば、市民社会の人間は、「現実の人間」でありながら「真の人間」ではなく、政治的共同体の公民は、「真の人間」でありながら「非現実的な人間」である。つまり、現実＝不真実、真実＝非現実という出口（人間的解放）のない状況の只中に近代人はおかれているのである。以上のようにマルクスの論理を整理してくれば、「個人的＝感性的存在とその類的存在との衝突」と矛盾に混迷している近代人の人間的解放の出口がどうなるかは、論理的にはおのずと明らかになるであろう。それを初期マルクスの段階での人間解放論として、紹介しておこう。

「現実の個別的な人間が、抽象的な公民を自分のうちにとりもどし、個別的人間のままでありながら、その経験的な生活において、その個人的な労働において、その個人的な関係において、類的存在となったときはじめて、つまり人間が自分の『固有の力』を社会的な力として認識し組織し、したがって社会的な力をもはや政治的な力の形で自分から切りはなさないときにはじめて、そのときにはじめて、人間的解放は完成されたことになるのである。」

前半の内容は、『ユダヤ人問題によせて』の内容そのものに則して、理解することは容易であろう。「日常あるがままの」生活をしている一人一人の人間が、その「利己主義」や排他性を克服し、人間と人間との共同と連帯をとりもどし、具体的には、日常経験的な生活においても、かれの労働や他とのかかわりにおいても、「個人的＝感性的存在」としての自分がそのまま「共同的存在」「類的存在」となったときに、つまり、人間が真に自由、平等、友愛の主体になったとき、あるいは翌年執筆の『経済学・哲学手稿』の表現をつかえば、人間が自由で目的意識的な活動をいとなむ社会的存在であるという「人間の類的本質存在」をとりもどしたとき、はじめて人間的解放は達成されたといえるのである。

そうした個と全体の分裂・矛盾を克服する具体的な道筋を書いた後半の内容は、『ユダヤ人問題によせて』のなかでは十分展開されているとはいい難く、幾分のちのマルクスの考えを補足しながら説明することになろう（引用文はすべて同書――厳密には同論文――からのものに限定）。

私有財産と自由競争を基礎にして、社会的分業と私的交換によって人間が結びついている市民社会においては、人間と人間を結びつける「唯一の紐帯は、自然的必要、欲望と私利、所有と利己的一身との保全」である。つまり、人間は自分が生きるに必要なものを入手するために、自分の労働力あるいは自分の生産物を人に売らなければならない。そのためには、自分の労働力商品または生産物が資本家あるいは他の人間にとって有用なものでなければならない。それは、自分が他人の生存の手段の一助となると同時に、他人が自分の生存の手段の一助となる関係といえよう。このように、人間は「他人を手段とみなし、自分自身をも手段にまで下落させ」ながら、社会の分業体制のなかで、自分とお互いのために労働し、活動しているのである。

そして、人間は、自分の労働力商品あるいは生産物の私的交換によって、つまり、労働力を含む自分の商品が売れるという結果によって、はじめてかれは社会的総労働の一環であるという存在意義（連帯）が確認されるのである。このように、人間と人間とのかかわりは、貨幣を媒介とした商品と商品、ものとものとの関係でしか現われないのである。そして、自分の労働力あるいは生産物は、どれだけ多くの貨幣ととりかえられるか、ということによってその値打がきまるのである。人間は、よりよい生活を望めば望むほど、この非人格的な貨幣をより多く入手するために、自分のものあるいは自分自身が他にとって有用な手段であるという非人間性をよりつよく実証しなければならない。つまり人間は貨幣の威力のまえにひれ伏し、その臣下（「ユダヤ教」徒＝「拝金主義」者）とならざるをえないのである。

市民社会の人間は、市民革命において自らの力で国王を打倒しながら、あらたな貨幣という絶対君主をつくりだしたのである。貨幣こそ、日本の田中角栄が臆面もなく実証してみせたように、その力でもって一国の総理大臣の椅子さえ購入できる現代のヒーローである。自由や平等や友愛だって、それによって手に入るのである。つまり、市民社会の「実際的な欲望と利己主義の神は、貨幣であ」り、もともと貨幣は、「人間の労働と存在とが人間から疎外され」てつくりだされたものにすぎないのに、「この疎外されたものが人間を支配し、人間はこれを礼拝する」にいたるのである。このようにして、貨幣のドレイとなった人間は、より多くの帝王の入手をめざして、「万人の万人にたいする戦い」をくりひろげ、「たがいに敵対しあうアトム的な個々人の世界」に閉じこもるのである。その結果、市民社会の敵対的な関係にある民衆は、一人一人の力を社会的な力として結集することができず、加えて、市民社会と政治的共同体の分裂によって、後者の「共同存在」は、「仮想的」「非現実的」な幻想にすぎず、政治的共同体は全体として市民社会の支配階級であるブルジョアジーの「手段」や「召使」の位置におとしめられており、民衆はそれを自己の力として認識し組織することができない。

　マルクスのさきの人間解放論は、こうした市民社会の民衆の対立・分裂となすすべを知らない状況から、民衆が「自分の『固有の力』を社会的な力として認識し組織し、したがって社会的な力をもはや政治的な力の形で自分から切りはなさない」ようになったとき、その「人間的解放は完成」するというものである。のちのマルクスがその内容をもっと明確な言葉で語ったもので紹介するなら、つぎのようになる。「すべての生産が、連合した個々人の手に集中されると、そこで公権力は、政治的性格をうしなう。……旧市民社会およびその諸階級と階級諸対立のかわりに、ひとつの連合体があらわれるのであり、そこにおいては各人の自由な発展が、すべてのものの自由な発展の条件なのである。」（『共産党宣言』、一八四八年）、「共同の生産手段をもって労働し、その多くの個体的労働力を、自覚的に、一つの社会的労働力として支出するような、自由人の一連合」（『資本論』、一八六七年）。

　以上のマルクスの人間解放論は、市民社会と政治的国家の分裂という鋭い現状分析をふまえた論理的な帰結であっただけに、本質をついた問題提起であるといえるが、同時にまたそれは、あまりに抽象的な目標だけの提示であった。孤立分散的な人間がいかにしてその私的労働を社会的労働に組織しうるかということについて、まだこの時期のマルクスは、提起できる段階ではなかった。とりあえずここでは、『ユダヤ人問題によせて』のマルクスにおける市民社会と政治的国家の分離の指摘は、全体的な関連のもとにおける両極の分裂として、つまり両者がたがいに規制しあい関連しあった関係としてとらえられていたことを、確認しておこう。

その事実をマルクスは、「国家の観念主義の完成は、同時に、市民社会の物質主義の完成でもあった。」と表現した。市民革命による政治的解放が徹底すればするほど、人間の自由と平等の理念がひろがり、生産手段からの人間の自由（分離）と人格の自由も拡大し、労働者が自己の労働力を等価交換の原則にもとづいて自由に売ることができるという資本主義的な生産関係がひろがっていくのである。その結果、人間と人間の人格的な関係が貨幣を媒介とする物と物との関係としてあらわれる物象化現象もふかまるのである。別の言いかたをすれば、「政治的解放は、同時に、政治からの、普遍的内容の仮象そのものからの、市民社会の解放」の進行を意味することから、「天上」における自由、平等、友愛の仮象という「国家の観念主義」が確立すればするほど、「地上」の現実的な人間の不自由、不平等、敵対は拡大し、「人間が（地上において）自由人でなくても、国家（天上）は自由国家（共和国）でありうる」という逆説的な関係がいっそうふかまるのである。

さらにまた、「地上」の世界が不自由、不平等、敵対的であり、人間が「私人として活動し、他人を手段とみなし、自分自身をも手段にまで下落させ」る資本主義的な関係が深まっていればいるほど、逆に、「天上」の政治的共同体における虚構の人間の自由、平等、友愛が声高に宣言され、強調されることになるのである。そこでは、公民的生活の虚構の共同性の強調が、経済的な市民生活の冷たい

「物質主義」を精神的に補完する偽瞞的なイデオロギーの役割をはたすといえよう。

こうした市民社会の物質主義と国家の観念主義の相互補完的な関係を、二年後のマルクスは、エンゲルスとの共著『聖家族』において、「市民社会の奴隷制こそ、その外見からいえば、最大の自由である。なぜなら、それは外見のうえでは個人の完全な独立性だからである。この個人は、かれから疎外された生活要素、たとえば財産、産業、宗教などが、もはや一般的きずなによっても、また人間によってもしばられないで無拘束に運動することを、かれ自身の自由と考えている。ところがそれはむしろ個人の完全な隷属と非人間性なのである。」と表現した。

いずれにしても、人間が自由、平等、友愛の主体にならないと資本主義生産は確立しないが、この生産そのものは、生産手段の私的所有関係を媒介とする、平等な権利をもつ人間相互の自由な契約以外のものは必要とせず、経済活動は私法的領域にまかせてしまうのである。その結果、たとえば一七九一年のフランス立憲議会は、労働者の労働組合結成の自由やストライキの権利を人権宣言への襲撃だとして禁止し、フランスで労働組合の結成の自由が認められるようになるには、市民革命からなお百年近い歳月を必要としたのである。つまり、議会は国家にむけてだされた市民社会の代理人にすぎず、国家というものは「全ブルジョア階級の共同事務を処理する委員会」として生まれ、かつ存立していたのである。

d 差別の本質＝市民社会の奴隷制――欺瞞と幻想の自己解放

人間の自由、平等、友愛を原則とする近代資本主義社会に女性差別、人種差別、部落差別、障害者差別などの諸差別が存在していることは、一見あきらかに矛盾している。しかしまず、この社会の否定できない事実として、各種の差別が普遍的に存在してきたし、いまも存在していることを、1のaで確認した。

つづいて1のbにおいて、人間の自由、平等、友愛の思想をラディカルに提起したルソーとフランス革命が女性差別は自明の前提としていたこと、同様にして、アメリカの市民革命が黒人差別を、イギリス市民革命がアイルランドの植民地支配を自明の前提にしていたことを確認した。つまり、近代化＝資本主義化を早くに達成したいわゆる欧米先進資本主義諸国や、アジアで唯一資本主義化の道を早く歩んだ日本などの諸国が、国内と国外における各種の差別を（必然的といえるほど一般的に）ともなっていたことを確認した。つまり、近・現代資本主義社会そのものが、人間への諸差別を必然的に内包せざるをえない本質的属性をもっているのではないか、という仮説を提起したのである。

つぎの1のcにおいては、多くの差別と思われている現象が、たんなる自然的差異にすぎないものを、人間が差別の本質的な原因であると勝手に誤解しているにすぎないこと、したがって、差別され抑圧されている集団が解放運動に立ちあがっていくようになると、そうした愚かしい偏見や劣等意識は簡単に崩れていくという見通しを明らかにした。しかし、これはあくまで理論的な把握である。事実としては、一旦差別がつくりだされ、社会事象になると、差別される民衆も差別する民衆も、そうした簡単なことがわからなくなってしまい、愚かしいまでの劣等意識や優越意識に支配されてしまうのである。そのことを、『マルカムX自伝』の内容と男性の世界史的な規模の女性差別発言史を例にとって確認した。

このような前提的な考察をふまえて、2では、たんなる差異でしかないものを差別に転化するリヴァイアサン（怪物）＝「一定の諸関係」とはなにか、という問題を、近代資本主義社会の市民と公民の分裂、および生産過程における疎外された労働とのかかわりで検討してきた。以上の考察をふまえて、差別の本質は、つぎのようにまとめられるであろう。

市民革命によって、近代資本主義社会は政治的国家と市民社会とに分離し、人間の生活と精神も分裂した「天上と地上との二重生活」をいとなむことになる。人権宣言や憲法に明文で規定されている抽象的な政治的共同体においては、人間は自由で平等で友愛にみちた存在、つまり共同的存在、類的存在だとみなされている。ただし、この「天上」人は、あくまで擬制的、仮想的存在であり、そこでの自由、平等、友愛の「普遍性」は、あくまで「非現実的」な幻想にすぎない。つまり、自由、平等、友愛の主体としてそれこそ「真の人間」と思われる肝心の公民、政治的人間というのは、「非現実的な人間」のことである。

これにたいして、天上から地上におりて市民社会の日常を生きている私たちのような生身の具体的な人間＝市民――かれらこそが近代社会ではホンネで生活している「本来的」な人間であり、公民（シトワイヤン）はこの利己的な人間《オム》（ブルジョア）の「召使」と宣言されている。つまり、人権宣言に規定している平等、自由、安全、所有などの権利は、じつはこれら私的所有者の権利なのである――は、欲望と労働と私利と私権の主体であり、かれらはあくまで「私人として活動し、他人を手段とみなし、自分自身をも手段にまで下落させて」生活している。「たがいに敵対しあうアトム的な個々人の世界」といえるこの市民社会の精神は、「利己主義」と「万人の万人にたいする戦い」である。そして、その精神の権化ともいうべき貨幣こそが、この社会の帝王であり、人々はこの「金の力」を礼拝する「拝金主義」者として、その毎日を生きがちなのである。

市民社会に生きている圧倒的多数の人間＝サラリーマンの具体的な生活としては、生産手段をもたないかれらは、みずからの労働力商品を売ることによって、日々の社会的生産に従事する。その資本主義生産の労働において、労働者は、まず、自ら汗して働いた労働の生産物や労働過程から疎外される。そればかりでなくかれらは、自由で目的意識的活動をいとなむ社会的存在であるというほんらいの「人間の類的本質存在」そのものを疎外され、「動物的なものが人間的なものに、人間的なものが動物的なものになる」、「生きていることは（人間として）生きることを犠牲にする」という転倒した日常生活に追いこまれるのである。このように、人間からその類的本質存在が疎外される結果として、「人間から人間が疎外される」ことになり、人間と人間との関係が、共同や連帯ではなく、対立と敵対の関係に歪められ、労働者は、まさに市民社会の一員として、否応なく「万人の万人にたいする戦い」の戦士とされるのである。

つまり、市民革命による政治的解放は、人間的解放をもたらさず、「市民社会の奴隷制こそ、その外見からいえば、最大の自由である。」という逆説のように、政治的共同体における自由、平等、友愛の主体である事実と、市民社会の「個人の完全な隷属と非人間性」という「奴隷制」は、そのままメタルの表と裏の関係にあるのである。したがって、自由や平等や友愛の美しき理念は抽象的な政治的宣言の文書に規定されているだけで、現実の市民社会の日常生活では自由でも平等でも友愛の主体でもない近代資本主義社会の「奴隷制」下の人間は、たがいに対立しあい、他人どころか自分までを手段とみなすような、そういうみじめな人間関係におかれているのである。

このように、人間の類的本質存在＝人間性を疎外され、「自分自身を失い……非人間的な関係や要素の支配下におかれている人間」、ひとことで表現すれば、「まだなんら現実的な類的存在ではない」近代人は、こうした関係のなかで、自己の疎外感、心理的抑圧、やりきれなさ、「からっぽ」の空白感、頭のあがらぬ被支配的地位などを、他に転嫁する一つの有力な方途として、無意識のうちに差別をえらぶのである。これこそが近代社会の差別の本質であり、類的本質存在の疎外を中核とする人間の自己疎外こそが、資本主義社会においてさまざまな差別をなりたたせ、存続させている基本的な原因である。差別とは、こうした「人間と人間との分離と疎遠」の表現形態である。

「人間は自由なものとして生まれた。しかもいたるところで鎖につながれている。自分が他人の主人であると思っているような者も、実はその人々以上にドレイなのだ。」

ルソー『社会契約論』第一編第一章冒頭のこの文章は、ほんらい自由の主体であるべき人間が、自由を奪われたドレイとして存在しているために、かれらは、他人を差別し、自分を他よりも優れていると考えることによって、つまり自分のドレイをもつことによって、自分自身がドレイであることを忘れようとしているみじめな姿、うしろ向きの主体性、欺瞞と幻想の自己解放の姿を鋭く描きだしたものといえよう。後述するような理由から（一〇八〜一〇九ページ参照）、近代資本主義社会の人間は、自分が自立した真の自由、平等、友愛の主体ではないこと、つまりなおドレイに近い生を送っている、と自己認識することの困難な存在であることを考慮して、もう少しルソーの言葉を私たちの日常の生活にひきつけて、解釈してみよう。

この言葉は、第一に、ルソーが、人間の「類的本質存在」を「自由」の一言にもとめていたことを示している。自由こそが人間の最高の姿である、あるいは人間の人間たる最低の条件である、などという意味で、多くの読者がこの考えに共感できよう。第二に、しかも現代においてもなお私たちは、いたるところでそのほんらいの自由を抑圧され、国家、社会、地域、職場、学校、家庭などにおける無数の鎖や呪縛につながれている。その具体的な様相を、私にとって身近な学校教育の場合で考えてみよう。

2のbで指摘したように、専門的職業人として、ほんらい教育の自由と主体的な創意工夫をなによりも必要とされる日本の教員は、自由、目的意識的能動性、連帯という人間の類的本質存在のすべてを、政府＝文部省によって、抑圧され、ひたすら「ひらめ教師」になることを求められている。内田義彦のいう「世界無比」の「安くて優秀な労働力」（学歴＝技術水準の高さと不釣合な低賃金に甘んじられる権利意識の低さによって、資本にとっては二重の意味で優れた労働力という意味）に、日本の子どもたちを育てあげるべく期待されている賃金労働者としての日本の教員たちが、どのような鎖に縛られているか、思いつくままに列挙しておこう。「日の丸・君が代」＝国旗・国歌というウソ、学習指導要領、教科書検定、「期待される人間像」、教育委員会、校長・教頭などの管理職、受験地獄、ひたすら受験「学力」をつけてくれることを望む歪められた父母の教育要求、無償義務教育における集金業務に代表される諸雑用、わが子の存在など。

「受験戦争」や時代遅れの修学旅行に代表される日本独特の学校教育によって、「ウサギ小屋の働きバチ」となり、「日本人にとって一番大事な資質はガマン」といわれるマゾヒスティックなガマン主義者になることを期待されている日本の児童、生徒、学生たちは、どういう鎖に縛られているであろうか。単位制度、偏差値、内申書、諸規則、制服、狂育ママ、塾、未成年者としての制約、男らしさ・女らしさの神話、児童らしさ、生徒らしさ、学生らしさの神話など。

第三に、このような無数の鎖や呪縛によって、「自由」に人間的に生きることの難かしさにたじろぎ、さしあたり「動物的なもの」の充足を「人間的なもの」と錯覚したり、たえず現状に眠りつづけようとしたり、「生きることを犠牲にして」生きている人たちも、本人の自覚の有無は別として、潜在的には自由をこそ願望している。そこで、自由を望むからこそ人は、さしあたりの代償行為として、他への優越意識をもったり、自分に献身してくれる者を望んだり、自分を全的に許容してくれる存在に甘えたり、他人の自由を制約したりいじめや差別をして、総じて自分の「ドレイ」をもつことで、自己の不自由な現状を忘れさり、つかの間の「自由」を錯覚しようとする。あるいは逆に、自由でない人ほどむしろ自由であることに不安や恐れをもって、夫や家族や他人につくすという献身と束縛の道を自主性と誤解して、『自由からの逃走』（フロム）をこそ好んで選ぶという傾向さえある。

以上のような（現代にもそのままつながる）近代人の惨めな姿、マイナスの主体性、ごまかしの自己解放の姿を、さきのルソーの文章は、するどく描きだしたもの、と評価できよう。「ドレイである人間ほど自分のドレイをもちたがる」という中国の近代を代表する作家、魯迅の考え、ジョン・レノンとオノ・ヨーコの歌の一節「女性はドレイたちのドレイである」などという句も、すべて同様の差別構造の思想を端的にえぐりだした表現といえよう。

いわんや、女性論のもっとも優れた古典であるボーヴォワール『第二の性』の中から、同様の差別の本質をついた表現を探すのには、なんの苦労もいらない。「少年時代から一生を通じて他の男達の間にもまれて日々に傷つけられてきた怨みの堆積を、（男は）わが家で妻にむかって権威をふりまわすことで一時に発散させようとする」、「男をこわがらない女は男をこわがらせる」、「女にたいして傲慢で攻撃的で軽蔑的なのは、たいてい、自分の男らしさにもっとも自信のない人達であるのが普通である」などなど。

つぎに、黒人差別は人種の差異にもとづく差別であるという誤った現象的把握（常識）にたいして、それは「肌の色が黒いという理由からではない」という本質的な問題提起をした小説、有吉佐和子『非色』の内容を見よう。敗戦直後の東京のアメリカ占領軍キャバレーで黒人兵のトム・ジャクソン伍長と出会って結婚した林笑子は、メアリーを生んだ。トムが帰国した後、日本に残った笑子は、メアリーが「合の子」として近所の子どもたちから差別される姿を目撃するにおよんで、トムのあとを追って、人種差別のるつぼともいえるニューヨークに移り住むことになった。そこでは、ユダヤ系差別、イタリア系差別、アイルランド系差別などと、白人同士も差別しあっており、さらにニグロ差別、プエルトリコ差別などと、ルソーのいう「いたるところで鎖につながれ」、自由の主体たりえない民衆は、たがいに自分のドレイ、優越の対象をもつことで、自分自身がドレイであることを忘れようとしていた。

　そうした差別の重層構造の中で人々は、「何を言っているの！　それがどうしたっていうの！　私はニグロの女房だけど、プエルトリコの真似はしないわ！」、「志満子の亭主はイタ公や」、「ユダヤ人と日本人の夫婦よ！　どこに取柄があって？　ユダヤ人の家に行くものじゃないって私たちの間では言われているわ。吝《けち》で五月蠅《うるさ》くて、それにユダヤ教徒は妻以外の女を作ることは平気なのよ。……私がどうしてユダヤ人なんかを相手にすると思って？　おお嫌やだ。だから出て行くのよ！」、「色つき《カラード》は教養がなくて、兇暴で、不正直で、不潔で、手のつけられない人たちなんだから。」などと、たがいに差別と憎悪を応酬しあっていた。

　こうした差別の真只中のニューヨークのハーレムで、黒人の妻として生活するようになった笑子は、「人間が生きていることを最低のところで支えているものは何なのだろうか」と考えざるをえなくなり、一時は、「人間は誰でも自分よりなんらかの形で以下のものを設定し、それによって自分をより優れていると思いたいのではないか、それでなければ落着かない。それでなければ生きて行けないのではないか。」と、絶望的な思いにとりつかれるなかで、人間という生き物は、もともと差別なしでは生きていけない動物ではないのか、と悲観的に考えるようになるのである。

　しかし、そうした疑問を考えつづけるなかで、笑子は、黒人差別は「黒い肌の故」による差別ではない、ノット・ビコーズ・オブ・カラー＝『非色』、「私ははっきり言うことができる。色ではないのだ、と。」という一大発見にたどりつくのである。そのかの女の認識の成長の跡を追ってみよう。

「もしニグロに特有の性格というものがあるのだとしたら、東京時代のトムとニューヨークのトムとの性格の違いをどうやって説明できるだろう。一九四九年前後のトムは、東京にいてUSアーミーの制服を着、颯爽とジープを乗り廻していた。家の中の彼は陽気で潑剌としていた。……だが一九五四年に私がニューヨークに来て再会したトム（夜勤の病院看護夫）は、もう全く別人のようだった。彼は寡黙になり、無気力で、家では眠ってばかりいた。夢を語ることはもうなかった。……東京とニューヨークで、トムに変っていないものがあるとすれば、それは彼の黒い肌だけである。

そう。黒い肌だけなのだ。変らないのは。その他は全部変ってしまった。……東京では充分以上に妻子を養えて、普通の日本人にはできない贅沢をさせることのできた彼が、ニューヨークでは私の働きでようやく家庭生活を維持している。日本では黒くても戦勝国の兵隊だったが、ハーレムのニグロとなった今は威張ることのできる相手はプエルトリコ人だけなのだ。」

笑子の認識の成長、飛躍の契機になった事実を列挙してみよう。①肌の色は同じ黒人のトムが、東京とニューヨークではまったく別の人格に変えられている事実、②「白人の中でさえ、ユダヤ人、イタリア人、アイルランド人は、疎外され卑しめられている」事実、③黒人より肌の白いプエルトリコ人が黒人から差別されており、トムがそのプエルトリコ人と結婚している麗子の身の上を心配した時に見せた「トムがこんなに活き活きしていたのを見るのは、いったい何年ぶりのことだったろう。」という（「東京時代」同様の優越者の「片鱗」をみせた）姿、④アフリカの新興独立諸国の黒人が、アメリカの同じ黒人を差別し、後者の「文明的なニューヨークのニグロ」が前者を「アフリカの土人」と蔑視する姿、⑤夫トムが「僕のお父さんのお祖父さんはれっきとした白人なんだ。ヘンリイ・ジャクソンといって、ブロンドで眼の碧いアイリッシュだったんだ」、「そうとも。英国の隣にあるアイルランドがジャクソン家の祖国なんだ。僕を普通のニグロと思ったら大間違いだぞ」と、愚かしくも叫ぶくだり、などなど……。

人は自分自身の掌中に自由や平等や幸福の主体を手にしえない時、血筋を誇ったり（⑥笑子のトムとの結婚に反対したかの女の母親も、「林家というのは士族です。貧乏こそしていたけれど、誰にも後指を差されるような家柄ではありません。……娘が外国人と、それもアメリカ人ならともかく、あんなまっ黒な人と結婚するなんて！　冗談だって母さんは許しません！」と叫んでいる。）、劣等者、被差別者と目する他人を攻撃したり、蔑視するという愚行をくりかえすことを、しばしば目撃するなかで、笑子・ジャクソンは、人間というものが差別なしには生きていけない動物ではないか、という一時の迷いを克服し、最後の発見にたどりつく。

「人間の世間には人種差別よりもっと大きな差別があるのではないか……。
私は今こそはっきり言うことができる。この世の中には使う人間と使われる人間という二つの人種しかないのではないか、と。それは皮膚の色による差別よりも大きく、強く、絶望的なものではないだろうか。……肌が黒いとか白いとかいうのは偶然のことで、たまたまニグロはより多く使われる側に属しているだけではないのか。」

有吉佐和子のこの小説は、言葉少ない形であっても、近代資本主義社会の差別の根源が、賃労働の搾取という階級的収奪と搾取にこそあり、その本質的属性のゆえに、近代社会はさまざまな差別をあたかもその本質的属性と見まがうばかりに利用しようとすることを、その文学者的な直観でするどく描きだしたものといえよう。※

※ ただ、日本の大学生たちにこの『非色』を読ませて、感想文を書いてもらった私の経験からいうと、学生たちは、笑子が一時、人間は差別なしには生きていけない動物ではないのか、と悲観的に考えたところはよく理解して、その部分を大抵の学生は共感をもって引用するが、笑子がその一時の迷いから最後の発見に飛躍する肝心のところでは、その内容と意味を十分理解できない学生があまりにも多いことに驚かされるのである。

これが、有吉佐和子の筆の足りなさのせいなのか、日本の学生たちがあまりにも差別を見えなくされているためなのか、それとも社会科学的な基礎学力のあまりの低さのせいなのかは、興味ある問題である。私自身はそれぞれが一因をなしていると思っているが、やはり後の二つの原因が大きいと考えている。現在の日本の大学生の基礎学力の低さは周知の事実なので、二番目の原因だけに言及しておこう。

日本の大学生たちは、徹底的な差別と選別の受験「教育」体制のもとで、かれら自身が、すでに友情も連帯もズタズタにされているのである。国立大学に入学したということで、私立大学の学生（ただし早稲田や慶応などは別?）に優越感をもつとともに、国立の「二流大学」「二流学部」にしか入学できなかったという点で、愚かしいまでの劣等意識をもつ、というように、ほとんどの青年が一定の優越感と、どうしようもない劣等感をもって、ともに日本の青年として連帯することのできないまま、かれらは孤独地獄にあえいでいる。高等学校の場合も、一流校、二流校、三流校……と、存在する学校の数だけの格差がつけられているといわれる現状。

そうした意味では、現代社会も、封建社会の「士農工商、えた非人」の身分制度によって、働く民衆が分断されていた姿とあまり変らない（ただし階層分化ははるかに複雑多岐に）ばらばらの分断的な精神状況のなかで、ただし、表面的には一億総「中流」意識に眠らされながら、私たちは、現在の日常を生活しているのである。だから、学生たちも、人間は差別なしには生きていけない動物ではないかという笑子の一時の誤解の方が、実感的に理解できるのであり、逆に人間が差別から解放される時代や社会がありうるという考えを、容易に、あるいは断乎として、受けつけようとしないのである。しかもそれでいて、「差別はいけない」と口ではいうから始末におえない。

笑子が、この世の中には使う人間と使われる人間という二つの「人種」（人間の種類）しかない、ととらえたからといって、差別は、使う人間が使われる人間を差別することだ、という意味ではない。使われている側の「純アメリカ白人」女性ナンシーが、使う側のユダヤ人＝日本人夫妻を差別する姿に、笑子が一時「混乱した」事実はあるが、もちろんこれは、一時の混乱にすぎない。差別というものは、そのほとんどが「使われる人間」同士の間での分裂、対立、敵対である。「使う人間」は、「使う人間」であるゆえにまさに差別をもちこみ、利用し、ぼろ儲けをたくらむ側ではあるが、一人の人間としては、「使う人間」であるゆえに、差別にたいして鷹揚になりうるという側面もあるのである。

この点では、ボーヴォワールの「異性の個人を自分と対等のものだとみとめるのは男より女の方がしにくい」という、意外できびしい言葉を思いだしてもらえばいいだろう。

以上の『非色』によって、（黒人）差別の根源や本質はほぼ明らかになったと思われるので、あとは説明ぬきで、同じ問題について結論的に述べられている見解を、列挙するにとどめよう（出典は、ヒューバーマン『社会主義入門』岩波新書、パーソンズ『ヒューマニズムとマルクス思想』合同出版、ボーヴォワール『第二の性』など）。

「黒人差別は黒色や白色のせいではなく、緑色（ドル紙幣）のせいである。」

「黒人―白人の関係は、階級にもとづくものであり、肌の色によるものではない」

「根本原因は、かれらの有色のためでも、有色を劣等とみなす偏見のためでもない。その根本原因は、生産組織およびそれによって生みだされたもろもろの役割と制度である。」

「人種的偏見は結果なのであって、資本主義こそが原因なのである。」

「ごたごたの本当の源が（資本主義）制度そのものにあることを、労働階級に理解させないために、支配階級は黒人、ユダヤ人、メキシコ系アメリカ人、その他の少数民族を身代りとして、労働階級に提供するのである。」

「南部アメリカのもっとも貧しい白人が、おれは〈汚ならしい黒ん坊〉じゃないと思って心を慰める。そして、もっと富んだ白人達がこの自尊心を巧みに利用するのだ。これと同じように、男のなかのもっとも凡庸な人物が、女にたいしては自分を半神のように思う。」

「黒い皮膚の労働が焼き印を押されているところでは、白い皮膚の労働が解放されるわけはない。」

黒人差別に一区切りついたところで、もう一度マルクス『ユダヤ人問題によせて』にもどろう。なぜなら、この論文は、たんにユダヤ人差別だけでなく、近代社会の差別問題一般を考えるうえでもたいへん優れた分析視角を提示しているのであるが、この論文の趣旨そのものがこれまでしばしば誤って理解されており、また、その誤解の仕方そのものに、差別一般についての誤解もからんでいると考えられるからである。

もともとこの論文は、同じ一八四三年にブルーノ・バウアーによって書かれた『ユダヤ人問題』と「現代のユダヤ人とキリスト教徒の自由になりうる能力」という二つの文書を批判するために書かれたものである。ブルーノ・バウアーは、ユダヤ人がブルジョア革命の遅れている後進国ドイツにおいて、その公民権を差別されているのは、かれらがユダヤ教というキリスト教とは異なる宗教を信仰しているためであると把握する。しかし、だからといってバウアーは、ユダヤ人がキリスト教に改宗することを要求しているのではない。

バウアーは、ユダヤ人だけでなく「ドイツではだれも政治的に解放されていない。」という前提的認識に立って、「ユダヤ人が自由になりたいと欲する場合、彼らはキリスト教を信奉するにはおよばない。かえってキリスト教の解消、宗教一般の解消を信奉すべきであり、いいかえれば啓蒙、批判およびその結果である自由な人間性を信奉すべきである。」と主張していたのである。このバウアーの主張が、これまで多くの人にそろって誤解されているので、もう少しかれの論旨を見ておこう。

「宗教上の対立はどうすれば不可能になるか？　宗教を廃棄することによってである。ユダヤ人とキリスト教徒が、おたがいの宗教を、もはやただ……歴史によってぬぎすてられたさまざまの蛇のぬけがらとして認識」し、「ユダヤ人はユダヤ教をやめ、一般に人間が宗教をすてること」をバウアーは要求していたのである。同時にかれは、(混乱して)「他方ではまた、首尾一貫して、宗教の政治的な廃棄」つまり信仰の自由の確立を「宗教の廃棄そのものである」と考えてもいた。

以上のようなバウアーの主張にたいして、マルクスは、「ユダヤ人解放の問題」は、断じて「宗教上の問題」ではないという立場から、つまり、ユダヤ人は「ユダヤ教から完全に矛盾なく自分を絶縁しないでも、政治的に解放されうる」のであり、信仰の自由が十全に確立し、ユダヤ人の政治的解放が実現したとしても、市民革命による「政治的解放そのものは人間的解放ではない。」ということこそが問題なのである、ということをマルクスは主張しているのである。そして、すでに2のcで詳しく考察したような近代社会の分析をふまえて、この論文の最後を、かれは「ユダヤ人の社会的解放は、ユダヤ教(拝金主義、金の力)からの社会の解放である。」と結んだのである。

ところが、大内兵衛『マルクス・エンゲルス小伝』(岩波新書)は、「バウエルはユダヤ人の解放はユダヤ人をユダヤ教から解放してキリスト教徒とすればよいというに対してマルクスは異をたて、……ユダヤ人がキリスト教に改宗することは無意味である。……」と論じていると書いている。大内兵衛が(本書が向坂逸郎『マルクス伝』の要約であることから、誤りの張本人は向坂かも知れない)いくつかの誤りの記述をしていることは明らかであろう。バウアーは、ユダヤ人がキリスト教に改宗することなど主張していないし、また、ユダヤ人がキリスト教に改宗することが無意味だというのは、マルクス以前のバウアー自身の主張である。

また、『社会思想史概論』(岩波書店)もいくつかの誤った記述をしている(平田清明担当部分)。「ユダヤ人が宗教上の理由からキリスト教国家によって公民権を拒絶されているということは、宗教問題としての性格をそなえているが、本質的には政治問題であるとみなすのである。ドイツが政治革命を経過していないために、ドイツの諸国家は民主主義的な本来の近代国家になっておらず、したがって、国教分離もまだ十分におこなわれていない。……どの宗教にたいしても無差別な態度をとるというのが近代国家のたてまえであるのに、ドイツではそうではないこと、そこに、ユダヤ人問題の本質があるとマルクスは考えた。だからかれは、かっての友バウアーがいうように、ユダヤ人が父祖伝来の宗教をすてることによってではなく、キリスト教国家がその国教としての宗教をすてることによって、ユダヤ人問題は解決されうるのだ、と主張したのである（また現に、そのことはフランス革命によって実例をもって示されているのでもあった）。

ユダヤ人問題の本質がここにあるとすれば、問題の解決は民主主義的な政治革命にまつほかはない。これが当然にマルクスから期待される結論であった。そのかぎりではかれの立場は革命的民主主義の地平にたっており、バウアーらの青年ヘーゲル派とおなじ次元にいるわけである。しかし……」（傍点―安川）。

マルクスがこの論文で問題にしている「ユダヤ人問題の本質」は、平田が把握しているように、ドイツが近代国家となり、信仰の自由（国教分離）が確立することによって、ユダヤ人差別のなくなることではなく、そうした政治的解放によっては、ユダヤ人が（も）人間的に解放されないという問題が主題である。したがってマルクスは、この論文のどこにおいても、平田のいうように、「キリスト教国家がその国教としての宗教をすてることによって、ユダヤ人問題は解決されうるのだ、と主張し」たりはしていない。

平田も「しかし……」以下において、「宗教問題を究極的に解決するためには、政治革命ではなく社会革命によらなければならない。」ととらえており、その点では、大内も『ユダヤ人問題によせて』の全体の論旨を誤解してしまっているわけでもない。にもかかわらず、二人ともバウアーの主張をそろって誤解したり、平田のように、ユダヤ人問題の本質を民主主義的な政治革命の不徹底の問題である、と誤って現象的に把握するのはなぜであろう。

二人は、「国家の観念主義の完成は、同時に、市民社会の物質主義の完成でもあった。」というマルクスの論理展開を正しく把握していないのである。あるいは、「市民社会の奴隷制こそ、その外見からいえば、最大の自由である。」という「政治的解放の本質とカテゴリー」の理解が「不徹底」なのである。ユダヤ人の解放を、大内が、バウアーはユダヤ人がキリスト教に改宗することだと主張していると把握し、平田が、マルクスはキリスト教国家がその国教としての宗教をすてることだと主張している、と各々誤って把握したのは、二人が、同じドイツ国民でありながら、ユダヤ人がその信仰のゆえにキリスト教徒と対等に処遇されないことが「ユダヤ人問題」の本質である、という誤解をひきずってマルクスを読んでいるためである、といえよう。

近代資本主義社会の差別問題の本質は、黒人が黒人奴隷制から解放され、被差別部落民が身分制から解放され、女性が男性と法的に平等とされながら、つまり政治的に解放されたとしても、なお人間的に解放されないという事実が残るのはなぜか、という問題である。ユダヤ人問題でのマルクスでいえば、それは、さしあたり、特権的な国教を廃止し、「信仰の自由」を確立するという「政治的解放の完成した国においてさえ宗教がたんに存在しているばかりでなく、若々しく力づよく存在している」のはなぜか、という問題である。その点では、大内らの誤解と異なり、バウアー自身も、ユダヤ人の解放はユダヤ人が「キリスト教臣民と対等の地位を要求」することではない、という意味のことを主張しており、その主張にはマルクスもひとまず同意して、この論文の冒頭でつぎのように書いているのである。

「ドイツのユダヤ人は解放を熱望している。どんな解放を熱望しているのか？　公民としての解放、政治的な解放である。

ブルーノ・バウアーは彼らに答える。ドイツではだれも政治的に解放されていない。われわれすらも自由ではないのである。……

……ユダヤ人はキリスト教臣民と対等の地位を要求しているのか？　そうだとすれば、彼らはキリスト教国家を正当とみとめているわけであり、一般的な抑圧の支配を是認しているわけである。一般的な束縛が気にいるのに、なぜ彼らの特殊な束縛が気に入らないのか！」

ただしまた、近代社会における差別の問題を、基本的に政治的解放の問題ではなく、人間的解放の不徹底の問題と把握するからといって、私は、それを近代民主主義の限界の問題ととらえ、それと異質の原理によって、被差別者の人間的解放を考えているということではない。その問題については、IVにおいて中心的に論じることにするが、差別の問題が民主主義そのものにかかわる問題であり、したがって、差別を打破していくたたかいの原理も、民主主義以外のなにものでもないととらえていることは、誤解をさけるために、予め断っておきたい。マルクスの表現を借りれば、人間的解放は、市民社会の「現実の個別的な人間」が、あくまで「抽象的な公民を」つまり、自由、平等、友愛の主体を、「自分のうちにとりもど」すことにほかならないのである。

そろそろ、まとめにしよう。近代社会における差別の問題は、基本的に黒人、女性、ユダヤ人、被差別部落民などにたいする偏見や差別意識などの観念の問題ではない（それは、うわっつらの現象的把握である）。たしかに差別は、直接的には、なによりも被差別者集団の屈辱と怒りの問題である。それを絶対見落してはならない。しかし差別は、本質的にはそれ以上に、被差別者集団やマイノリティを差別することによって、「市民社会の奴隷制」の抑圧と苦しみを忘れようとする一般民衆の問題である。その意味で、アメリカには黒人問題があるのではなく、白人問題こそが存在しているのである（他の差別についても同様）。そうとらえなおすことによって、差別の問題は、（少数の）被差別者の問題ではなく、被差別者を含めた私たちすべての人間の問題となるのである。

したがって、それぞれの差別が独自の歴史的・社会的条件にその起源や根拠をもっているにしても、私たちは、そのことに目を奪われて、自由・平等・友愛という民主主義を原理とする近代資本主義社会そのもののなかに、たんなる差異でしかないものを差別に転化し、その差別を存続させようとする普遍的で客観的な根拠のあることを見落してはならない。「人間のあらゆる奴隷制が生産にたいする労働者の関係のうちにふくまれ、かつあらゆる奴隷的関係がこの関係の変容と帰結にほかならない」といわれるように、差別の根源は、基本的に人間の物質的財貨（生活資料）の生産における「疎外された労働」の関係にもとめられなければならない。近代社会にみられるさまざまな人間差別も、基本的にこの関係の変容あるいは帰結としての「奴隷的関係」、差別―被差別現象として把握されなければならない。※

※ 私は水田珠枝『女性解放思想史』（筑摩書房）の成果をきわめてたかく評価しながら、同書の基本的な方法論の評価において一定の留保を残した。私が評価を留保した点は、水田が「性差別を除去するには」、生命の生産と生活資料の生産という「ふたつの生産の関係が変革され、生命の生産が生活資料の生産と同様に尊重される男女関係、社会関係がつくられなければならない。女性解放は、階級社会の変革とふたつの生産の関係の変革という二重の課題になっているのである。」と主張していることにたいしてである。私は、女性解放が階級社会の変革と二つの生産の関係の変革という二重の課題をもっているという点では、水田を基本的に支持する。女性解放の課題を、過去の単純な社会主義的女性解放論のように、階級社会の変革の課題に埋没、解消することは明らかな誤りであり、女性解放が、生命の生産の正当な社会的評価を要求していくことは、明らかに女性解放の固有で独自な課題である。

しかし問題は、「生命の生産にたいする生活資料の生産の優位」は、たんなる男の偏見や差別意識の問題ではなく、最大限利潤の追求を本性とする資本主義社会の生産関係によって規定されているという問題である。つまり、「人間のあらゆる奴隷制が生産にたいする労働者の関係のうちにふくまれ、……この関係の変容と帰結にほかならない」という問題である。したがって、私の不満は、水田が「生命の生産」と「生活資料の生産」の二つを、さらには、「階級社会の変革」と「ふたつの生産の関係の変革」の二つを、さしあたり分離して、並列的な二重の課題として提起していることにたいしてである。

そろそろIの考察を終ってもいいところまで来たと思われるが、差別の根源の理解の難かしさについて、若干の補足をしておきたい。問題は、『非色』を読む多くの学生たちが、差別認識の未熟な段階の笑子が人間というものは差別なしには生きていけない動物ではないか、と一時悲観的に考えたところはよく理解（共感?）できるが、笑子の最後の差別の本質の発見にまではなかなか理解がついていけない、という理由である。言いかえると、「この世の中には使う人間と使われる人間という二つの人種しかない」という資本主義社会の階級的搾取と収奪の事実を認識することが、一般的にもかなり難かしい、という問題である。

つまり、古代奴隷制社会の奴隷や中世封建社会の農奴にくらべて、同じように階級的に抑圧、収奪されていながら、奴隷や農奴よりも一般に教育水準もたかい資本主義社会の労働者が、それを自覚し認識することがむしろ困難であるのはなぜかという問題である。古代の奴隷が、かれの生産したすべてのものを（自分の生存に必要な最少限のものを残し）、奴隷主に奪われることは誰の目にも明らかである。また、封建時代の農民の場合も、賦役農民なら、自分の生活のために働く時間と、領主のために働く時間がはっきり区別できたし、領主や地主に年貢や小作米を納める農民の場合も、自分の取り分と主人の取り分は充分区別できた。つまり、農奴が賦役労働や年貢や小作米を奪われる立場にあったことは、誰の目にも見えたのである（見えることと、それを不当と考えることとは別の問題であるが）。

ところが、資本主義社会の労働者の場合には、自分の労働力の価値に等しいものを生産する「必要労働時間」と、一日の労働時間（「一労働日」）中の残りの「剰余労働時間」が、一日の労働時間中に混然と融合して一体化しているという事情がある。したがって、労働者は、必要労働時間中になされる「支払われた労働」と、剰余労働時間の「不支払労働」の区別を、目に見える形では認識できないのである（朝八時から午後五時までの一労働日中、必要労働時間が四時間で、それ以上の労働は不支払労働になると教えられたら、そそっかしい正直者の労働者は、昼飯だけ食べて、午後一時には退社してしまうかも知れない。もちろん、こんな正直者の労働者は即刻クビである。かれは、生産手段をもたない以上、不満たらたらでも、翌日からまた会社に戻らざるをえないのである）。

以上のように、資本主義社会の搾取は、目に見えて認識し難いということに加えて、かりにそういう労働者の境遇を認識・自覚できて、気に入らないというなら、かれも資本家になればいいのである。封建社会の身分制度と異なり、近代社会は誰でも資本家になれる自由をもっているのである。そうした事情も重なって、またこの社会への不満や怒りをもつことは困難となるのである。さらに、資本主義社会にも不当な差別があるという問題の場合も、たとえばアメリカでは、「差別は黒色や白色の問題ではなく緑色の問題だ」といわれるように、アイルランド系移民は一貫して差別されながら、そのアイリッシュでカソリックのケネディは、まさに「緑色」（ドル）の力とその政治力で、第三五代目の大統領に当選したのである。そして、ユダヤ人のキッシンジャーも、国務長官になったのである。日本でも、被差別部落出身の松本治一郎は、参議院の副議長になった。そうした「例外」は、探せばいくらでもある。そういう意味では、さしあたり自由、平等、友愛を原理としている資本主義社会は、一定の柔軟性をもった懐のふかい社会であり、したがって、その社会における差別や階級的抑圧の存在を正しく認識する作業は、きわめて困難な精神労働となる。

Ⅰの稿を閉じるにあたって、私の能力の範囲内ではその内容を理解できるだけの解説は意をつくして試みたつもりなので、私にとって、女性差別の本質をもっとも高い理論水準において定式化していると思われる文章を、最後にそのまま引用しておきたい。

「人間が類的本質存在として、人間として、どの程度まで解放されているか、また、そのようなものとしてどの程度まで自己をつかんでいるかが、この（男性と女性の）関係の性格から結論できるのである。男性対女性の関係は、人間対人間のもっとも自然的な関係である。そうであればこそ、人間の自然な関係態度がどの程度まで人間的なものになっているか、あるいは人間的本質存在がかれにとってどの程度まで自然な本質存在になっているか、さらにかれの人間的自然性がどの程度まで自然になっているか、といったかかる諸点が、この（男性対女性の）関係のうちにしめされるのである。また、人間の欲求がどの程度まで人間的欲求になっているか、したがって、他の人間が人間としてかれにどの程度まで欲求されているか、かれがもっとも個人的なありかたでいながら、同時にどの程度まで共同的本質存在になっているか、といったかかる諸点も、この関係のうちにしめされるのである。」

（マルクス『経済学・哲学手稿』）

II

「女性革命」の時代と社会＝人間の変貌

1 「女性革命」の時代

a 「静かで長い革命」としての「女性革命」の時代

いま、日本の社会は「女性革命」の真っ只中にある。

「女性革命」とは、「静かで長い革命」と呼ばれるように、一七八九年の「フランス革命」や一九一七年の「ロシア革命」のように、特定の年に流血をともなって引き起こされた「騒然とした短期間」の政治的変革とは異なる。女性革命は、「産業革命」のように（イギリスの場合では一七六〇年代から一八二〇年代に及ぶ）長期間にわたって進行し、しかも、同時代の人々は注意しないと今が産業革命の時代であるとは気づかないような静かな（それでいて、産業革命が終わってみると、社会は資本主義的な機械制大工業の時代へと大きく転換している）社会変動の過程として進行する。

「女性革命」とは、大幅な女性労働の社会進出を基礎とする女性の「労働権の確立」と、「男は仕事、女は家庭」という長年の「性役割分業の打破」を意味する。この革命は、北欧や欧米諸国だけでなく、日本でも遅くも一九七〇年代後半から始まり、いま日本の社会はその真っ只中にある。

経済企画庁で、石油危機以降の日本の経済政策の企画に参加し、ＯＥＣＤ（経済協力開発機構）日本代表一等書記官であった八代尚宏（現在、上智大学教授）は、この女性革命について、その著書

『女性労働の経済分析―もう一つの見えざる革命』（日本経済新聞社、一九八三年）において「女性労働の社会進出という『見えざる革命』が進行中である。これはもはや止めることのできない流れであり、その流れに沿った社会制度の改革や施策の方向転換が必要とされている」と指摘していた。

八代が指摘した通りに、日本の社会も動きはじめた。世界史的な「女性革命」の流れは、一九七五年が「国際女性年」、一九七五年から一九八五年が「国連女性の十年」とされ、一九七九年十二月の第三四回国連総会の「女子に対するあらゆる形態の差別の撤廃に関する条約」（以下、「女性差別撤廃条約」と略称。「女子」は「女性」に改訳）の採択がそのエポックとなった。

条約は、前文で「女性の出産における役割が差別の根拠であってはならないのみならず、子どもの養育は男女と社会全体の責任であることを承知し、男女の完全な平等達成のために、社会と家庭における女性の役割と同様に、男性の伝統的役割に改変が必要であること」を指摘し、本文第五条において、「両性のいずれか一方の劣等性、あるいは優越性の観念または男女の定型化した役割にもとづく偏見および慣習上その他あらゆる慣行の撤廃」つまり、「男らしさ、女らしさ」の神話と、この神話にもとづく旧来の「男女の社会的および文化的な行動様式」の改変をせまっている。そして、差別撤廃のための教育措置として、第十条で男女「同一の教育課程、同一の試験、同一水準の資格をもつ教職員および同質の学校施設」の確保を求めている（日本の文部省は「同一の教育課程」を、男女「平等の教育課程」に変更する修正案を提案して、世界の物笑いとなった）。

女性解放においては後進国の日本（端的な指標は、国会議員の女性比率が世界一七六カ国中一四九位）も、この「女性差別撤廃条約」の外圧におされて、一九八四年にまず「国籍法」が改正され、夫の国籍への妻の国籍の従属と、外国人の帰化条件についての男女差がともに解消された。翌一九八五年六月には「男女雇用機会均等法」が制定され、遅まきながら同年七月に日本は「女性差別撤廃条約」を批准した。一九九一年五月には「育児休業法」が成立し、一九九〇年十二月から法制審議会小委員会で検討が始まった「夫婦別姓」問題も、少産の時代のため保守派も支持している事情から、間もなく「希望すれば結婚後も別姓を名乗ることができる」法案の成立が予想されている（一九九六年一月の国会に法案を上程の予定）。

「男女雇用機会均等法」は、女性の労働権の観点を欠落し、家庭責任とりわけ育児責任を相変わらず女性にのみ負わせ、雇用にかかわる男女の均等が事業主の「努力義務」に止まっているなど、多くの不備をもつ。「育児休業法」も、休業中の所得と現職復帰の保障の欠落や代替要員の確保の不備などという多くの問題がある。しかしながら、「雇用均等法」は、雇用の場における男女平等実現の具体的な手だてを明らかにし、「育児休業法」は、育児休暇を男性もとれることを規定しただけでなく、休業期間を一年間とすることにより、これまで資本と政府によって長年推奨されてきた女性の「M字型ライフ・サイクル」の「台形型ライフ・サイクル」への転換を表明した点において、それぞれ画期的な意味をもつ。

つまり、これまでは、「女性よ家庭に帰れ」という声とともに、女性が働くとしても、それは「若年短期雇用」型であり、女性は結婚あるいは第一子の出産とともに家庭に入り、十年前後は家事と育児に専念し、子どもの成長とともに多くが「パート・タイマー」として社会に復帰し、老親の世話を含む家庭責任を果たしながら、低賃金・無権利の労働者として働くことが期待され、推奨されてきた。

ところが、「育児休業法」の成立は、女性の主たる家庭責任の考えは残しながらも、女性が働きつづけることを前提視することによって、資本＝政府自身が「男は仕事、女は家庭」という日本人の生き方そのものの解体に乗り出してきたことを意味する。

そしてこの道は、資本にとってはむしろ合理的な労働力政策であるばかりでなく（安川寿之輔・悦子『女性差別の社会思想史』明石書店　一五一～五二ページ参照）、労働者家庭の家計の必要性や、家事労働の社会化の進展、自立と解放を求める女性自身の意識にも合致するという多くの条件に支えられて、日本においても「女性革命」は、いまや必然的な社会現象となった。そのことを、具体的な数字によって、論証しておこう。

総理府が日本の一般の女性五千人を対象として実施した一九七二年の意識調査では、「男は仕事、女は家庭」の賛成者は八三％であったものが、一九七六年（国際女性年の翌年）の同じ調査では、一挙に五〇％以下となった（一九七八年の総理府の男女四千人をこす「有識者」対象の調査では賛成は二〇％）。名古屋市の千五百名を越す女性を対象とした「女性問題基礎調査」での同じ数字では、一九八二年が四一％、八五年が三一％、九一年が一七％と急減しており、そのことを報じた「朝日新聞」（九一・十二・二〇）は「『女は家庭に』とんでもない」という見出しで「保守的といわれる名古屋市民の間でも……」と書いていた。

つまり、同じ日本の社会において、一九七二年には（それ以前の時代と同様に）八三％という過半数の女性が賛成していた同じ事実にたいして、僅か二〇年の間に賛成者が一七％に丁度逆転の急減を示すという事態は、女性「革命」と呼ばずしてほかに適切な呼び方はないと言えよう。

こうした時代の流れの一環として、一九八九年三月二日の「朝日」が「試される時代感覚／小論文の内容多様化」という見出しで国公立大学の二次試験について報じたなかで、名古屋大学法学部の「女子差別撤廃条約、ルソーの『エミール』、スウェーデンの特別育児休暇紹介の新聞記事を読み、男女の社会的役割、家庭的役割について述べよ」という小論文が紹介されていた。このように、女性革命の時代を知らせる記事は珍しくなくなっていたが、名古屋を有力な地盤としていた（春日一幸元委員長が国会秘書の名で税金で「妾」を囲っていた事実に象徴されるように、どちらかといえば保守的な）民社党が、一九九一年秋に「『男は外で働き、女は家を守る』といったカビのはえた役割分担を一掃する」ために、「男性週間」を提唱したというニュース（一九九一・一一・四「朝日」）には、私も思わず目を疑ったものである。

b 「女らしさ、男らしさ」の神話からの解放

——時代認識の前提としての人間観変革の必要性

「女性革命」の時代の到来を理解し、人間の社会が男性と女性のかかわりを軸として、どう変貌しようとしているかを正しく理解するためには、その前提作業として、私たち自身の人間観そのものの変革が必要である。つまり、長年にわたって信じられてきた「男らしさ、女らしさ」が、家父長制的な「男中心社会」によってつくられたものであり、「女性革命」の時代を迎えようとしているいま、

「中日新聞」1993年1月23日付より

それは遠い過去の物語＝神話になろうとしていることを理解しなければならない。

「女らしさ、男らしさ」がもともと神話であることを知るためには、アメリカの文化人類学者のマーガレット・ミードが考察した日本の社会と「男らしさ、女らしさ」の逆転しているチャンブリ族の社会を見ればよいであろう。この社会では、

「男らしい男、つまり一般的な男性の性格、気質は受動的、内向的、陰気、ヒステリー気味である。かれら男たちは、猜疑心がつよく、団結心にとぼしく、気まぐれ、移り気で、決断力に欠け、虚栄心が旺盛で、おくびょうで依存心が強く、うわさ話に興味をもち、化粧に憂き身をやつしている。……この男同士の関係（友情）はデリケートで難しい。」

「女らしい女、つまり一般的な女性の性格、気質は、積極的、能動的で決断力にとみ、かの女たちはたくましく自立しており、頑健な体格をしている。戦争も女の仕事であり、女性は頭を坊主にして、飾りやアクセサリーの類は一切身につけず、化粧もいっさいせず、…女性が男性を経済的に扶養しており、性行為においても女性の方が能動的である。」

この事例をどう理解するかは、読者の自由である。M・ミードの考察したチャンブリ族は、南太平

洋の「未開種族」の一つである。一つくらい「突然変異」かなにかで種族全体が狂った特殊事例もあろう、と無視して考えることもできよう。しかしながら、注意して読むと、チャンブリ族と日本の社会は、一見逆のように見えながら実は同じであることに気づくはずである。経済的に扶養している側（チャンブリ族では女、日本では男）は、性格・気質だけでなく性行為も積極的・能動的であり、飾りや化粧には関心をもたないのに、経済的に依存している側（チャンブリ族では男、日本では女）の性格・気質は、気まぐれ、移り気、受動的であり、飾りや化粧に憂き身をやつして、異性の気をひこうとしている点で共通しているのである。

つまり私たちは、長年にわたり「男らしさ・女らしさ」は一般に男女の生物学的な差異に対応していると考えてきたが、右記のチャンブリ族と日本社会の共通性は、扶養する側か、扶養される側かという社会的な地位によって男女の性格・気質は基本的に決まることを示唆しているのである。

もちろん、日本の社会の常識は、なお男女の性格・気質・性行動などは、男女の生物学的差異に対応している、と考えている。

例えば、私は毎年名古屋大学の新入生に「社会思想史」の講義の最初の時間に学生の意識調査を実施しているが、一九九二年四月の三クラス四二三名対象（八七名の二年生が混在）の調査では、〈あなたは、男女の生物学的な差異に対応して、男女の性格や気質（や知的能力）に基本的に「男らしさ」「女らしさ」の違いがあると考えますか？〉という設問にたいして、「考える」は男子学生七七・五％、女子学生六九・六％であり、「わからない」を別にして、「考えない」という学生は男子一五・〇％、女子二三・五％に止まっている。つまり、「男らしさ、女らしさ」の神話をなお信じる学生が男子約八割、女子約七割もいるのである。

これは、後で論及するように、日本の学生の保守化傾向を示す数字である。しかしながら、一一七ページの漫画のように、「男らしさ、女らしさ」が神話であることを伝えるメッセージは身近かに見聞できる時代を迎えているのに、日本の社会では「男らしさ、女らしさ」の神話がなお強く信じられている傾向にあるので、それが神話であることについて、しばらく論じることにしよう。

J・ミッチェル『精神分析と女性解放』（合同出版）によると、精神分析学者フロイトも晩年には「普通人にとっては、明瞭な意味をもつ『男らしい』『女らしい』という概念は、科学の中に起こった最も混乱したものに属するということを、はっきり理解することが大事である。」と指摘するようになり、「人間にあっては、純粋な男らしさ、女らしさは心理学的意味でも生物学的意味でも、発見されないということである。反対に、すべての個人は、自分の性と異性とに属する特性の混合状態を見せる。そして人は能動性と受動性との組み合わせを見せるのである。」と主張するようになった。

つまり、もともとは「両性具有的な心理的傾向」をもって生まれてきた「人間という生物」が、「男らしさ、女らしさ」の神話をかたく信じている両親の手と社会の中で教育される過程の中で「男」と「女」という「性的な社会的生物」につくり上げられるのである。

したがって、「男はつよくたくましい」「女はおとなしく、やさしい」などという男女のステレオタイプに始まり、女性特有の「母性本能」とか「男は狼である」という類のものは、すべて基本的に家父長制的な社会の中でつくられたものである。身近にマスコミがそのことを伝えるメッセージは無数にある（もちろん、逆のメッセージの方がなお圧倒的に多いが）。

一九九一年七月二六日の「毎日新聞」は、創刊百二十周年記念の懸賞論文の募集に際して、「応募の素材」として、「母性本能は作られたものであり、神話」であるということを、一七、八世紀のフランスの史実にもとづいて解明した哲学者エリザベート・バダンテールの主張（一九八一年、日本では『プラス・ラブ』の題で翻訳、九一年、『母性という神話』に改題）を彼女の大きな写真とともに全一紙面一〇段抜きで紹介していた。

「男は狼」が神話であることは、チャンブリ族の事例から十分理解できるが、女によるレイプより男によるレイプがなお支配的な日本の社会のことを考え、まず、山本コウタローの「男の性」というコラム記事から見よう。「男には強かん本能がある、などという『通念』さえまかり通っている。／とんでもないことである。強かんは『本能』などではない。あらゆる生物のなかで唯一、人間の男のみが行なう暴力犯罪行為であり、社会的教育・学習の産物である。動物の世界には、強かんなどないのだ。『男はみんなオオカミよ』なんて、オオカミが聞いたら怒るだろう」（一九八五・五・二九「朝日」）。

「東南アジアで恥ずべき日本人女性の行状」という九〇・六・一四の「朝日」の投書は、経済大国日本の女性が、男の買春ツアーを真似て、少年や男性を外国で売春夫として買っていることを告発した文章である。近年では珍しくない光景のようである。しかし、「男が女を買う」から「男は狼」とか「男は我慢できない」などという神話がつくられたことから言えば、この光景は「女も狼」であることを端的に実証するものであり、少なくとも女の生物学的差異に対応して、女性が「しとやか」とか、投書文の「大和撫子」であるわけでないことだけは明らかであろう。

女性論の古典として名高いボーヴォワール『第二の性』の冒頭の有名な文章「人は女に生まれない。女になるのだ。」が端的に主張するように、人は生物学的な女に生まれてきたから、現在あるような「女」に成長するのではなく、時代と社会と教育によって「女」につくられ、また、「女」の方が楽であると考える（横着な）女性は、自ら自分を「女らしく」つくりあげ、社会で期待される女性像に合わせていくのである。

この『第二の性』の有名な冒頭の文章をコマーシャルに起用したのが某生命保険会社の「人は、男に生まれない。男になるのだ。」である。人は男に生まれたからといって、自然に「男」になるのではなく、「男」になろうと思えばこの会社の生命保険に加入しなければならない。つまり、日本の社会では男は自分の意志や努力で生命保険に加入することによって、はじめて「家の大黒柱」となることができるという意味である。このように、生物学的な男と社会的な「男」が明確に異なるというメッセージは、身近なところに、いくらでも転がっているのである。

一九九一年一月の湾岸戦争は、アメリカにおいて、「女らしさ」の神話とからんだ女性の戦闘参加の可否の論議を再発させた。この戦闘で三万五千名の女性兵士が後方支援の任務で中東に派遣され、十三人が戦死した。議論は女性の直接の戦闘参加を禁止した一九四八年の法律の是非であり、二種の世論調査では米国民の七〜八割が女性の戦闘参加に賛成ということもあり、同年六月に連邦議会下院で法律の改正案が可決され、十二月に上院も通過して決着がついた。その後、一九九三年から九四年にかけて、女性パイロットの戦闘機への搭乗、海軍の戦闘艦への女性の乗艦、陸軍での女性兵の地上戦参加が認められ、アメリカでは陸海空全軍での女性の実戦参加が認められた。背景としては、第一に、人手（男性）不足という直接の契機があり、第二に、軍隊内での職種の制限が女性兵士の昇進を不利にするという女性差別の問題があるが、目には見え難いが決定的な理由として第三に、武器の技術革新が熟練や筋力を基本的に不要にしたという重要な要因がある。したがって、日本の防衛庁でも、女性自衛官の戦闘参加の制限撤廃の検討を開始したとのことである（九三・一・一六「毎日」）。

　軍隊という組織自体の是非を別にすれば、後方支援に限定する女性差別が妥当でないこと自体は明らかであろう。問題は、半世紀前には女性の戦闘不参加を当然とした文明のあり方が、技術革新と分業の進展により大幅に変化したということである。つまり、「女性革命」を可能とし推進している陰の「仕掛け人」は、この技術革新と分業の進展である。そして、人類の歴史の初期には、女性が出産を担う性であり、筋力では男性が勝っているという男女の生物学的な差異が「男は狩猟、女は育児」「男は仕事、女は家庭」という男女の性的役割分業の成立に一定のかかわりをもったことは歴史の一般的事実であるが、いまや技術革新と分業の進展が、その違いを基本的に無意味にしたということである。

c　「男らしさ、女らしさ」の揺らぎ

「女性革命」の時代を迎えて、「男らしさ、女らしさ」が揺らぎはじめているのは当然である。「男らしさ、女らしさ」がもともと神話である側面と、一定の生物学的差異にもとづき形成され、家父長

制社会でその違いが拡大されたり固定化されてきた「女らしさ、男らしさ」の差異も、技術革新と分業の進展によって、無意味になろうとしている事実を確認したので、ここでは、女性革命の進展にともなって、日本でも「男らしさ、女らしさ」が揺らぎはじめている様相を列挙的に並べておこう。

一九七七年一月に東京都は、都立高等保母学院の門を男性にも開く意向と、「保母」という男性排除の学院の名称変更の方針を表明した。この年でも約四百人の「保父」がいながら、彼らは公的に「認知」されず、「男性差別」に泣いていたのである。

一九八二年「就業構造調査」結果にもとづき、〈「働く主婦」半数を超す〉という見出しで、「朝日」が一面トップで主婦の過半数が働く時代を迎えたことを報じたのは、翌年七月のことである。同じ八二年の「朝日」は、正月元旦から特集〈家族の風景〉の連載を始め、「家事が何かむなしい」という見出しで、専業主婦の新たな病気としての（定期的に頭痛で台所に入れなくなる）「台所症候群」の登場を伝えた。同じ年、斉藤茂男は、生き甲斐への道を閉ざされた苦しさからアルコールに逃避したり、離婚に走る主婦たちのルポルタージュを『妻たちの思秋期』（共同通信社）にまとめた。「読売」の女性記者二人によって、その名もズバリの『専業主婦の消える日』（有斐閣）が刊行されたのは一九八六年のことである。

「良妻賢母」はもはや女性の理想像でなくなり、日本の女性も妻、母だけにとどまらない生き方を模索する時代を迎えた事実を象徴するのが、「婦人総合雑誌」の消長である。女性革命以前の一九五〇年代後半から七〇年代前半の時代には、「主婦」を対象とした『婦人生活』『婦人倶楽部』『主婦と生活』『主婦の友』の四大雑誌がそれぞれ月に百万部を超える発行部数を誇っていた。それが八〇年代後半以後になると、『婦人生活』『婦人倶楽部』が相次ぎ休刊し、最盛期の八分の一の部数で存続していた『主婦と生活』も九三年四月号で休刊となり、最後の『主婦の友』も九三年二月号から定価を七百五十円から五百円に下げ、パートの主婦を対象に、誌面を刷新して生き残りをかけることになった。

こうした女性革命の進行を示す題材は、「朝日」の第一面コラムの〈天声人語〉欄にもしばしば登場することになった。一九八六年五月、ノルウェーに女性首相だけでなく閣僚十八人中八人を女性がしめる労働党内閣が成立したことを伝えた〈天声人語〉は、同じ北欧のデンマークの首相の訪日日程が、学校教員である夫人の都合から夏休みの八月になったことを、日本的な政治風土との違いとして紹介していた。

九〇年三月一日の〈天声人語〉は、日本の家庭では赤ちゃんが泣いた時の親の対応が、赤ん坊の男女の性の違いで異なる（差別的な育児の）ことを指摘した後、イギリスの新しい童話『アリーテ姫の冒険』の内容に言及し、王

『アリーテ姫の冒険』表紙のさし絵

子様が人生を変えてくれるのを待つシンデレラ姫に代わるアリーテ姫の登場について、「人は女に生まれるのではない。女になるのだ。ボーボワール女史のこの言葉から四十年。やっと絵本の世界にまで基本的な平等観が映し出されるようになった。世の中が前へ進んでいることにほっとする」と、適切にコメントしていた。

『アリーテ姫の冒険』の刊行の経過自体が日本では「事件」であった。そのために、同書のことは「変わるお姫様像」「賢く強く、さっそうと馬に…」「話題よぶフェミニズム童話」「おとなの女性励ます」などという見出しでしばしば報道された。一九八四年にロンドンでこの童話『クレバー・プリンセス』に出会った日本の女性たちがすぐ翻訳したが、出版を引き受ける所がなく五年間原稿は宙に浮いたままであった。八九年十二月にやっと出版されると、僅か三カ月で八刷りを重ねるという好評で、三年余で六万部売れている。主人公の名前の「アリーテ」はギリシャ語の「勇気」であり、姫はその勇気と賢さで自ら難題を解決していくという物語であり、本の挿絵では前ページの表紙のようにアリーテ姫の後ろ姿しか描かれていないのも特徴である。つまり、女性がその美貌と容姿で成功するというのは、もはや過去のおとぎ話であるというメッセージといえよう。

アリーテ姫の〈天声人語〉の翌月の「朝日」の投書欄に「ランドセルの色彩なぜ女の子は赤か」という投稿が登場するのはもはや驚くことではない。それから六年後の九六年二月の「朝日」の家庭欄は二面をつかって、「色の好み男女差なし」「社会が決める色分け」などの見出しで、「生まれながらの色の好みに、男女の差はない」という心理学の研究を伝え、「ランドセルや教材、子ども服…」商品の男女の色の「変わるきざし」をカラー写真入りで大きく紹介し、日本教職員組合女性部もようやく「学校指定の持ち物の色分けをやめようと呼びかけ」るようになったことを伝えた。また、九一年一月の「朝日」も二面をつかって、「なぜ燃えるのか？／少女たちの闘魂」という見出しで、それまで男だけの領域であると見られがちであったレスリング、キックボクシング、柔道などの格闘技の世界に熱中する十代の女性たちの特集記事を掲載した。「女性にとって古典的で強固な自己表現の形態は、ずっと恋愛だった。……昔、俗に『女』と『ヒステリー』を結び付けていましたよね。あれは、自己実現の道がいくつもせきとめられていた時代のマイナスの攻撃性、暴力性の噴出だったんじゃないですか。」という作家亀和田武のコメントも適切であった。

「男らしさ、女らしさ」がもともと神話である上に、「女性革命」の時代が到来すると、「男らしさ」「女らしさ」像が揺らぎ、両者の境界領域が曖昧になるのは当然である。「毎日」に連載されていた週刊「瞠目新聞」にゲストとして呼ばれた精神科医香山リカは、評判とかのＴＶドラマの登場人物「冬彦さん」のマザコンぶりについて、「今の『マザコン』とは、男性性の定義が曖昧になったことにより、従来の『男らしさ』でカバーできない部分が出てきたとき、それを拾うために必然的に生まれた新しい上位概念である。／『マザコンね』と言われたら、『男らしいわね』と言われたのと同じ、と考えて胸を張ろう。ただし、女の子はその様子を見てクスクスと笑っているかもしれないけれど」と書いている（九二・一・三〇）。

この三日後の「朝日」の連載コラム「ＣＭ天気図」では、天野祐吉が、宮沢りえと貴花田の婚約解消の記者会見について、「勝負あった！」と題して、「あの記者会見は、『女はしっかり、男はグズグズ』といういまの若者の姿をみごとに映しとっていて、……／ホント、こんなことは言いたかないけれど、情けないねえ、男は。」と書いていた。

「女らしさ」が女性の自由な生き方を抑圧し、性差別を隠蔽する神話であることの認識が広まり深まって行けば、当然の結果として、抑圧する側の男性も、「男らしさ」の神話によって自由な生き方を歪められ、自分らしさを抑圧されていることに気づき始める。そのことを端的に問題提起したのが、一九九五年一月一日からの「毎日新聞」の連載記事「スカートをはく男たち――共生社会への模索――」であった（どの新聞社も正月の連載記事には特別に力をいれる）。

見出しには「男らしさよ、さようなら」「妻をたてる男」「主夫の生活」「かわいいと言われたい」などという言葉が踊っており、この連載を読んだ予備校の男子生徒は、「『男は強くて当たり前』は酷」という投書を寄せていた。「朝日新聞」も同じ九五年の正月四日に「『男らしさ』にさようなら」という特大の見出しで、「そろそろ男らしさのしばりを脱して、自分らしさを大切に生きる時だ」と考える男性たちが一九九一年に結成した「メンズリブ研究会」の有志が電話相談を始めたことを伝えていた。

正月の『寅さん』の映画を観なくても日本の「男はつらいよ」という事実は、例えば一九九三年に続いて九四年も日本では「男性自殺率、女性の倍を超えた」という記事（九五・一〇・三一「朝日」）の数字で明らかになる。私が日本の国立大学で一九六九年から初めて「女性論ゼミ」を開講したら、「夫が妻子を養わなければならない」というのは男性差別であると指摘する男子学生はすぐ現れた。「男らしさ、女らしさ」の揺らぐ「女性革命」の時代を迎えると、教えられなくても、男として生きることが、つらくきびしいものであり、不当な荷物まで背負わされた人生であることに、日本の男性もようやく自然に気づき始めるのである。

「女らしさ、男らしさ」の神話の締めくくりとして、筆者のひとつの体験を記そう。一九八九年五月二日に、私は愛知県の滝高等学校という私立高校（普通科・商業科）の約千五百名の生徒を相手に、〈いま、私たちはどういう時代に生きているのか――男らしさと女らしさの神話――〉という題で、同校の伝統行事の憲法記念講演をした。現在の保守化した高校生は大半が「男らしさ、女らしさ」を神話と考えていないという判断があったことと、青年期には高校の教員になりたいという夢を持っていた私が一度に千五百名の生徒に話ができるという嬉しさもあったため、四十五分の講話のために近年では異例の熱意と時間をかけて準備をした（講演料も一桁違っていたという事情もある）。それだけに、ぼくの話を高校生がどう受けとめるかにも当然興味があった。幸いにも、一年と二年の普通科・商業科各一クラス、計四クラスで講話の感想を無記名で生徒に書かせたとのことで、後日それを入手した。

「男らしさ、女らしさ」が神話であるという話は、拒否反応を含めてまともに受けとめてもらうのはかなり困難と私は予想していた。まず予想通りの感想の二三を紹介しよう。「バカか、おまえは！ そんなトロイ事を言ってる間にハゲでもなおせ！ 男は強くてこそ男！ 女はやさしく、家を守ってこそ女！ ……お前らがそんなトロイ講義をしているもんだから、今の若者は独創性がなくなるんだ、反省せい！（一年普・男）」「…女が会社だけに入って家庭から離れたら子供はどーなるんだ子供は。…女がどかたやれるかよ、力しごとは男しかできねーだろ。男の天下なんだよこの世は。（二普・男）」「ざけんなよ！（一普・男）」。

白紙を含めてこうした反発や拒否の感想が全体の五％、「俺はかわいくてしとやかでやさしい女が好きだ。（一普・男）」という願望や自分の古さを書いたのが四％、話が難しかったというのが五％、計一四％であり、予想外であったのは、全体の八割以上がおおむね好意的な反応であったことである。以下に、教員が好意的な感想を選んでプリントしてくれたものの一部を、「女らしさ、男らしさ」の神話は高校生にも十分わかってもらえることであるという論証の資料として、紹介しておこう。

「…話の方はもう理屈にあっていて、『ふんふん、なるほど』としか言いようがなかったです。（二普・女）」「…今までの神話が崩れてゆく大変な時代に自分たちが生きているのだということがわかった。（二普・男）」「『どうせ女は結婚して家に入る』ということが私達女の子を絶望させていたと思う。…今日の話は…希望を与えてくれたと思う。本当によかった。（二普・女）」「今まで、男は仕事で女は家庭というのは生物学上からも証明できるから、どこまで平等にできるかと思っていたが、…自分ももう少し今までの観点とは違った観点で男女の平等を見る必要があると感じた。（二普・男）」

「…名大なんて死んでも入れないが、また安川先生の話は聞いてみたいと思いました。（二商・女）」「僕は人間は絶対変わることは不可能だと思っていた。しかしそれはこの話を聞いて間違っていたことに気づいた。……このように人間は変わることができる。すぐに思ったことは、もっと物事を深く考えられる人間になろうと思った。（二商・男）」「女性観（男性観）がガラッと変わりました。…（一普・男）」「…目からウロコがとれたような気分です。…（一普・男）」「…女の人もがんばればどんどん道が広がっていくという可能性を知りました。…（一普・女）」

2 「女性革命」の時代の変貌の様相

a 女性の社会的進出

技術革新による機械をともなう分業が進展すると、労働の工程が多数の部品の供給と組み立てからなる多くの労働過程に分割されることになり、その結果、個々の労働者の筋力や能力の違い、熟練の違いが製品に反映されなくなり、誰がやっても同じ製品がそれも短時間のうちに大量の生産が可能となってくる。

不況という引き金もあるが、「世界のトヨタ」が一九九一年から自動車の組み立て生産ラインに次ページの写真のSさん（高校家政科卒、十九歳）のような若い女性の起用を始めた。現在の二百二十余人に九三年は百五十人が加わることになっており、将来の女性の大量活用時代への布石とのことである（同じトヨタでも、新しい九州工場では当初から女性・老人を大幅に起用する生産ラインを設定）。本田技研工業でも、日本工場の現場労働者の女性比率はまだ一％であるが、アメリカ・ホンダの女性比率はすでに三〇％（一九九四・一・九「朝日」）になっており、日本でも今後女性が大幅に雇用されることが示唆されている。同様の事情から、マツダ自動車がホワイトカラー社員一六五人の現場勤務開始を伝えた新聞は、「日本企業ではホワイトとブルーの境界線が消えつつあり、グレーカラーが増え

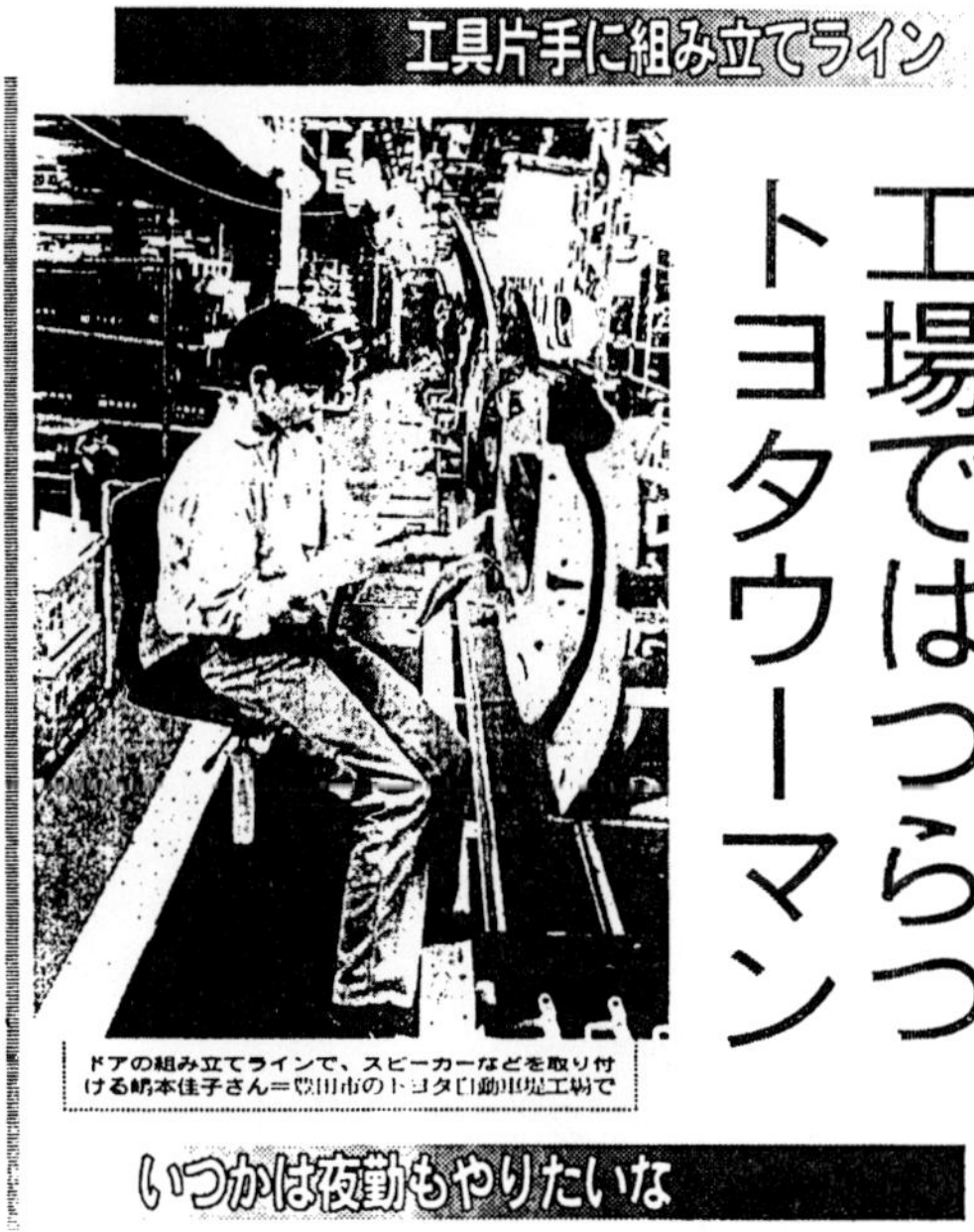

工具片手に組み立てライン

工場ではつらつトヨタウーマン

ドアの組み立てラインで、スピーカーなどを取り付ける嶋本佳子さん＝磐田市のトヨタ自動車堤工場で

いつかは夜勤もやりたいな

「朝日新聞」1993年3月4日付より

てきている」と指摘している（九三・二・一八「毎日」）。

　技術革新と分業の進展による筋力と熟練の不要化は、各種の労働分野への女性の進出をもたらす。飛行機のハイテク化は操縦桿の操作における筋力を不要として、「全日空」が「女性パイロット積極採用／九三年度まず八人」採用の方針を表明していた（九二年三月）。同年六月の記事は、自衛隊でも女性パイロットが誕生しようとしていることを伝えていた。〈好評です「細腕配送」〉の見出しで、キリンビールが女性作業員中心の東京北部物流センターを完成させたことを伝えるニュース（九一・七・三一「朝日」）の場合は、中心作業の大型フォークリフトに液晶表示で作業手順が現れるディスプレーを付け、慣れていなくてもすぐに作業ができるように工夫されているからであった。

「建設業界／もう男だけの世界じゃない」という類のニュースも、写真のような超大型ダンプを女性が自在に運転できるようになったからである。大型ダンプを運転できる大型一種の免許を取得した女性が八八年からの四年間に五八％もの大幅増となっている（この間の男性は一二％増。女性の普通免許の伸びは二五％）。建設業界全体で働く女性が一九七五年に比べ五〇％増となり、とりわけ、建築・土木の現場部門で働く女性は八八年からの四年間で六・五倍に急増している。これに対応して、大学の土木工学科への女子学生の進学も同時期に三倍に増えている。

超大型ダンプを自在に操って働く女性運転手たち
＝愛知県幡豆郡吉良町で

大型１種免許をもつ女性は'88年からの４年間に58％増

一九九二年版労働省『婦人労働白書』によると、雇用者に占める女性の割合は三八・三％となっているが、最大の問題は賃金格差である。九一年度の女性常用労働者の月平均の現金給与総額は二三万六千五百五円で、男性の五〇・八％に過ぎない（この賃金はパート労働者を含んでおり、パートの七割が女性であり、女性労働者の三割がパート）。この男女賃金格差は、世界でも異例に大きいだけでなく、日本はこの時期その格差が拡大する傾向にあるという点でも異例である。

日本の男女賃金格差の大きさを批判して

いるＩＬＯ報告書によると、男性の賃金を一〇〇とした場合の女性の賃金比率が一九八〇年から八八年にかけて、オーストラリアが八六・〇％から八七・九％へ、フランスが七九・二％から八一・八％へ、韓国が四四・四％から五一・四％（九〇年は五三・五％）へとそれぞれ上昇しているのに、日本はこの間に五三・八％から五〇・七％へと低下しているのである。『婦人労働白書』は、賃金格差に加えて、老親の介護がほとんど女性に任されていることが、女性の労働の継続を困難にしているという問題点も指摘していた。

　こうした大きな問題をかかえながらも、女性が社会で働くことが当たり前の時代になり始めていた時期のある日（一九八八年七月四日）の「朝日」に掲載されたＰＯＬＡの「ポーラレディ」募集の全面広告――本を読んでいる女性の写真の横にそえられた「一八人に会いたい」という詩の形をした広告のキャッチ・フレーズに過ぎないが――に、私はいたく感動した。

「生きてる幸せの中には／朝起きて、その日にする仕事があること、／それから、誰かに会うこと。／いちにち、ひとことでも言葉を交す人が、／一八人くらいいるといいのですって。／家にいて、誰も話す相手がいない日は、／ゆったりするけど、／何か大切な忘れものをしている気分。／人が人らしくいるには、いつも適度に人と／接していることがヒツヨーらしい。／結婚してるおんなの人の五五％が今、働いていて、／家にいる二人に一人が、できれば仕事をしたがっている。／人に会って人とのカンケイをみがく、自分もみがく。／本を読むように、それはステキなこと。／あなたはきっと、それが上手。」

　かつて専業主婦が美化され、うらやましく考えられていた時代から、女性が働くことが当たり前となり、「台所症候群」に象徴されるように、むしろ専業主婦であることに女性自身が焦りや疑問を感じるような時代への大きくはあるが目立たない転換。この詩は、そうした「静かな革命」の時代の移り変わりを、さりげなくうたったものに過ぎないが、そのさりげなさが私には驚きであった。

「女性革命」の時代を迎え、日本も各種の分野で女性の社会的進出が進んでいる中で、最も遅れているのが政治の世界である。一九九一年六月現在では、国会議員中の日本の女性比率は僅か二・三％（国会、地方議会を合わせてもわずか四％）で、世界一三一カ国中の一一〇位という順位は、日本がこの分野では超後進国であることを示している（一九九四年六月現在では一七六カ国中の一四九位）。3で見るような先進国にならって、日本でも女性革命が進む過程で、差別解消策として、一定の年限を限って、女性議員の割合を一定比率に指定するアファーマティブ・アクション（積極的差別是正施策）＝クオータ・システム（男女比率割当制）が採用されることになると予測されるし（九二・七・四「毎日新聞」によると、農水省の「農山漁村の女性に関する中長期ビジョン懇談会」の報告書がアファーマティブ・アクションによる男女平等促進を提言）、当面女性議員比率を最低三〇％にすることを目標に掲げた「全国フェミニスト議員連盟」が日本でも一九九二年二月に結成され、運動を展開している。

b 「女人禁制」の崩壊

「女性革命」の進行は、当然ながら宗教によって増幅されてきた女性「不浄」観や「山の神信仰」

にもとづき何千年と続いてきた数々の「女人禁制」をつぎつぎと崩壊に追い込んでいる。

Iの1cで見たように、「すべての男のかしらはキリストであり、女のかしらは男であり、キリストのかしらは神である。男は神のかたちであり、栄光である。…男は女のために造られたのではなく、女が男のために造られたのである。」という『聖書』に始まり、キリスト教も、「女性の霊魂は、毎月、月経によって汚されるので、聖域の純潔を護持するために、女性は生理の期間中、教会には足を踏み入れてはならない」（聖アウグスチヌス）という女性「不浄」観で女性差別を体質化していた。「女性の司祭など、絶対あり得ない。茄子が雲雀のように飛ばないからといって、それが不正ではないように、これは女性の排除ではない」（ルロン神父）というふざけた理由で、一九七二年段階でも女性司祭を排除してきたが、世界に七千万人の信徒をもつ英国国教会が、十七年間の論争の末、同教会総会で、女性に司祭の資格を認めた（一九九四年春）。

男性司祭千人が「女性司祭が容認されるようならカトリックに改宗する」といい、そのカトリックの総本山であるローマ法王庁もこの決定を非難しているが、国教会のトップのカンタベリー大主教が表明している通り、「あらゆる分野で女性が活躍している現代で女性司祭の任命を認めないとすれば、教会は社会の声に耳を傾けていないことにな」り、長期的には、そうした教会こそが民衆から見捨てられることになるといえよう。女性が「不浄」であるという時代錯誤の亡霊は、宗教界全体に共通する問題である。仏教の場合でも、一九九一年六月の宗議会で、真宗大谷派が「男子の跡継ぎがいない寺院」という条件つきで、女性住職誕生の道を開いたように、神や仏のまえでの万人平等の理念を否定しつづけることは困難であろう。

名古屋の三大祭りのひとつ若宮八幡社の例祭の山車での囃子の鼓の「女人禁制」が九二年五月から返上された場合も、後継者難という事情もあるが、「今はそんなことといっとる時代じゃない。女性だからという差別はしちゃいかん」という真っ当な時代認識に促されたものである。

一九九二年三月一九日の東海地方の新聞各紙と各局のテレビは、愛知県春日井市のトンネル工事に「全国初の女性技術者が入坑」したことを報じた。この場合は、「全国初」とはいえ、建設省の工事に県庁（女性）職員が入坑するという公的機関の当然の出来事であった。ところが、同年十一月の近鉄線の青峰トンネル工事の貫通式に「毎日新聞」の女性記者が取材に入坑した場合は、公的機関の場合でないだけに、前者に劣らぬ事件ということで、「毎日」はこのニュースを七段組の「記者の目」欄で大きく報じた。

Ｏ記者は、やはり当初「女性だから」と取材を拒否されたが、一時間近い交渉で、三月の愛知県の前例もあって、私企業のトンネル工事ながら初めて入坑を認められた。坑内の取材では、「時代は変わったんだ。気にしてない」とか「初めての女性なんだから飲まなきゃ」と酒を勧められたりで、なかには、「時代が慣習を破った歴史的瞬間。自分が携わった工事現場で、こういう革新があったのはうれしい。ぜひ伝えてほしい」と感激して語る者もいた。山の神は女で、同性に深く嫉妬するため女性の入山を禁じるという「山の神信仰」は、縄文時代からの原始的信仰であり、時代錯誤の典型と言えよう。

現在の日本の社会で身近かに存在する愚劣な時代錯誤は、人気スポーツ・大相撲の土俵上の「女人禁制」であろう。一九九〇年の初場所の表彰式で森山真弓官房長官が女性であるために総理大臣杯の授与ができなかった。また、九一年の夏場所で引退した横綱・千代の富士の断髪式に三百七十人もの男が土俵に上がっても、千代の富士夫人をはじめ女性はだれ一人上がれなかった。

大義名分は、大相撲が伝統的な「国技」ということである。反論はいくらでも考えられる。相撲のルーツはモンゴルであり、日露戦争後に英国のサッカーにならって「一等国になるために、国策で相撲を国技にしただけ」のことである。「伝統」といいながら、土俵の大きさも途中で変えているし、テレビ放送のために伝統の四本柱もさっさと切っており、日本には女相撲の伝統だってある。それを「女人禁制」だけを「伝統」の名で擁護するのは、大相撲人気にあぐらをかいたアナクロニズムの典型と言えよう。

私にとってショックだったのは、前掲の名大新入生（含む二年生）の意識調査で、〈大相撲の「女人禁制」の「伝統」のために、女性の森山真弓官房長官は総理大臣杯の授与のための土俵に上がれず、千代の富士夫人も夫の断髪式に土俵に上がれなかった。これについて、どう考えますか？〉と問うて、回答の選択肢に①伝統は守るべし、②トンネル工事にも女性技術者が入る時代だから、徐々に改めるべし、③時代錯誤の女性差別に決まっており、即時改善すべし、の三つを用意した時の回答結果である。

③は正論であっても、学生は「即時」改善に抵抗やためらいを感じて、大半が②を選ぶと予想した。大学入学の前の月に地元での「全国初の女性技術者のトンネル入坑」のニュースが新聞・テレビで大きく報道されたばかりであり、「徐々に」改める、という穏やかな意見でもあるので、②が多く（七割くらい）の学生の賛成を得すぎてしまうのではないか、とさえ懸念していた。

結果は、①伝統まもれ——②徐々に改善——③即時改善の比率が、それぞれ四六・四%——三〇・四%——二三・二%であり、一位が夢にも予測しなかった①であり、半数近い学生が「伝統は守れ」派であった。男女別では、男子の方が伝統派であり、五三・三%——二四・〇%——二二・七%、女子は、二八・七%——四六・八%——二四・五%であった。

伝統派の学生に考えてもらうために、大相撲の「女人禁制」がスポーツの存立基盤であるフェア・プレーの精神そのものを蹂躙していることを指摘しておこう。「国技館」完成を記念して一九八五年から「全国わんぱく相撲」が開催され、九一年の場合は全国百五十八地区で予選が行われた。徳島県美馬郡地区では小学五年生の女子が優勝したのに、国技館の「女人禁制」という馬鹿げた方針のため、かの女に破れた弱い男子の方が出場するというアンフェアな結果となった(もちろん、大相撲の「女人禁制」撤廃の運動をしている女性たちは、曙や貴花田と女性力士の取組みを求めているのではない。念のため)。

現代日本の社会に存在する最大の時代錯誤の「女人禁制」は、天皇制のそれである。「皇位は、皇統に属する男系の男子が、これを継承する」という「皇室典範」第一条は、日本国憲法第二四条「法律は、…両性の本質的平等に立脚して、制定されなければならない」にあきらかに違反している。加えて、イギリス、デンマーク、オランダなどに女王が存在し、過去の日本にも女帝が存在していたことから、近年でも、秋篠宮文仁と川島紀子の結婚や皇太子と小和田雅子の結婚フィーバーの際には必ずのように、新聞に「皇位継承でも男女平等重要」(九一・一〇・三一「朝日」)「皇位継承の道女性に開こう」(九三・一・一二「朝日」)などという投書がみられる。

天皇制こそは、女性差別だけでなく、身分差別（皇室典範第一条）と、障害者差別（皇室典範第三条「皇嗣に、精神若しくは身体の不治の重患があり、…ときは、…皇位継承の順序を変えることができる」）から成り立つ日本社会の差別の総元締めであり、また、もともと日本社会の民主主義の未成熟に対応して、「愚民を籠絡する…欺術」（福沢諭吉）の制度として残存させられているものであるから、日本の民主主義の成長のために、一日も一刻も早い消滅が望まれよう。

c　教育における女性差別と変革への胎動

「女性革命」以前の日本の資本主義社会は、「家父長」としての男性労働者が「家族賃金」体系のもとで働き、一家の「妻子」を養うことを基本的な前提としていた。資本は、この男性労働者を、「働き蜂」「モーレツ社員」「会社人間」「兎小屋の働き中毒」といわれる過酷な搾取対象としていたからこそ、「女性よ家庭に帰れ」「家庭を愛の場、憩いの場にせよ」「男は仕事、女は家庭」という「家父長」制的な家庭を支え、家族に献身的につくす「良妻賢母」としての（侵略の「十五年戦争」の時代には「靖国の母」の役目も加わった）女性をこそ、社会存立の基盤としていた。したがって、これまでの日本の学校教育が、自明の前提として、女性差別を内包し体質化していたのは、ある意味で必然かつ当然のことであった。もともと教育という仕事は時代や社会に適応・順応する子どもの形成を担う保守的な機能を本質としており、教育が「教えとは希望を人に語ること」（アラゴン）となるためには、変革の主体形成をこそ目標にしなければならない。私も教育学者の端くれの一人であるが、日本の教育学者一般の保守性はすぐ次に見る通りであり、とりわけ女性問題については極め付きといえよう。

⑴　家庭科女子必修制度の崩壊

新しい社会は、新しい人間像を必要とする。「女性革命」の時代を迎え、教育も変革を迫られることになった。日本の学校教育が女性差別を体質化していた事実と、その性差別がもろくも崩壊を余儀なくされていることは、高等学校の家庭科女子必修制度※の運命がそれを象徴している。

※ただし、日本の「進歩的」「民主的」教育学者たちは、こんな単純な差別さえ認識できなかった。文部省主導の「中央教育審議会」に対抗して組織された「日教組」の教育制度検討委員会（梅根悟委員長、大田堯、堀尾輝久、山住正己、海老原治善ら）の第一次報告書『日本の教育はどうあるべきか』（勁草書房、一九七一年）は、現状分析篇で日本の公教育における「不当な差別」として、障害者・被差別部落民・沖縄県民・在日朝鮮人などへの教育差別を指摘しながら、最も普遍的でしかも露骨な女性差別の存在については一言の言及もなかった。部落差別などと異なり、女子家庭科必修制は教育課程という教育制度上の公然たる差別である。

事実としては、報告書の前年の高校新学習指導要領告示によって、女子「家庭一般」四単位完全必修の方針が公表され、新聞でさえ「男らしく、女らしく」「僕は剣道、私は育児」と批判的に報道していた。私の所属する学会のシンポジウムでこの報告書の性差別認識の欠落をつよく批判したら、後に会長になる会員から「安川さんは差別、差別とおっしゃいますが、差別と差異を混同しているのではありませんか。」と言われたのにはさすがに驚いた。三年後の最終報告書『日本の教育改革を求めて』では、「公教育における差別の現実」の内容は大幅に書き改められ、「教育における男女差別」の項目がトップに設けられ、高校女子家庭科必修制だけでなく、中学の技術・家庭科男女別学習、女生徒への手抜きの進路指導、教科書内容、女子国立大学や公立の男子高校・女子高校の存在などがようやく性差別と認識された。

家庭というものは、一般に男性と女性が一緒になって成立するのに、その家庭にかかわる教科を女性だけが必修で学習させられるのは、公教育における典型的かつ露骨な性差別である。専門の教育学者がこんな簡単な事実さえ認識できなかっただけでなく、その教育を強制されていた女子生徒も、期末試験の際に一科目余分に学科試験があることには不満を感じていても、自分が差別されているということには多くが気づかなかったのである。なぜなら、「男は仕事、女は家庭」という思想は当然と思い込み、女生徒たちは、その人間観そのものの差別性を認識できなかったからである（教育を考察する際に、その教育の前提＝根底にある人間観＝社会観の分析をすることの重要性が示唆されている。日本の教育学のいまも続く悪しき伝統は、教育学者や教育関係者が教育しか見ないために、肝心の教育が見えないという傾向である）。

II1aで紹介したように、一九七九年の「女性差別撤廃条約」第十条の原案に、日本政府代表が男女「平等の教育課程」という修正案を提案して世界の物笑いになったという事実は、文部省が、その修正によって、家庭科女子必修制を固守しようとしていたからである。条約批准が一九八五年まで遅れたのもこの文部省の抵抗が関係しており、その意味では、家庭科女子必修制の崩壊は、当事者の思いでは、外圧に押されて余儀なく選ばされた道である。もちろん女性革命が進行したことにより、日本政府自身もここに来て、「男女共同参画型の社会」の形成を基本方針とするようになり（一九九一年）、「婦人」問題担当大臣を置き、『婦人白書』を『女性白書』に改題するようになった現段階（九二年十二月）では、九四年度からスタートする家庭科男女共修制は、政府自身も是とする施策に変わっている。

(2) 新聞連載〈女の子はつくられる〉

これまでの日本の学校教育が女性差別を体質化していた事実をマスコミレベルで最初に包括的に告発・提起したのは、「朝日新聞」の一九七七年五月の連載記事〈女の子はつくられる〉（後に、佐藤洋子『女の子はつくられる』白石書店）であった。

連載は、第一に、日本の学校教育が、相変わらず如何にして女生徒を「ものごとを論理的に考えることができない生き物」、つまり「馬鹿」に造りあげつつあるかを具体的に描きだした。第二に、一見「性体験」の低年齢化によって「解放」が進んでいるように見えながら、「結婚するまで処女でいなければいけないという人がいますが私はそうは思わない。好きな人ができたら即あげちゃう」という言葉に示されているように、その「愛」は、「最後の線」や「肉体関係」（プロレスでもあるまいに）という醜悪な言葉で表現され、「身をまかす」「あげる」という、自己を徹底的に客体化＝もの化する姿でしかとらえられていないことを指摘した。

第三に、少数の例外的な教員が熱心に女性問題の授業をしても、「こどもを産んだらやめる。わたしは親みたいな、あげな（共働きの）生活せーんって」と答える生徒のように（働く女性の労働条件の厳しさの故に、愚痴をこぼしながら働く母親の姿がプラスイメージになり難いという事情がある）、青年の保守化が進んでいることを適切に指摘した、当時としては画期的な連載であり、また、七五年の「国際女性年」をひとつの契機とする日本の「女性革命」の到来を予告する事件でもあった。

ただし、「朝日新聞」自身は、連載が終わったわずか四日後に、教室で「ジーパンはレディーにふさわしくない。ジーパン女子学生は、教室から出ていってほしい」と語った大阪大学の古典的なペーダ講師を、「ペーダ・ショック」という大見出しをつけ、日本では「物言わぬ」教師が多くなっているのに、「外人教師がよくぞ言ってくれた」という線でニュースにした。「朝日」以外の新聞も同様の論調で、一九七七年当時の日本のマスコミの主流は、まさになおこのお粗末なレベルに止まっていた。近年の日本のマスコミは、この当時の自己の性差別的な体質をどこまで自己批判した上で、いま、女性問題をトレンディーとして持ち上げているのであろうか。

ただし、私の印象では、一九九〇年代前半の段階でも、進歩派とされている「朝日」はなお女性問題では大幅な遅れをとっている。それを証明する事例は無数にあるが、同じ事実の報道の「朝日」と「毎日」の対照的な報道ぶりについて、三つだけ挙げておこう。

皇太子と小和田雅子の婚約の記者会見報道（九三・一・二〇）での一面トップを飾った二人の台詞は、皇太子―A「僕が全力で守ります」⇩M「二人で力を合わせて」、雅子―A「殿下をお幸せに」⇩M「良い人生へと努力」（念のため、「中日」は「一生、全力で守ります」「お力になれるのなら」）であった。また、法制審議会民法部会の夫婦別姓などの中間報告（九二・一二・二）についての同日の記事の見出しが、A「『夫婦別姓』など先送り」⇩M「夫婦別姓など試案策定へ」であり、さらに、同じ労働省「九〇年度女子雇用管理基本調査」の内容の報道（九一・一二・三〇）の見出しが、A「育児休業普及率二割に／出産女性の五割利用」⇩M「実施、わずか二割強／五割近くは期間中無給」という逆の印象を与える対照ぶりであった。しかしながら、優秀な社員をとるという方針から、近年、「朝日」が一番多く女性社員を採用しているとのことであるから、性差別の体質改善の可能性を一定期待することにしよう。

(3) 教科書内容の女性差別

大脇雅子ほか『教科書の中の男女差別』（明石書店、九一年）は、前掲『女の子はつくられる』も問題にした教科書内容の性差別を、日本弁護士連合会の「女性の権利委員会」がまとめたものである。一九八八年に「意見書」の作成を会の理事会に提案した時は、「男は男らしく、女は女らしくが、なぜいけない」という（「女性差別撤廃条約」批准後の時点であることを考えると、いかにも）お粗末な男性弁護士たちの「社会通念」の壁で意見書の提案は差し戻しになり、九〇年の理事会への再提案も、異例の採決でやっと決まったという経過自体が、日本の法曹界の痴呆的水準を示している。

日弁連はこの意見書で、小・中学校の教科書にたいし「固定的性別役割分担意識と、男らしさ・女らしさの定型化された観念を子供に植え付け助長する記述、写真、挿絵を改善し、…男性も女性とともに人間として自立した豊かで多様な生き方を学ぶことができる教科書とすること」と提言した。

教科書の性差別事例のなかで、それが差別であることを理解されにくいのは、例えば、この意見書で、国語の教科書で物語の主人公に女性の占める比率が小学校で二七％、中学校で一五％と低くなっていることを指摘している場合である。日本の社会では活躍している女性が実際に少ないのだから、教科書がその事実や実態をありのまま反映して記述して、なにが差別か、という疑問である。

イギリスの皮肉屋バーナード・ショウが「アメリカ白人はもともと自分が黒人を靴みがきに追いこんでおきながら、黒人は靴みがきしかできないと結論するのだ。」と適切に皮肉っている。「世間は女を台所や寝室に閉じこめておきながら、その視野展望がせまいといって驚く。翼を切っておいて飛べないと嘆く。」というボーヴォワール『第二の性』の指摘も同じ問題である。女性がわずかの分野でしか活躍できないように社会的に差別・排除しておきながら、女性は限られた分野でしか活躍できない劣等な性であると誤解するような教科書を編集することは、女生徒にとっては「踏んだり蹴ったり」の二重の差別と言えよう。

ルイ・アラゴンが「教えとは希望を人に語ること」と歌ったように、教育とは未来に生きる主権者を育てる仕事であり、その意味でほんらい「変革の主体形成」をこそ本質とする。したがって、親の世代や教員の常識や信念で生徒を教育すればいいというものではない。同様に、今の社会の現状をそのまま反映した教科書では、子どもたちは、人間、とりわけ女性が変わりうる可能性をもった存在であることや、「女らしさ、男らしさ」が神話であることなどを学ぶことができないのである。女性が『第二の性』におとしめられている社会で、女性の現状をそのまま描きだした教科書は差別そのものとなるのである。

(4) 出席名簿の差別（性別分離名簿問題）

『女の子はつくられる』『教科書の中の男女差別』などの努力によって、教育における女性差別の存在は徐々に認識されるようになってきた。しかし、日本の学校教育における慣行で、未だにそれが性差別であると気づかれていないのが、男子と女子がアイウエオ順に別々に編成された（男子が先の）男女分離の出席簿のことである。この分離名簿は、小さい時から児童・生徒につねに自分は男だ、女だと性の違いを意識することを教え、無意識のうちに性別役割分業意識を身につけさせる大きなマイナスの役割を果たしている。

日本では、男は男、女は女という集団の一員として、皆同じでなければならないという（ひとりの人間としての「個」を圧殺する）ステレオタイプや枠組みに子どもを押し込めて、家庭科女子必修制のような男女分断の不自然な文化をつくり上げているのである（その意味において、分離名簿は女性差別であると同時に男性差別そのものでもある）※。差別とは、ひとつの性（や人種や集団）が全体としてハンディや不利益を背負うという意味と、その性（や人種や集団）に所属する一人ひとりの人間が、その個性のままに生きることを抑圧されるという意味も合わせ持っているのである。

※ そうした古典的なステレオタイプの事例を、愛知「婦人」研究者の会に告発された一九七七年当時の愛知県教育委員会の県立高校教員向けの指導書『教員研修の手びき』で見ておこう。同書は「男女それぞれ、『自分は何であるか』ということを追求する時期があり、男性は男性であることを確認し、女性は

女性であることを納得する時期が必要である」と主張していた。この文書は男らしさは「確認」する程度でいいが、女らしさは頭から「納得」させなければならない無理な要求であることを問わず語りに告白していた。

もっと噴飯ものは、「男女の特性についての配慮」の前提として、男女の「美徳」「徳質」を「男性のたくましさ、忍耐強さ、冒険心、女性の人間的やさしさ、しとやかさ」と表現していた。旧態依然のお粗末な「らしさの神話」を恥ずかしげもなく書き並べたものである。「女性の女性的やさしさ」と書けば、偏見は偏見としてまだ一貫しており、笑いものにならずに済んだであろう。「人間的やさしさ」と書いた時の筆者の無意識的な気持ちは、「女性的やさしさ」と書けば差別と批判されるが、「人間的やさしさ」と書けば反発も少ないだろうと考えて、結果として男性も「人間」であることを忘れ、男性が「人間的やさしさ」をもつことを差別したものと言えよう。

男女混合名簿の導入が大幅に遅れている愛知県や岐阜県の地元学生の多い名古屋大学新入生アンケート結果では、性別分離名簿について「何が問題かわからない」学生が過半数で、別の設問でも分離名簿を「問題視することに反対」の意向が過半数である。だから、この学生たちにアメリカ、フランス、オランダ、中国、韓国など二〇カ国の調査では日本同様の男女分離名簿はインドだけであり、日本でも、例えば静岡県立浜松北高校や滋賀県立彦根東高校は戦後一貫して混合名簿であることを紹介すると驚きの声をあげ、日本の各地で分離名簿の混合名簿への改変が始まっている事実を話すと、ようやくなにか問題があるらしいと気づき始めるのである。

一九九四年五月二八日の「朝日新聞」夕刊の一面で紹介された「日教組」の全国調査では、すでに混合名簿採用が二割、導入の検討中が三割という数字である。この数字からあえて予想を立てるなら、（中学生頭髪丸刈り廃止の局面で露呈した）見識に乏しく、横並び意識のつよい日本の教育界のことであるから、ほんらい横並び意識育成のための誤った教育装置のひとつであるこの男女分離名簿も、その体質のお蔭で意外に早く、十年程度で姿を消すのではないかと考えられる。

一九八三年に二人の小学校教員が自分のクラスで男女混合出席簿の試行を初めて開始した東京都国立市では、九二年になると教育委員会が男女平等教育の「指導手引」を作成し、出席簿、教材の男女別色分け、ほめ方・しかり方、運動会の男女別種目などの「区別」を廃止するように求めている。それを伝える「朝日」が、〈何げない「区別」が性差別につながる〉と、適切に見出しをつけていたように、教員のなにげない発言や学校の慣行が、男女を差別する意識を育成するという日本の教育の「隠されたカリキュラム」の差別性が、いまやっと正面から問いただされ始めているのである。

(5)「不平等になる機会の平等」——最大の差別

教育における各種の差別の中でも最大の差別は、女性、被差別部落民、障害者、黒人、在日韓国・朝鮮人などの被差別者が、卒業後の現実社会に差別が存続していて、学校で学んだとしてもそれを生かす場がひらかれていないために、知らぬ間に学校で懸命に学ぼうとする意欲を奪われ、妨げられることである。そうした社会体制下にある学校で学ぶことを余儀なくされる被差別者集団の児童・生徒は、学ぶ意欲と姿勢を日常的に確実にスポイルされ、在学中の「学力」の発達に遅滞が生じ、その能力が充分・順調に伸長しないという結果が生じる。加えて、その結果としての「学力」の低さのゆえに、存在する社会的差別が合理化されさえするのである。

「日本女性＝米黒人論」という考え方がある。アメリカの黒人と日本の女性が、社会に存続する差別とかかわり、学歴が上がるほど就職が困難になるという傾向にあるため、アメリカでは黒人は白人より、日本では女性が男性より「学力」が一般に低くなるという点で共通している、という事象を表現した言葉である。

「日本国憲法」第二六条でも規定されている「教育の機会均等」の原則は、封建社会の身分制度に比べると、間違いなく画期的な進歩の原理である。この原理によって、「能力主義」の新しい社会で民衆が自発的に学ぶ意欲をかき立てられ、資本主義社会の急速な発展を可能にした。しかし、機会が平等に解放・保障されていても、それが「結果の平等」に繋がらなければ（学んだものが生かされる場が保障されていないと）、機会の均等は「絵にかいた餅」になり、むしろ被差別者には「不平等になる機会の平等」を約束するだけのものになるのである。

日本の女子児童や女生徒が、小学校段階では男子と「学力」差がないのに、一般に中学校の段階から確実に男子生徒に遅れをとるようになるのは、なぜか。丁度この年齢の頃から女生徒たちは、日本の社会では、女性は（男性のように）無理して頑張って勉強しても、それを生かす場は十分開かれておらず、逆にそれよりは「女の子」は「美しかったり、可愛いかったり、愛嬌がある」方がより確実に「玉の輿」に乗れるのだということを、肌で知り始めるからである。つまり、女生徒の将来の生活展望のなさこそが、目に見えない形で、女生徒の勉学の意欲と姿勢をスポイルし、その知的発達を確実に抑制するのである。

逆にまた、近年、女子短期大学に存立の危機が訪れ、女子高校生の四年制共学大学への進学、それも男子生徒同様に、浪人してでもより「よい大学」への進学を目指す場合を含めて（「浪人女子が増える／来年の大学入試センター試験」――九〇・十二・一四「朝日」）、女子学生の四年制大学への進学が、かなりのスピードでやっと増大を始めている（「センター試験志願者、女子急増、三割超す」――九一・十一・九「毎日」）。この場合は、一九八五年「男女雇用機会均等法」の制定をひとつの転機として、「女性革命」のなかで、不十分ながらも、女性も学んだものを生かす場が社会に開かれる時代を迎えようとしていることを、女子生徒たちが肌で感じ始めているからである。

ところがまた、バブル崩壊の不況を迎えて、さっそく女子学生の就職難が騒がれている。そうした一時的な退潮はあるにしても、これまで考察してきたように、「女性革命」の流れは、技術革新と分業の進展に支えられ、加えてIIの4で考察するように、資本自体がそこに利益を見て取っているだけに、基本的に続くことが予想される。学んだものを生かす場が基本的に保障されるようになると、日本が学歴を「偏重」する社会でもある以上、遅まきながらも、この女子学生の高等教育への進学意欲は、（将来、四年制大学の学生の半数を占める時代に向けて）ジグザグはあっても持続的に進んでいくと予想できよう。

「結果の平等」を欠いた社会における「教育の機会均等」では、「不平等になる機会の平等」しか保障しないという、目に見えにくい教育の実質的差別の問題に比べると、国公立女子大学の廃止の問題は残務処理的な問題であろう（ほかにも、関東・東北地方にひろく残っている男女別公立高校の問題、静岡県における、公立高校入試の際の定員比率による女性差別の問題もある）。「国公立女子大共学化めざせ」（八八・一〇・四「朝日」）と「国立女子大は男性にも門戸を開け」（九三・三・一六「毎日」）「国立女子大の存在は逆差別」（九五・十・五「朝日」）は、この改善をもとめた投書である。公立の女子大学、女子短期大学の共学への改組は現に進行中であり、国立の男性差別大学（国立の女性差別大学は残っていない）であるお茶の水女子大学と奈良女子大学も、大学院はすでに共学化しており、国公立女子大学が全体として廃止されるのは、時間の問題と言えよう。

(6) ひとつの体験――差別の見えにくさ

「教育における女性差別」の最後に、私のひとつの体験を記録しておきたい。私は、一九八六年に名古屋大学に転勤した機会に（一九六九年から宮城教育大学で開始し、一九七七年からの埼玉大学でも継続してきた）一般教育セミナーの「女性論」ゼミを「差別論」ゼミに改称して、現在もそれを担当している。「女性論」を「差別論」ゼミに変えた理由をふくめて、一九六九年以来のこのセミナー教育実践のおよその内容については、筆者稿「大学における一般教育実践」（江藤恭二監『教育近代化の諸相』名古屋大学出版会）に記録しているので、そちらを参照されたい。

一九八九年の名古屋大学での前期「差別論」ゼミで、学生たちが経験してきた日本の学校教育の女性差別について、私が言及した時、一年生の女子学生が、「安川さんは、『差別、差別』と言われますが、私は女性だからということで、大学に入学するまでに（家でも学校でも）とくに差別されたという経験はありません！」と、つよく反論気味に発言した（対等な議論の展開のために、私のゼミでは安川「先生」という呼称は使わないように求めている）。その時の（学生の呆れた保守化ぶりと、そのことを自覚していない無知さ加減に――これが当時「女性論」ゼミを断念した理由でもある）びっくりした気持ちは、いまも鮮明に記憶している。記憶が鮮明である理由は、その女子学生が「出来の悪い」学生ではなく、高校時代は生徒会活動の中心的な担い手であり、この年のゼミを積極的にリードしただけでなく、翌年には、大学祭のミス・コンテスト企画を女性差別として告発し、廃止に追いこむ中心的役割まで果たした立派な学生だったからである。

　もちろん、彼女たちは高校の家庭科女子必修制を強制されてきた世代の学生であり、私はその体験を確認し、その同じ時間に男子生徒は何を学んでいたかを問いただした。幸いにも、「女性差別撤廃条約」の条約批准を受けた文部省委嘱の検討会議で、家庭科の女子のみ必修を廃止する方針はすでに公表されていた時代であったから、高校時代の家庭科女子必修の学習が露骨な女性差別の体験を意味することを理解してもらうのに、それほど時間はかからなかった。

　女性革命の始まっている時代に育ちながら（ただし、一九七〇年代の石油危機以降、日本の社会の全体としての保守化傾向は進んでいた）、深刻化した受験競争教育の重圧と戦後民主主義教育の空洞化によって保守化させられた学生たちは、「男は仕事、女は家庭」という旧来の神話に見事に呪縛されていたため、（後にはミス・コンテストを中止させるような積極的な学生でさえ）女生徒だけに家庭科を強制されることが（しかも、その必修を廃止する方針も公表されている時期であるのに！）、差別であると認識できなかったということである。誤った人間観をもっていると、教育の誤りも分からなくなるという典型的な事例と言えよう。

同類の問題として、男子運動部の女子マネージャーの存在がある。これまでは、性別役割分担が性差別と認識できない日本の高校生の世界で、女子マネは「希望者が多い」、本人が「好きでやっているからいいではないか」と放置されてきた。仕事の実態は、ユニホームの洗濯や部室の掃除、食事の世話などの雑用がほとんどであり、女子マネージャーは「男子選手の『主婦役』という図式」「マスコット的存在」「顧問の女房役、選手のお母さん役」を演じることで、「両性の平等を教える教育の場で、性別役割分担意識を拡大再生産している」ということが気づかれるようになってきた。しかも、半数の顧問教員が実は女子「マネージャーは必要ない」「いてもいなくてもかまわない」と認識しているということで、遅まきながらようやくその批判や廃止論が出はじめたということである。

d　時代とともに言葉も変わる（差別語問題）

言葉は、社会的な存在であり、差別の存在する社会には必然的に「差別語」が生まれる。革命前の中国の男性は、自分の妻を日本語の「家内」同様に、「ネイレン（内人）」と呼んでいたが、女性の社会的進出が実現し、妻が家の内から外へ出てしまった現在では、妻を「ウォーダアイレン（我的愛人）」と呼んでいるように、差別や「内人」という実態がなくなれば、差別語は自然に『古語辞典』のなかに入る。だから、「表現の自由」の問題もあり、「差別語」に特別にこだわらなくてもよいというのが、ひとつの考え方である。しかしながら、ということで、私はこの差別語について、かつて

「女性論入門」（女性問題研究会『一九七七年現在』所収）で、次のように論じた。

言葉が社会的な存在であるということは、言葉はその社会の思想や現実を反映するということを意味する。たとえば、家父長制社会のなかで、「主人」「家内」「未亡人（夫が死んだら自分も従って死ななければならないのに、まだ生きている妻、つまり残っていることは死ぬことだけ、の意）」などという差別的な言葉が生まれ、「箸に目鼻をつけても男は男ダ」「藁で束ねても男は男ダ」と大真面目に考えられてきた。

そして、こうした差別的な言葉や常識は、意識するしないにかかわらず男の特権や性差別の現状を維持し、固定化し、再生産する役割を果たす可能性をもっている。したがって基本的な戦略は、社会の差別と差別の実体を解消することである。一九七三年以来の日本のマスコミの「禁句・言いかえ集」のように、タテマエは「人権への配慮」となっているが、ホンネは「トラブルの回避」で、差別語を無理に変えさせ、差別語を使わなくしたからといって、差別は無くならない。

しかし、差別を社会から無くするという基本戦略に取り組むためには、まず、差別の存在に気づかなければならない。その一環として、「差別語」に気づき、こだわることを通して、差別に違和を感じる感性を磨き、鍛えることが期待できよう。差別語にこだわるということは、言葉の背後にある文化の対象化、文化の問いなおし、創りなおしにつながるのである。そうした訓練をしながら、身近な日常の実践として、とりあえず差別の現実を維持し、再生産する言葉を使わないように努力することが、差別解消にむけての主体的な働きかけの第一歩となると考えられる。日本語のなかの①差別語、②誤った表現、③実態を隠した表現などを、列挙してみよう。

①　穢多、特殊部落、非人、よつ、かたわ、精神薄弱、主人、亭主、家内、奥さん、看護婦、女流作家、婦人労働者、未亡人、後家、美人、女性上位、私生児、石女、お転婆、父兄会、坑夫、消防夫、特殊教育、上京、本土、地方史、など。

②　純潔教育、自瀆、手淫、A家B家結婚式会場、同和教育、「君が代」、いわれなき差別、名もなき大衆、恩師、義務教育、教官、授業、一億総ザンゲ、過ちは繰返しません、など。

③　終戦、警察予備隊、保安隊、自衛隊、公害、聖戦、非核三原則、など。

言葉にこだわりだすと、きりがない。たとえば、①の「美人」は、厳密に考えれば、差別語とは言い切れない（人を「美醜」で評価すること自体が差別という見解はありうるが）。どんな人間を美しいと感じるかは、明らかに個人によって異なる。筆者が問題にしているのは、「美しい人」＝「美人」という表現は男女を限定しない中立的な言葉であり、「美男」も排除していないはずなのに、私たちが「美人」という言葉を見たり聞いたりした時には、女性をふくめて、「美人」という言葉でアラン・ドロンやカールスモーキー石井や「キムタク」（木村拓哉）のような「美男」をイメージする人がいないことを問題にしているのである。つまり、「美人」は女性とされ、女性が（内面的な価値とかかわりなく、床の間の飾り物として）もっぱらその容姿を問題にされ、女性のみがミス・コンの対象とされているために、私たちが「美人」で「美しい」男性をイメージできなくされている偏った父権制的な文化の有り様が問題なのである。

二〇年近く前には、こんな風に「差別語」に目くじらを立てるのは、少数の偏執者だけ、というイメージがあった。ところが「女性革命」の進行によって、「お役所」までがいい意味で「差別語」を問題にするようになり、まさに「時代とともに言葉も変わる」ことを確認するのが、ここでの主題である。

一九八九年から都道府県と政令指定都市の女性行政の担当の課や室の名称が「婦人」から「女性」に改められ始め、九二年七月までに全国の三分の二が改称された（たとえば、比較的早かった九〇年の名古屋市の場合では、「婦人問題担当室」が「女性企画室」、「婦人会館」が「女性会館」などに）。「婦」は女へんに箒が並ぶ「女性差別撤廃条約」の基本理念にも違反する典型的な差別語であり、また、「婦人」が中高年の既婚女性（のみ）をイメージして、男性側にこれに相当する言葉がないなどという理由から問題にされることになった。マスコミでは改称が「自治体でブーム」「時代にマッチ」などと報じられているが、「婦人」という言葉は、このように「お役所」からまで見放されたことにより、遠からず『古語辞典』入りすることは確定的と言えよう。

私の一九九一年の前掲「差別論」ゼミで、俵万智の歌を分析した女子学生が、彼女のうたう人間像が結構ふるい日本的な男性像・女性像であることを明らかにして、人気の秘密の一端を教えてくれたことがある。ところが、その俵万智さえ、「主人」という言葉が「家父長制…の歴史と思想」を背負っていることを「私は、知ってしまった」から、〈もう「主人」はつかえない〉という意向を新聞で表明しているように、女性革命という変革と過渡の時代を迎えて、「差別語」に気づきこだわる人は増えてきた。

「売春」が「春」を売る側だけのマイナス・イメージと重なっているのはおかしいという理由で、

「買春」「売買春」と表記する人間は珍しくなってきた。「父兄会」は、授業参観やＰＴＡに来るのは圧倒的に母親の方が多いという現実を反映して、「父母会」「保護者会」と呼ばれるようになった。私の個人的な横槍で言葉を変えてもらった一例をあげよう。私が埼玉大学に勤務していた時代に、県高教組の教育研究集会の「女子教育」分科会の助言者を依頼された。「女子教育」に問題のある学校教育の場合、当然「男子教育」にも問題があるのに、女子教育だけを研究・検討するのは誤っている。分科会の名称を「男女平等教育」分科会に改称しない限り、助言者は引き受けないという意味のことを主張して、了解された。以来、埼玉県ではこの分科会名称で開催されるようになったが、日教組の全国教育研究集会では、同様に変るのになお何年かかかったようである。

「精神薄弱」という差別語は、一九九二年のオーストラリアでの「世界精神薄弱研究会議」で学会名の改称が満場一致で可決され、その後、「知的障害」に落ちつきつつある様子である。「母性保護」という言葉は、法律用語としてだけでなくまだ一般的に使われているが、わたしは「差別語」と考えており、「母性への配慮」と言い換えられるようになることを期待している。もともと「保護」という言葉は、原則的に差別的なニュアンスを含んでいるというのが私の見解である。女性が出産を担うからこそ人類は存続しているのである。だから、たとえば、その産前・産後の休暇を社会が保障するのは、社会の義務であり当然の「配慮」である。それを「認めてやるのだ」といわんがばかりの姿勢で「保護」すると称する発想は、一体なに様のつもりダ、というのが私の気持ちである。

トラブル回避のための「禁句・言いかえ集」に象徴されるように、もともと日本のマスコミは差別にきわめて鈍感であるが、加えて「あいまいな日本」の文化を反映するとともに、それを維持・再生産する役割を果たしているものに、日本のマスコミ特有の犯罪的な行為として、事実を直視せず歪める言葉をつくりだし、使用しつづけているという問題がある。

すぐ思いつく「終戦」「従軍慰安婦」「中国残留孤児」「沖縄少女暴行事件」などという言葉は、それぞれ「敗戦」「日本軍性奴隷（または「軍隊『慰安』婦」）」「中国遺棄孤児」「沖縄少女強姦事件」などというべきであろう。例えば、「従軍」の意味は、自らの意志や勤務している会社や病院の命令で「軍隊に従って戦地に行く」ことであり、この言葉から強制連行をイメージすることはできない。また「沖縄少女暴行事件」は、被害少女への配慮として表現をやわらげたという弁解がなされるであろうが、そう言いかえることで、屈辱的な日米地位協定の犯罪性とアメリカ兵の行為の犯罪性が確実に緩和・軽減されることも明らかであり、また、「暴行」と「強姦」は刑法上異なる概念であることも明白である。

e　時代の余波としてのミス・コンテスト論議

もっぱら女性を、人集めの手段＝「人よせパンダ」や美的鑑賞物扱いすることが女性差別であり、とりわけ市町村などの公共団体がミス・コンテストを主催したり後援することは、性差別を助長する典型的な行為であるという認識も、最近やっと定着しようとしている。日本の社会が近年大きくその認識の方向に動きはじめたのは、一九九〇年春の大阪「国際花と緑の博覧会（花の万博）」における

「ミス・フラワークイーン・ページェントEXPO'90」の企画に向けて、堺市女性団体連絡協議会ほか全国五〇の女性団体が、八九年十一月に抗議書と公開質問状を提出して、大阪府がミス・コンの後援団体を降りて（水着審査も非公開に変更）以来のことである。

この時の運動の中心人物は、保守系の堺市議会議員の山口彩子である。彼女は「堺まつりの女王コンテスト」の臨時の審査員をやった体験からミス・コン批判を開始した（ミス・コンの実態調査資料『ミス・コンテストNON！』の刊行は八九年十二月）。山口が反対運動のリーダーとなる契機となった、聞くに耐えない、しかし審査会では日常茶飯の会話と思われる、男性審査員たちの台詞を紹介しておこう。「あっ、あれは背が高いがチチは…洗たく板や。」「あの子は『出尻、鳩胸、オチャ下がり』って…アレするときようないんや。ありゃ色が黒いワ、肌がモチ肌とちがう」「二番目の娘ナァ、あれワシのタイプや、色気あるナァ、あの眼がエェがな。…そやけどこんなとこに来る娘、ほんまに自分がキレイやと思てるんやろかなあ、やーぐっつあん」。

九〇年三月に「ミス長崎コンテスト」そのものを「廃止」するよう努力する（公金五十万円の支出の中止）という見解を表明した本島等長崎市長は、自民党の党員であった。つまり、保守系の人間でも、昭和「天皇の戦争責任はある」と証言して、その年の一月に右翼に銃撃された本島等のように、ものごとを真面目に考え、ことがらの本質を直視できる人間ならば、ミス・コンが「性の商品化」であり、「本質的な精神は女性蔑視」であることは理解できる話である。同年三月に神戸市は、毎年開催してきた「神戸まつり」のシンボルであった「クイーン神戸・コンテスト」開催の中止を決定した。

東京では、九〇年十月の「ミス東京コンテスト」に既婚者の三井マリ子都議らが応募して抗議運動

「ミス」の応募者が激減

批判の風当たり　賞金の安さ？

イベントに華を添える「ミス」の応募者が、東海地方で激減している。一宮市の「ミス七夕」は、昨年の四分の一になった。岡崎市、愛知県知多郡南知多町……。愛知県内では自治体が関係する八つのミス・コンテストのうち、五つで応募者は減っている。ミス・コンへの風当たりの強さ、賞金の安さなどが原因か、と関係者は頭を痛めている。

東海地方

一宮は4分の1に　苦心の策で勧誘も

「ミス七夕」コンテストの応募者ら＝昨年6月2日、一宮市真清田1丁目の一宮スポーツ文化センターで

「一宮七夕まつり」のミス七夕・ミス織物コンテスト（十人）の応募者は、二十一日現在、七十二人。三十万円と旅行券（二十万円）が賞品だが、一九八八年の五百七十四人をピークに減り始め、昨年は三百二人。今年の締め切りは今月二十七日。岡崎市の「プリンセスおかざき」（三人）も、募集を始めた八一年は百五十一人だったが、昨年は六十六人で、今年は四十三人。副賞の米国旅行も、効果が薄れたようだ。

グアムかサイパン旅行が人気の知多郡南知多町「内海マリンメーツ」（八人）は、昨年七十人。海辺の行事が多く、今年から水着審査を加えたところ、三十六人に半減。

コンテストの担当者らは、①ミスコンは女性蔑視、という批判②海外旅行の魅力減少③安すぎるギャラ④イベント増加によるコンパニオン需要などを理由に挙げている。近い将来、決定的なミス不足時代が来る、と心配する関係者もいる。

少しでも応募者を増やそう、と南知多町商工会の青年部は、「ハント隊」を結成。学生アパートを回り、名古屋のディスコなどでも勧誘している。岡崎市も成人式でチラシを配り、美容院にポスターを張る苦心の作戦。

「ミス・コンテスト・NON！」の著作がある山口彩子さんの話　女性に自覚が出て、男性に見られるだけのミスにしらけている。社会に出る機会が増え、内面の重要さが分かってきたのでは……。長期間縛られ、安い賞金だったら、ちょっとバイトすれば、すぐ手に入るしね。

「ミス」の応募者激減を伝える新聞（「朝日新聞」1991年5月22日付）

を展開し、毎年審査員を務めてきた鈴木都知事が審査員を辞退し、審査項目からB・W・Hの「スリーサイズ」がはずされることになった。翌九一年には、五六年から三十五年間も毎年二百万円を支出してきた東京都が、ミス・コンの後援を中止することにした。

九〇年に戻って、保守的といわれる愛知県の九月の県議会でもミス・コンが論議され、総務部長が「外観だけから女性を評価」する「ミス・コンテストに市町村が関係するのは決して好ましくない」と答え、鈴木知事も「特産品のPRなどでさまざまなミス・コンの女性の訪問を受けることが多いが、例えばバラ作りの苦労話は、男性から聞いても違いはない」と答弁して、（本音は別として）平等主義を強調した。

ミス・コン辞退の動きは公的機関以外にも拡がりはじめ、東海テレビが愛知県下の十数大学の「ミス・キャンパス」を集めて九一年二月に予定していた「'91ダイナランド　ミス・キャンパスコンテスト」が、ミス・コンは「男性にこびを売ることによって生きることを余儀なくされてきた女性差別の歴史を象徴する行事」という「愛知婦人研究者の会」など七つの女性団体の要望で中止となった。同年四月には、五月連休恒例の「ナゴヤ・エキトピアまつり」のイメージガールのミス・エキトピア・コンテストも八年目で中止となった。

同じ四月の茨城県土浦市主催の「ミスつちうらコンテスト」の場合は、一位に選ばれた女性が（安心して気がゆるみ？）控室でタバコを吸ったため、（男好みの女でないことから）準ミスに降格されたというマンガのような事件であったため、多くの新聞で「喫煙がミスだって!?　〃準〃に降格」（「毎日」）「ミスの座煙に消える／ロビーの一服で一位→六位」（「朝日」）などと派手に書きたてられた。

こうした流れを受けて、〈「ミス」の応募者が激減〉（九一・五・二二「朝日」）という見出しで、「イベントに華を添える『ミス』の応募者が、東海地方で激減している。一宮市の『ミス七夕』は、九〇年の四分の一になった。…岡崎市の『プリンセスおかざき』も、…八一年は百五十一人だったが、九〇年は六十六人で、九一年は四十三人。副賞の米国旅行も、効果が薄れたようだ…」と報じられたように、ミス・コン批判の意識は一定の社会的定着をみるようになった。こうした時代の流れを象徴する「事件」が、朝日放送が年来の「ミス・ユニバース」の日本大会の放映を一九九五年から中止したことである。長年の主催権・放送権を放りだした理由は簡単である。一九八五年までは二〇％の高視聴率を保っていたものが年々低下して、ついに五％前後にまで下ったためである。その九五年の愛知県瀬戸市の「ミスせともの」の記事の見出しになると、「応募者ノ激減ニモ負ケズ…」「応募が低調、締め切り延長」などというみじめなものである。その意味では、ミス・コン論議はもう基本的に「勝負、あった」と書いて、打ち切りにしたいが、ことはそれほど容易ではない。

第一に、九一年四月の名古屋大学新入生対象（含む二年生）の前掲の意識調査の結果では、〈「ミス・コンは女性差別である」という意見について〉「そう思う」という学生はわずか五・五％（女二・九％、男六・四％）であり、差別と思わない学生が五〇・四％（残りは「一概に言えない」）と半数を超えている。また、〈水着審査を中止したり、非公開にする動きについて〉は、「当然の措置」が一〇・六％で「水着審査はあってよい」が六〇・六％もあり、見られる側の女子学生も、半数近い四五・五％が水着審査に賛成しているという現実がある。

第二に、名古屋大学では、一九八八年と九〇年の二度にわたり大学祭で「ミス・コンテスト」が企画された。大学祭実行委員会からも公認されながら、学生有志の反対運動により二度とも中止になり、東海地方における「名大の面目」を保ったかのようであるが、実情にはコメントが必要である。一九七八年の大学祭でも「ミス・キャンパス・コンテスト」が企画されたが、当時の名大には「あり巣」という女性問題研究のサークルが存在し、この女子学生たちが「女性は美的鑑賞物ではない。…社会的影響の大きい大学祭で行うことは、差別を客観的に助長することになり、第一、大学生がこんな鈍感な意識では困る」と、反対運動を展開し、コンテストを延期に追い込んだ。

ところが、十年後の一九八八年に「第一回キャンパスギャルズコンテスト」が開催されようとした時（「ミス名大」は沖縄旅行、「準ミス」は液晶テレビの賞）には、名大にはすでに女性問題研究会も存在せず、前記のようにミス・コンを女性差別と認識できる学生が九一年の数字で五％前後という時代となっており、六月八日から始まる大学祭の直前まで、ミス・コンを誰も問題にする気配さえなかった。見るにしのびがたく教員の私は、五月三〇日の社会思想史の講義とゼミの時間に、七八年の「名大ミス・コン」反対運動の記事のコピーと、間近の「ギャル・コン」企画の記事に「名大はやはり『イモ』大学か？」という落書きを添えたコピーを作り、「十年前の名大の学生ならこんな差別企画は許さなかった」と話しながらそれを学生に配布して、お節介な反対運動の火つけ役を果たした。

ゼミは女性差別も含めた「差別論」のゼミということで、煽られた学生たちは、反対運動をやることになり、急遽「女性問題研究会」の名で反対声明や「立て看」を出し始め、学外の女性団体なども応援の声明をよこすなどの展開となり、開催の前日の深夜になって、その年の大学祭のテーマ「我がまま開発」を借用した「我がまま開発コンテスト」に改名し、学内の「ギャル・コン」の看板を撤去することになった。

報道した「朝日」は、コンテストを企画した側の女子学生たちは「コンテストのどこが差別になるのか分からない」ときょとんとした表情、と伝える一方で、十年前の運動に比べて「反対運動を起こしている中の半数近くは男子学生」という点を評価していた。しかし実際には、大半の男子学生は、折角人集めのために善意でやろうとしているのをつぶしまではしなくてよい、というやさしい心づかいで反対運動を打ち切り、結局、最後まで中止を求めて頑張り通したのは、同じゼミの女子学生二人（二浪して入学した法学部生と上智大に見切りをつけ名大に再入学した理学部生）だけであった（九〇年の時も筆者はお節介役をしたが、この時は男子学生も最後まで頑張った。先頭に立った二人の女子学生を含め、この年も反対運動に参加した学生の大半は差別論ゼミの学生だった様子)。

以上の二点は、ミス・コンテスト＝女性差別という認識が常識になり始めている「女性革命の時代」の流れに、若者が遅れているという青年の保守化の問題に過ぎないと考えることもできる。しかし、第三に、九〇年六月に私が「ミス・コンは女性差別か」を主題にした名古屋テレビの番組に出演させられた時の経験でも、ニュース・キャスターの江森陽弘をはじめとするテレビ局関係者は、ミス・コンが女性差別であるという認識をまるっきりもっていなかった。たてまえを別とすると、ミス・コンを女性差別と認識できる人間はまだ少ない。とりわけ、日本の社会の遅れのために、ミス・コンがなぜ女性差別であるかということを理解することはきわめて困難な現状にある。後世から振り返って、二十世紀の日本では九〇年代という末期でも、まだミス・コン＝女性差別の理由の説明が必要であったのだ、という記録として、メモしておこう。

「士農工商えた非人」の身分制度時代の封建社会の民衆にむかって、「人間の生涯の幸・不幸が、生まれによって決まってしまうのは不当ダ」と言っても、人生が本人の能力や努力や学歴で決まる（未来の）近代社会を知らない民衆は、そのことを理解・納得することは難しい。ミス・コン論議の難しさも、それが廃止され、消滅した（未来の）社会をイメージすることが、とりわけ日本では困難であるために、理解・納得を得難いという点で、二つの話はよく似ている。

ミス・コンが女性差別であるという一番基本的な理由は、それが国連で成立した「女性差別撤廃条約」の基本理念である「男女の平等な社会参加」の実現を遅らせ歪めるという点である。ところが、日本はこの男女の平等な社会参加が先進国のなかで一番遅れている社会であり、また、「男らしさ、女らしさ」の神話がなお実話だと大幅に誤解されている国であるため、日本人は「男女の平等な社会参加」の実現している状態を想像することが大変難しく、したがって、ミス・コン＝女性差別の理解も否応なく出来難くなるのである。

「マドンナ旋風」も経験しながら、一九九三年現在の日本では女性大臣は大相撲の土俵に上がれなかった森山真弓文相一人だけ。ノルウェー内閣は総理大臣が女性で、閣僚の四四％が女性（スウェーデンは二六％、フィンランドは四五％）。名古屋大学（教養部）の専任女性教員は一％以下。ソ連は大学教員の四〇％が女性、医師も七八％が女性（ただし、女性差別はなおつよく残存）。企業での女性管理職の対男性比率は、日本一四％、アメリカ七〇％、カナダ七七％。日本を例外とするこれら諸国の女性進出の数字は、条件が整うと、「女性差別撤廃条約」前文の「あらゆる分野において女性が男性と平等な条件で最大限に参加すること」の可能性を示唆している。

ところが、女性を本人の能力や努力ではなく、生まれつきの容姿や若さで評価するミス・コンテストが公的に開催されている社会では、女性の実力による多面的な社会参加が促されるよりも、女性は、相変わらず容姿という偶然や、つくられた「かわいらしさ」で成功する「楽な坂道」の夢をかきたてられ、その分、男性同様に自分の能力を真剣に伸ばそうとする努力や意欲を確実にスポイルされるのである。

cの(5)の「日本女性＝米黒人論」で指摘したように、この法則で日本の女生徒の「学力」がただでさえ伸びにくい社会であるのに（名大の女子学生比率はまだ二五％余、東大がやっと一五％）、容姿や「女らしさ」に「玉の輿」や「楽な坂道」が用意されていれば、そのことを知る年頃から女生徒は男生徒なみに懸命には勉強しなくなり、女性一般も差別のある企業や職場でその実力を伸ばそうとしないのは当然と言えよう。男子生徒が女子よりも受験勉強に血道をあげ、男性社員が女性より「会社人間」となってモーレツに頑張るのは（「カローシ」するまで働くことの非は明らかであるが）、その努力が確実に収入の多寡、人生の幸・不幸と繋がっているからである。逆に、男は女のように容姿で勝負したくても出来ないのである。

「ミス・コンが嫌なら、ミスター・コンをやればいい」という意見は、問題の本質のはぐらかしであり、反論になっていない。男性の場合は、女性のように「ミス」と「ミセス」の分断があって、過当価値をもつ「ミス」だけがコンテストの対象となるという社会ではないのである（逆に男は「ジャリ」よりも「大人」や「熟年」が評価される傾向にある）。また「ミスター・コン」は、例外的に女子大学や短大の学園祭でお遊びのノリでやっているだけである。問われているのは、女性、それも未熟で若いミスだけが珍重されコンテストの対象になっている「男、見る人、女、見られる人」という文化のあり方そのものである。

ミス・コンに水着がつきものということも、ミス・コンのいい加減さと、所詮、女がもっぱら鑑賞物、それも「性」的鑑賞の対象にされていることの象徴である。だから、各地のミス・コンも（気のひける）水着審査を非公開にしたり、中止せざるを得なくなっているのである。ミス・コンはプールの監視員を選ぶコンペではない。かりにプールの監視員を選ぶ場合でも、必要なのは泳げるかどうかであり、水着審査は必要でない。九〇年の「ミス鎌倉コンテスト」から水着審査を中止した時の鎌倉市の「選ばれたミス鎌倉の参加する行事に水着姿の行事はないので、やめます」という説明が、単純明快そのものであろう。

「ミス・コンは出たい人が出るのだからいい」という人は、運動会を含むスポーツや入学試験の競争に参加する人間の数と、ミス・コンに参加できる人の数の桁の違いを考えよう。また、スポーツや入試で評価されるのは（「能力主義」自体の差別性はここでは不問）、主として本人の能力と努力の成果であるが、（ドロンコ美容などの努力の道はあるにしても）容姿は、努力の成果の度合いが低く、公平な競争と見ることは困難である。それでもなお「美しいものは、美しい！」とか「オバンではなく、ミスこそ美しい」と叫びたい者は、その考え方（女性は「職場の花」）こそが、すでに崩壊した過去の女性差別の「結婚退職制」や「若年定年制」を支えていたことを思い出してほしい。

女性の経済的自立と男性の生活者的自立が進み、「女らしさ、男らしさ」の神話も消失し、男女の平等な社会参加が実現した未来の社会においても、かりに人の容姿に異常にこだわる少数の男女（傾向性としては自分の容姿に自信のない男女が多い）が集まって、それぞれ「美男・美女」コンテストをやりたいという者がいるはずである、となお頑張る人がいれば、それは盆栽展やドッグショーのように好みや趣味を同じくする好事家の勝手な集いであり、それをしもとやかく言うひま人はいないであろう、と書いておこう。

f 女性問題と裁判

いま、日本の裁判所は全体として保守・反動化し、憲法的原理を擁護し、国民の基本的人権を保障するというもっとも重要な姿勢において、明らかに後ろ向きである。今年、一九九三年に入って、三カ月の期間だけでも、最高裁は立て続けに三件の不当な判決をくだした。二月一六日の大阪府箕面市「箕面忠魂碑・慰霊祭訴訟」では、政教分離の憲法原則をルーズに解釈して、住民の上告を棄却した。二月二五日の「厚木、横田基地訴訟」では、過去の騒音被害の賠償のみを認めて、米軍機だけでなく自衛隊機の飛行差し止めまで却下した。三月一六日の「第一次家永教科書訴訟」上告審では、「教育の自由」「表現の自由」の原理を踏みにじる上告棄却によって、温厚な原告の家永三郎をして「裁判所はここまで堕落したものか」「三くだり半の判決」「国際的にも日本の恥さらしだと思います」と叫ばせた。

ところが、その同じ日本の裁判所が、近年、男女平等原理にかかわる裁判では、基本的にすべて原告・女性側が勝訴する判決を出している。九〇年代に入ってから三年余の新聞の第一面トップで報道された裁判の場合で見よう。九〇年七月四日、東京地裁は、特殊法人・社会保険診療報酬支払基金の女性一八人が「男性だけを一律に昇格・昇給させたのは不当な女性差別」として、一億五百万円の損害賠償を求めた「男女昇格差別訴訟」において、「差別に合理的理由はなく違法」として、九千六百万円余の支払いを命じる判決を出した。この「男女昇格差別訴訟」は、翌九一年一二月二五日に、東

「時代の流れ当然です」

岩手銀行訴訟 闘い10年 菅原さん

「長い間本当にありがとうございます」。原告の元岩手銀行員菅原礼子さん(六二)は、支援者からの花束を手に声を詰まらせた。家族手当の男女差別が焦点になった岩手銀行訴訟。仙台高裁は十日、菅原さんに〝二度目の勝利〟を告げた。

菅原さんは判決後、仙台弁護士会館内で記者会見し「男女差別が許されないという時代の流れを反映した判決で、うれしい」と述べた。

男女雇用機会均等法については「罰則規定もなく改正する時期にきている。コース別人事管理など、まだ解消されない男女差別をなくすため女性が団結していくべきだと思う」と今後も差別是正問題に取り組んでいく決意をみせた。

菅原さんは昭和五十七年三月に提訴した。今にも増して男性中心だった企業社会。

そんな時勢に妻として、一人の女性として闘いを挑んだ。菅原さんは「長い闘いは覚悟していました。でも胸を張ってやってきました」と振り返る。

一審は菅原さんの全面勝訴。しかし、銀行側が控訴した。仙台高裁では和解に向け、何度か話し合いも持たれた。「手当を夫婦のどちらが受け取るかは自由な選択に任せられるべきだ」。男女平等を求める菅原さんに対し、銀行側は一部の規定を見直したものの譲らなかった。

約七年にわたる控訴審の間、男女雇用機会均等法が制定され、女性の社会進出も著しくなった。

菅原さんには閉廷後、二つの花束が贈られた。「ありがとう。今は少し落ち着かさせてください」。勝訴の興奮からか、声にならない。この十年支援してきた人にお礼の会釈を続けた。

不満であり残念だ

高橋督紀・岩手銀行人事部長の話 当行の規定は法律違反はないと確信していただけに今回の判決には不満であり残念だ。上告については協議して決めたい。

2審も勝訴し、花束を手に裁判所を出る菅原礼子さん＝10日午前11時12分、仙台高裁で

「賃金差別は不当」の判決を新聞は「当然」と伝えた。
（「中日新聞」1992年１月10日付）

京高裁で一審判決を超える女性側主張の線で和解が成立し、解決金も原告が増えた事情から一億五千二百六十万円が支払われることとなった。

九二年一月一〇日、仙台高裁は、「女性を理由に家族手当てと世帯手当てを支給しない給与規定は不当な男女差別で、憲法一四条違反」と訴えていた「岩手銀行訴訟」において、この給与規定は憲法理念に反すると判断し、両手当て未払い分の請求通りの支払いを命じた。九二年四月一六日、福岡地裁は、職場でセクシャル・ハラスメントを受け、退職を強要されたとして、慰謝料三百六十七万円の損害賠償を求めた訴訟においても、セクハラの事実をほぼ全面的に認め「不法行為に基づく賠償」金百六十五万円の支払いを命じた。

同じ時期に第一面トップで報道された裁判で、原告側が敗訴した判決が一つだけある。それは、夫妻別姓を名乗るため、戸籍上の結婚届けを出さない「事実婚」を選んだ夫妻が、「住民票の続柄欄で、長女を非嫡出子として差別する記載をされた」と訴えた裁判で、九一年五月二三日の東京地裁は、非嫡出子差別の「住民票記載に合理的根拠がある」として、訴えを棄却した。しかし、親の選んだ生き方で「親の因果が子に報い」式に、その子どもが差別されることが不当であることは明らかである。

九三年三月二三日の「朝日」の「論壇」の福島瑞穂弁護士〈非嫡出子の差別をやめよう〉によると、国連の規約人権委員会では、非嫡出子の法定相続分などの差別は、「すべての児童は、人種、皮膚の色、…出生によるいかなる差別もなしに、…権利を有する」という「国際人権規約B規約」第二四条に違反するとされている（当然ながら、同趣旨の「こどもの権利条約」第二条にも違反することになる）。また、先進諸国の中で非嫡出子をいまだに差別しているのは日本だけになりつつあるということで、夫妻別姓の法制化も近いことを考えると、上記の判決が無効になるのは時間の問題と言えよう。

と、右のように書いたのは一九九三年四月のことである。その二カ月後の六月二三日、千葉県の女性の非嫡出子の相続額の増額を求めた裁判で、東京高裁は民法第九〇〇条の相続差別（嫡出子の二分の一）は違憲であるとの「画期的判断」を出し、翌年一月の紙上には、法制審議会民法部会長の加藤一郎も「非嫡出子の身分差別解消の判例の流れ定着」という判断を表明し、法改正は確定的となり、「嫡出と非嫡出の子供の相続分を同一にする。」との改正法案（ほかに、選択的夫妻別姓と五年以上別居夫妻の離婚承認）が一九九六年二月の通常国会に提出されることとなった。

　思い出してみると、私の名古屋大学「差別論ゼミ」で「婚外子差別問題」と取り組んだ一年生の女子学生（一九九二年）は、婚外子差別が余りにも不当な差別であるので、将来、自分は「非婚の母」となり婚外子を持つことによって、身をもって日本の社会のこの差別と闘ってみたいという大胆な宣言をした。その時、教員の私は「その場合はこのゼミのOG、OBで訴訟の応援団を組織して私が団長を引受けよう。」と幾分ふざけてエールを送った。しかし、女性革命の「時代の流れ」はそれ以上のスピードであり、今時の学生にしては珍しく真面目な意志表明をしたこの女子学生がまだ卒業しないうちに、はやくもかの女の人生の闘いの目標は、もはや目標でなくなろうとしているのである。

　以上のように、こと女性問題になると、日本の裁判の全体の動向と異なり、目下のところ、原告＝女性側が必ず勝つと言えるような傾向が確認された。その理由は、第一に、男女が平等であるという憲法的原理はあまりにも当然のことであるということである（住友セメントで鈴木節子が結婚による解雇無効の訴訟をおこし、一九六六年に勝訴したのがこうした流れのはじまりであった）。第二に、にもかかわらず、（「女性革命」の時代以前の）一九七二年に提訴された「鈴鹿市職員男女賃金差別訴訟」が名古屋高裁で逆転敗訴したように、これまでは、「日産自動車訴訟」をはじめ同様の各種の裁判で逆の判決が出されてきたように、これまで日本社会の女性差別は酷かったのであるが、「女性革命」の力がいま、その社会の長年の性差別的体質を、確実に変えようとしているのである。

その意味で、「岩手銀行訴訟」の原告・菅原礼子が判決後「男女差別が許されないという時代の流れを反映した判決で、うれしい」と語り、一六九ページに見るように、新聞が「時代の流れ当然です」という見出しをつけたのは適切であった。しかしながら、一方で、日本の裁判全体が保守・反動化しているということは、「女性革命」の未来についても、予断が許されないということは書いておくべきであろう。ただ当面のところは、資本自身が「女性革命」の進展に利益を見出しているので、この「時代の流れ」はなお続くと予測できるのである。

3　近未来の女性解放の展望

a　世界の動向（「女性革命」の先進国）

(1)　女性の社会的進出――政治への実質参加を中心に

「女性革命」の先進国では、女性差別の解消策として、2のaで言及した「アファーマティブ・アクション」と「クオータ・システム」の施策が試行されている。「アファーマティブ・アクション」（積極的差別是正施策）と「クオータ・システム」（男女比率割当制）は、差別の解消に向けて、被差別者集団の政治・教育などへの参加と雇用を促進するために、一定の年限を限って、被差別者（女性）に進学と政治参加や雇用と昇進などの機会を優先的に保障する方策である。

クオータ・システムがひろく実施されるようになってきた「女性革命」の先進国・北欧諸国にその様相を探ることにしよう。ノルウェーのクオータ制に先べんをつけたのが左派社会党で、労働党もすぐ同調し、一九八一年から両党は、比例代表制の選挙名簿のリストを男女の候補者を交互に並べた。労働党は八三年にあらゆる組織の女性比率を最低四〇％にする党の方針を決定し、八六年に政権を掌握した。したがって、女性のグロ・ハルレム・ブルントラント首相が組閣した労働党内閣では、首相を含む閣僚一八人中の八人が女性となり、同国の新聞は「グロ、世界新記録を作る」と報道した（一九八六・五・一九「朝日」）。

ノルウェーでは、保守党以外の六政党も比例代表名簿を男女交互に並べるようになったため、当然、国会議員に占める女性比率は増大することになり、二六％だった比率が八五年九月の改選で三四％へと増えている。ブルントラント内閣は一度下野したが、再度労働党が政権に復帰し、九三年現在も彼女が首相を務め、女性閣僚は八名から九名に増えている。このノルウェーでは一九九五年現在、一年間の育児休業の内一カ月は男性のみに強制的にとらせる方策を制度化している。

国会議員の女性比率でノルウェーとアイスランドの三四％を超えて、一九九一年三月に世界一の三八％になったのがフィンランドである（ただし、地方議員の比率はまだ二七％）。閣僚は十一人中五人が女性（ノルウェーより比率は僅かに高い）であるが、国防相が女性というのも世界初である。もともと同国は、一九〇六年にニュージーランド（一八九三年）、オーストラリア（一九〇二年）に次いで早く女性が選挙権を獲得し、女性の被選挙権は世界で最初に手に入れた。

フィンランドでは、八五年から夫妻別姓となり、八七年に男女平等オンブズマン制度を備えた「男女平等法」が成立。育児休業は最長三年、父母が交代で取れ、給料の六〇％が保障されているが、現実には父親の二八％しか育児休業を取らないので、新しい国会に「男女半々に」の法案が出されそう、と報道されている（一九九一・四・九「中日」）。全労働力中の女性比率四九％という数字は、全社会的規模で女性が働くことが現実化していることを示しているが、それ以上に興味をひかれるのは、パート労働者の比率が僅か二％という数字であり、どういう経済システムの下で、ほとんどすべての女性がフルタイムで働くようになるのか、知りたいものである。

もちろん、だからといって完全な平等が達成されている段階ではなく、フィンランドの場合も、男女の賃金格差は七八％あり、管理職に占める女性比率も、政府が四〇％、地方自治体が二五％、私企業が一三％という格差がある。しかし、日本と対比した場合には、女性解放の進み具合は目を見張る感がある。いずれにしても、資本主義的なシステムという点では同一の社会で、こうした変革が達成されているという事実は、条件さえ整えば、日本も近未来において少なくともここまでは変わり得る、という展望を描かせてくれる貴重な数字であろう。

学齢の七歳以下の子をもつ母親の就業率が八八％というスウェーデンも、女性が働くのは当然の社会となっているが、一年間の育児休業中の賃金保障が九〇％という点はフィンランドを凌いでいる。そのスウェーデンでも、一九七〇年代には出生率が一・六人まで下がっていたのが、いまは二・〇人に上がっているという事実は、女性にとって「仕事と家事が両立できる条件が確保され、安心して子供が産めるようになったから」であるという報道は、日本の近年の「一・五三ショック」も、その気になれば政策的に十分打開できることを示唆している。

六五歳以上で受給する老齢年金は、労働時代の最高収入の八〇％が保障され、体が不自由になっても在宅ケアが手厚く、日本のような「寝たきり老人」が存在しえないスウェーデンにおいては、この「老人ケアの心配がないことも、女性の就業率を引き上げ」ることになっている（一九九〇・六・二三「中日」）。国会議員の三八％、閣僚二一人中の八人が女性という数字はフィンランドと変わらないが、一九八八年からの「平等政策五カ年計画」の中で、学校教育の生徒の進路にクオータ制を試行し、技術系は三分の一を女子に、公共保健科と看護科の二〇%を男子に、と指定しているのは注目をひく。

一九九一年十一月七日、アルゼンチン国会では議員候補者の三〇%を女性とすることを政党に義務づける法律を圧倒的多数で可決した。上院議員、下院議員とも女性は僅か六%前後であり、野党の急進党でも党員の五八%が女性でありながら候補者は三、四%という現状にある同国も、これによって北欧諸国の後を急速に追うことは明らかである(反対票を投じた右派政党も、本音は別としても、「この法律では女性候補は三〇%に限られることになり、差別」であると主張しており、女性差別には反対と言わざるを得ない時代なのである)。

一九八八年八月三一日の「朝日」によると、当時の西独最大の野党の社会民主党が、当時の党役員や議員の女性比率二七%を十年間で最低限四〇%にまで引き上げる、という規約改正案を圧倒的多数の賛成で決定している。そのため、与党キリスト教民主同盟も、女性の役員と議員の比率を、当時の約一〇%から当面党員の女性比率と同じ二二%にまで引き上げていく方針は決定しているとのことである。

このように見てくると、クオータ制やアファーマティブ・アクションによって、単なる投票への参加(機会の均等)ではなく、女性が実際に政治に参画(結果の平等)していく方策は、一八九三年に始まる世界的な「婦人参政権」の獲得の歴史(ノルウェー一九一三年、デンマーク一五年、ソ連一七年、イギリス一八年、アメリカ二〇年、フランス四四年、日本四五年、アルゼンチン・中国四七年、イラン・イラク六四年、スイス七一年)と同様に、一定の時間はかかるが、必然的な道のりとして世界的に進んでいくことが予想されよう。

(2)「家族」の変容と解体

政治から社会に目を転じると、女性解放の進んでいる社会における、結婚、家族、男と女のかかわり方、人と人とのかかわり方の急激な変化と多様化が目につく。その変容の姿をキー・ワード的に並べると、「未婚の母」「同性愛（結婚）」「離婚」「ＤＩＮＫＳ（子をもたぬカップル）」「妊娠中絶」「体外受精」などとなろう。

たとえば、婚外子の出生率が僅か　%という日本の社会からは想像を超える変貌であるが、「未婚の母」からの出生率が、スウェーデンで五割を超え、デンマーク四割、アメリカ、フランス、イギリス、ノルウェーが二割台、西独、オランダ一割という数字と、どの国もこの二十年の間に倍増から三倍増のハイペースで変化しているという事実は、日本の近未来の変貌のひとつの方向を示唆していると言えよう。

とりあえず、一九九〇年の国勢調査の数字によって、日本の社会でも目に見える変化として、男女の「未婚化現象」の広がりを確認することが出来る。『結婚しないかもしれない症候群』（谷村志穂著）は若い女性だけの事象ではないということである。一九七〇年までは、二十代後半の男女の未婚率はあまり変化がなく、男性が四〇%台半ば、女性が二〇%弱であったものが、一九七五年以降顕著な変化をみせ、九〇年には女性は約四〇%と倍になり、男性も三分の二に増えた。この間に三十台前半の女性の未婚率も約八%から約一四%に増え、男性は三十台後半でも二割が結婚しないか、出来ないでいるという数字になっている。「生涯未婚率」（五十歳の未婚率をいう）が十年で倍増し、一九九〇年に一番高い東京都が一〇・五%となっているが、人口問題研究所では、「十年後には全国平均でも五十歳で未婚の男性が十人に一人になるだろう」と予測している。

一九七八年の日本の「普通離婚率」は、アメリカの五分の一、スウェーデン・ソ連の三分の一、イギリスの二分の一で、イタリアを除く先進工業諸国の中でもっとも低率である。しかし、低率とはいえ、日本の社会自身としても「一九七七年、空前の離婚ブーム」「戦前戦後を通じ最高の離婚ブーム」「一六年間連続離婚新記録」などという新聞の見出しに見られるように、変動は確実にはじまっており、日本の離婚の増大も「先進」国のあとを追うことは避けられない。

その「先進」諸国においては、長年の「同性愛」へのタブーが崩れてきただけでなく、デンマークでは、一九八九年十月に同性結婚も合法化され、十月一日に十組のカップル（「夫婦」？）が、教会での挙式はまだ解禁されていないので、市民会館などで挙式したとのことである（八九・十・六「朝日」）。もちろん新法によって、同性「夫婦」は、相続・住居・税金・離婚などの面で「通常の」夫妻と同等の権利が保障されるわけである。

デンマークよりもわずかに早く、同年七月五日に、人口の一割を同性愛者が占めているといわれるサンフランシスコ市では、アメリカではじめて同性愛者の結婚に「夫婦関係と同じ待遇を与える」市条例を公布・施行している。そのアメリカにおいて、クリントン新大統領が軍隊の同性愛兵禁止規定の廃止の方針を提起し、「軍の士気優先か、差別解消か」をめぐり（つよい反対で本格実施は半年間棚上げ）、いま（一九九三年）全米の世論は真っ二つに分かれて熱い議論を重ねているところである。

「伝統的な家族そのものが米国では『絶滅寸前の種』だ。例えばニューヨークの場合、一九八〇年に一九・七％だった夫婦と子供の同居家庭は、九〇年には一七％に減っている」（九二・十・二八「日経」）、「日本女性学研究会シンポから…例えば、アメリカでは両親と子どもからなる家族は一一％にすぎない。スウェーデンの首都ストックホルムでは、母子家庭が最も一般的で、次が再婚などによる『混合家族』、近代家族は三番目という。…西ドイツではこどもを持つカップルが半数しかなく、社会問題化している」（八九・七・二七「朝日」）。こうした報道は、（数字の違いなどの問題はあるが）「女性革命」の進む「先進」諸国の家族と家庭が、事実としていま大きな変容を始めていることを伝えている。

　これらの国において、男と女、親と子、人と人とのつながりやかかわりは、これからどう変化していくのだろうか？　それは、一人ひとりの人間が今後どういう人生を選択していくのか、にかかっている。

　しかし、望ましい方向を人間一人ひとりの自由と解放の実現である、と考える者にとっては、「家族」の見直しあるいは解体という問題を避けて通ることは出来ないであろう。前掲『女性差別の社会思想史』の「増補版はしがき」に書いたように、女性革命の先進国だけでなく日本でも、いま「家族」は、全体としてその構成員を抑圧する枠組みに変わりつつあり、その意味で、長期的には「家族の解体」の道のりは避けられないであろう。個人的な賛否は別として、少なくとも明らかに家族の解体が望ましいという側面のあることは、認めなければならないであろう。「増補版はしがき」で指摘したその部分だけ引用しておこう。

「老親や障害児・者の介助のために女性や家族が犠牲になる社会や、子どもの『学力』や学歴が家族の経済水準によって制約される社会は、公正を欠いた社会である。生存権や学習・発達権などの人間の基本的人権の保障は、家庭や家族を介してではなく、社会の中で、直接に個人の権利として、公的に保障されるべきである。親（とりわけ母）の自由な就業（労働権の行使）のために、幼児や子どもの（学童）保育も公的に保障されるべきであり、そのためにも、子どもは『親の子ども』より『社会の子ども』の側面を積極的に位置づける思想と施策が求められている。」

b　日本の未来を担う青年の神話的世界

(1)　青年の保守化の原因と具体的な青年像

日本の次世代を担う青年・学生は、以上に考察してきた「女性革命」の時代をどう認識し、近未来の男女平等社会をどう担おうとしているのだろう。私が日常的に接している名古屋大学の学生を手がかりにして、日本の青年の現状を見よう。

時代的には「女性革命」と並行して進んでいる石油危機以降の日本社会の保守化を背景にした、きびしい受験戦争体制の重圧と過剰な管理主義教育のもとで、個を圧殺された日本の青年・学生は、いま、既成の価値意識に深くとらわれ、社会や政治の問題に無関心で、保守化の様相をつよめている。「情報化社会」といわれながら、学生たちは、現在の日本の社会が女性の自立と平等を促す「女性革命」の真っ只中にあることについて、見事なまでに無知である。その結果、一番身近な民主主義感覚としての、男女平等意識や異性認識は歪んでいる。つまり彼らは、全体として「男らしさ、女らしさ」の神話に代表される神話的世界で、いまも昼寝を楽しんでいるかのようである。

しかし、いつの時代でも、青年は「時代の鏡」である。彼らが社会的に保守的で無気力・無関心であるということは、日本の社会が、「女性革命」の波に洗われながらも、全体としては保守的な状況にあるということである。現在の青年の感性や思想を形成していると考えられる日本の歴史的基盤、社会的背景、学校教育体制と思われるものを、筆者稿「大学における一般教育」（東海高等教育研究所『大学と教育』第二号、九一年十一月）の考察を踏まえて、列挙しておこう。

① 「（裕仁）天皇が（その戦争責任を）一言も謝罪しないのは、（主権者としての）日本人の恥」というアジア民衆からの告発に象徴されるように、戦後日本の社会と歴史もまた、戦争責任に一貫して無関心で鈍感な国民を形成してきた。つまり、日本は外形的には間違いなく近代社会でありながら、国民は時代と社会の主体的な担い手としての権利意識や自己責任意識になお目覚めようとはせず、「大勢順応主義」「退嬰的事なかれ主義」「安楽への全体主義」の日常を生きている。

② 一九七三年のオイルショックによって強化された「会社の中に憲法はない」といわれる日本企業の異常に強力な労働者支配の確立と、頼りにならぬ協調的労働組合のもとで、サラリーマン・労働者は「私生活保守主義」に自足している。

③ 以上のような歴史的・社会的条件を背景にもつ日本の学校教育において、日本の児童・生徒は、

偏差値序列による差別と選別の過酷な受験競争体制の重圧と、世界に悪名高い（イギリスの新聞は「日本の学校は捕虜収容所だ――遅刻で殺され、砂浜に生き埋め」と伝えた――九〇・七・二五）過剰な管理主義の教育体制下の日本的集団主義教育（制服、整髪・服装・生活チェックなど）によって、個の人格と個性を日常的に圧殺されている。

④　かつて「大学の自治」と「学問の自由」を誇った大学＝「真理の殿堂」はどうか？　せめてそこで、学生は自己をとり戻すことが出来るのか？　昭和天皇の死去以来、「大喪の礼」「即位の礼」「立太子の礼」と四度にわたり、ほとんどすべての国立大学は、「大行天皇には、世界の平和と国民の幸福とをひたすら御祈念され、…」という、明白な虚偽の総理大臣「謹話」が添えられていた場合も含めて、文部省の指示のままに、学長の独断によって、弔旗と「日の丸」を掲揚しようとした。

　東京大学の天皇問題特集の学生新聞（九一・一・八）の冒頭社説「批判力を失った大学を憂える」が指摘していたように、いま日本の国立大学は危機的な状況にある。

「東京大学も『慣例』などを理由に『日の丸』を掲揚し、問題の多い即位儀式を全く無批判に事実上奉祝した。…批判的精神に裏打ちされた自由な学問と言論がその生命であり、それを発揮することが社会的な役割であるはずの大学は、そのような問題を抱えた天皇制に対してほとんど無批判であったばかりか、社会の危険な状況にその身を委ね、迎合した。…私たちは、このように批判力を喪失しつつある大学の未来に、重苦しい不安を覚える」。

⑤　このように保守化した日本の社会と学校教育の中で、どういう青年・学生が育ちつつあるか。

a.　違憲の文部省検定によって真実を隠された教科書と、入学試験との関係で近・現代史を軽視した誤った歴史教育を学ばされる日本の青年・学生は、文字通り侵略「戦争を知らない子どもたち」に見事につくられている。少なくとも日本では、自分が生まれてもいなかった過去のナチスドイツの時代の戦争責任を償うために、ニューヨークで二年間の無償奉仕労働をする一団のドイツの若者（八八・四・二一「朝日」）のような存在は、当然ながら考えられない。

b.　学歴偏重社会の過酷な受験競争体制に長年身を置いてきたことによって、差別にたいして鈍感で、権威主義と排他的な人格を身につけさせられた日本の青年・学生は、（息抜きとしての）「いじめ」への加担か、余儀ない傍観の姿勢を身につけている。一番身近な平等意識としての男女平等観や異性観がどれほど歪んでいるかは、この後、具体的なデータにより考察する。

c.　「捕虜収容所」とさえ呼ばれる、制服や頭髪規制の強制に象徴される、集団主義的な過剰管理主義教育によって、日常的に個を圧殺されてきたため、日本では「いま学校で一番嫌われるのが、自分自身を持っている子だそうです。大学生でもそうですが、『ぼくの考えではこうだ』と主張することを極端に嫌う」青年たちになっている。こうした主体の喪失は、常識への寄りかかりを招く。テレビ・タレントのタモリも、「若い人が年寄りと同じことを考えはじめ…常識に身を寄せて、疑うことやそこから離れて見ることをしなくなっているのではないか」と心配している。

d.　「Xデー」当時、私の天皇制講演を聞いた大学院生が「日本の民主主義にとって天皇制問題が大変重要だと話されたが、ぼくたち院生にとって天皇制はあってもなくてもいいもの、つまり自分たちには無関係のものだと考えていますが、どうでしょう」と私に尋ねた。社会認識の目を奪われ、民主主義を空洞化する天皇制の魔力と危険性をこのように認識できない青年の症状に、わたしは「象徴天皇制症候群」という病名をつけた。

以上のような現在の日本の教育的風土においては、私は、一九九三年一月一三日の山形県新庄市明倫中の「いじめマット窒息死事件」は、起こるべくして起こった象徴的事件である、と考える（九三・一・二七「中日」と九三・二・二二「毎日」を参照）。

① 児玉君の（結果としての）殺害に直接関わった七人の生徒が逮捕されているが、彼らがかかわったのは最後の段階にすぎない。日頃から児玉君をいじめていた生徒は三、四十人に上っており、この日も、マットに押し込まれる四十分前から七人以外の「数人のいじめグループが入れ代わり立ち代わり、有平君を体育館内の四カ所で小突き回し」ていたのであり、館内にいた約五〇人の生徒の多くがそれを目撃している。つまり、いま、日本の子どもたちは、過酷な受験競争体制のもとで、慢性的な「酸欠」状態にあり、「いじめ」による息抜きを一種の「麻薬」と錯覚するような状況にあり、参加しない生徒も、いじめの蔓延状況のもとでは、傍観を余儀なくされている。

② 児玉君がいじめの標的となったのは、「家は幼稚園を経営していて経済的にも豊かで家も豪邸。一家でよく海外旅行にも…何となくねたまれる要素があったかもしれない」「成績はトップクラス、明るくて人気者だったが、背が小さく、一見すると弱弱しい感じ…標準語に近い言葉を話し

ていた…そこがいじめっ子たちのカンに触り、格好の標的にされたのかも」とのこと。つまり、いじめや差別は、いじめられたり差別される側に問題があるより、いじめる側の酸欠状態が基本的な問題である。したがって、そこが解決されない限り、子どもたちは、あろうことなかろうこと、何でもいじめの口実や契機にしてしまうのである。

③　山形県の高校進学率は九七％を超え、全国のトップクラス。近隣地区では、「教職員奨励制度」が導入され、校長の推薦で受験指導が「優秀」と認められた教員に十万円が贈られる。つまり、教員は受験指導と進学競争に追い立てられており、事件当日も、体育館では二つの部がクラブ活動をしていたが、顧問教員は一度も顔を見せず、「学習会」と称する三年生の補習指導にあたっていたのである。

④　事件直後、校長は「いじめはなかった」と明言。ところが、前年九月の集団宿泊で児玉君は顔をはらして帰宅。家族が担任教員に相談しており、教頭によると、「昨年から、職員会議で話題に上がっていた…先生全員が有平君へのいじめについて知っていた」とのこと。つまり、校長や③の教員を直接責めることは簡単に出来るが、彼らも「最上地方は県内他地域に比べて高校進学率、大学進学率が低い。それを返上しよう、との地域の悲願」と、奨励金までがからむ進学競争に追い立てられ、その渦中で自己を見失うことを余儀なくされているのである。

一九九〇年七月の神戸高塚高校の女生徒校門圧死事件を引き起こした元教諭が、「私は一年のうち、休んだのは正月の二日間だけ。サラリーマン化した先生が、のうのうとしているのに、一生懸命やってきた私がこんなことになって」と語って、いみじくも「一生懸命殺人」と評された。このように、現在の日本の学校では、教員は互いに目先の職務や利益に追われ、児童・生徒は競争や息抜きへのあがきの中で自己を見失い、時々、こうした悲劇的な事件が起こって初めて、自分の置かれている無間地獄の深さに気づかされるのである。戦後日本の教育は、一体「アジア太平洋戦争」に代わる「受験戦争」の只中で、すでに何人の子どもを殺してきたことか。

(2) アンケート結果に見る男女平等意識

名古屋大学の学生の考察に戻ろう。以上のように、日本の学校教育の現状を否定的にとらえている私は、教養部で担当している社会思想史の講義をするための前提作業として、毎年新入生を対象にして、四月の最初の時間に、アンケート調査によって、学生自身の意識や思想状況を知る試みを重ねてきた。

年々、学生の否定的状況が加重する印象をもった私は、一九九二年四月には、アンケート項目を大幅に増やして、より深く学生を知ろうとした。調査結果がたまたま五月一八日の「毎日新聞」中部版に〈二割が「終戦の日知りません」／ミス・コンほとんどが容認〉という見出し（取材記者は、十五年戦争の「敗戦の日」は八割近くが知っているのに、「開戦の日」は一％も知らないことを正しく問題にして記事を構成していたのに、前者の見出しはデスクが勝手につけたもの）で報じられた時は、私自身はそう思ってきたが、学生の意識状況がマスコミの目から見ても十分「事件」たりうる深刻なもの、とはまだ認識していなかった。

新聞は一般に後追い記事は書きたがらないから「朝日」は取材のみだったが、「中日」は五月二五日付で八段組の大きな記事にしただけでなく、五月二〇日の一面コラム「中日春秋」でも取り上げた。その後、「毎日」大阪本社から取材に来て、全国版の「思う」欄の談話記事となった（ほかに、七月一〇日付「全国婦人新聞」、五月二二日付「奥様ジャーナル」紙でも取り上げた）。そのほか、短時間であるが、CBCラジオ（二回）、FMあいち、名古屋テレビにも引き出されることになった。

男女平等意識にかかわる調査結果を、まとめて紹介しよう。そのために、調査結果の中から九項目を選び、新入生の男女別と全体の数字を紹介する。私の講義の受講生四二三名の中から、混在している二年生八七名を除いた、三三六名の、文字通りの新入生のみのデータである。

①③④⑨の各設問にたいする学生の回答結果については、すでに言及してきた。しかし、その場合は二年生をふくめた数字であったので、ここでは、大学に入学したばかりの文字通りの新入生の数字にもとづいて、あらためて考察する。つまりそれによって、高校（予備校も含むが）までの現在の日本の学校教育と保守化した日本の社会が、いかなる男女平等意識・異性認識をもった青年を育成しているかを確認することができるからである。

① あなたは、男女の生物学的な差異に対応して、男女の性格や気質（や知的能力）に基本的に「男らしさ」「女らしさ」の違いがあると考えますか。

a　考える　七四％（男七七％、女六七％）

b　考えない　一八％（男一五％、女二七％）

c　わからない　八%（男　八%、女　六%）

②「母性本能」はあると思いますか？

a　思う　八二%（男八三%、女七九%）

b　思わない　六%（男　七%、女　五%）

c　わからない　一二%（男一〇%、女一六%）

③「ミス・コンテストは女性差別である」という意見について

a　そう思う　六%（男　八%、女　二%）

b　そう思わない　四九%（男五二%、女四一%）

c　一概に言えない　四四%（男四〇%、女五七%）

④「ミス・コン」で、水着審査を中止したり、非公開にする動きについて

a　当然の措置　一二%（男　八%、女一八%）

b　やむをえない　二九%（男二六%、女三六%）

c　水着審査はあってよい　五八%（男六六%、女四六%）

⑤男女の性別に分けられた学級名簿に

a　賛成　一六%（男一六%、女一八%）

b　反対（大学同様の男女混合名簿でよい）　三三%（男三二%、女三六%）

c　何が問題かわからない　五一%（男五三%、女四六%）

⑥ 家事労働は

a　ほんらい妻の仕事　一三%（男一六%、女　五%）

b　夫も手伝うべきこと　四一%（男四四%、女三四%）

c　労働時間の短縮が進めば本来は夫妻折半で共同で担うもの
　四六%（男四一%、女六一%）

⑦ 今年四月から、男女労働者の一年間の育児休暇と復職を認める「育児休業法」が施行されます。育児休暇をとるのは

a　女性のみでよい　二三%（男二六%、女一五%）

b　男性もとる　一九%（男二二%、女一〇%）

c　北欧諸国のように夫も育休がとれる積極的措置を講じるべし
　五八%（男五二%、女七四%）

⑧ 夫妻別姓が法的に認められたら、夫妻別姓について、あなた自身は

a　自分は同姓を望む　五九%（男五九%、女五九%）

b　別姓にしてみたい　一一%（男　六%、女二四%）

c　相手が望めば考えてみる　三〇%（男三五%、女一八%）

⑨ 大相撲の「女人禁制」の「伝統」のために、女性の森山真弓官房長官は総理大臣杯の授与のための土俵に上がれず、千代の富士夫人も夫の断髪式に土俵に上がれなかった。これについて、どう考えますか？

ａ　伝統は守るべし　四六％（男五三％、女二九％）

ｂ　トンネル工事にも女性技師が入る時代だ、徐々に改めるべし　三〇％（男二四％、女四七％）

ｃ　時代錯誤の女性差別に決まっており、即時改善すべし　二三％（男二三％、女二五％）

①は、ボーヴォワール『第二の性』冒頭の有名な命題「人は女に生まれない。女になるのだ。」にかかわる女性問題の一番初歩的かつ基本的な問いかけであるが、日本では、大学に入学した男子の七七％、女子の六七％、平均七四％もの学生が、なお「男らしさ、女らしさの神話」に呪縛されており、「考えない」と神話を明確に否定できる学生は、男性一五％、女性二七％に止まっている。

念のため、除外した八七名の理系二年生の学生の①のａｂｃの比率を見ると、男子七九％―六％―一六％、女子八八％―六％―六％であり、「らしさの神話」への呪縛は一年生より高く、逆に神話を否定できる学生は一年生の三分の一に減っているのである。この結果にショックをうけた私は、大学の教務係を訪れ、「本来は一年生向けの講義を受講している二年生の学生はどういう学生と考えられますか？　一年で単位を落とした不出来な学生が主体ですか？」と尋ねた。係長の返事は、「正確なことは分からないが、文系学生の場合ならそのような推定も出来るが、理系の場合は過密時間割のため、一年の時に落としたというより、初めての受講と考えた方がよいのではないか」ということであった。

この八七名の限られたデータでもって、名古屋大学で一年間の生活と教育を経験した二年生の学生一般を代表させていいかどうかは、問題が残る。しかし、とりあえず、この八七名で二年生一般を代表できると考えた場合は、その結果のもつ意味は、名大の教養部の教員である私たちにとっては、深刻である。『ジュ・パンス』誌四月号に掲載した論稿「歴史に背を向ける大学生」ですでに指摘したように、政治・社会認識においても、二年生の方が後退した認識と保守化の姿勢を示していた。

私自身には、アンケート調査を通して、もともと、高校までの日本の平和教育や男女平等教育の問題点を探ろうという問題意識があった。しかし、大学教育もその存在意義を問われているのである。日本の大学が「レジャー・センター」であり、教養部は、「休養部」「単なる通過機関」と言われて久しいとはいえ、事態は重大かつ深刻である。名大での一年間の生活と教育が、学生たちの女性問題認識を後退させているということは、差別論の講義やゼミで苦闘している私よりも、日頃から堂々と「女子学生は、名大生でも、可愛くなくちゃいけないですよ、ネ」とふざけた講義をしている同僚の方が、時代と社会の教育力にも助けられて、より大きな教育力を発揮しているのだナ、と半ば冗談の思いもあるが、認めざるを得ない。

アンケートの②で、新入生の考察に戻ろう。II1bで言及したバダンテール『母性という神話』（一九八一年）の翻訳をひとつの契機にして、グループ「母性」解読講座編『「母性」を解読する』（有斐閣選書、九一年）や大日向雅美『母性は女の勲章ですか？』（産経新聞社、九二年）などの著書で、「母性本能」がつくられた神話に過ぎないことは、日本でもやっと身近な情報になりつつある。しかし、名大の新入生たちは、男女の違いもあまりなく、八割以上の学生が「母性本能」はあると信じており、それを否定できる学生がわずか六％という数字は、「男らしさ、女らしさの神話」を否定する一八％に比べると三分の一という少なさである。「母性」については、日本の青年は、なお文字どおり神話時代に生きているのであろうか。

③④のミス・コンテストについては、2のeで、名大生の認識と、学内のミスコン企画への具体的な反応についても詳しく言及したので省略する。

⑤の性別分離名簿については、何が問題か分かりやすいように、前の別の設問で、予め〈「男女の性別に分けられた学級名簿は男女平等の理念に反する」として、五十音順の男女混合名簿に改正する動きがあります。〉という情報を提示しておいた。その上で、bの分離名簿に反対するということは、「大学同様の男女混合名簿でよい」という意見になるということまで、括弧書きしておいた。つまり、丁寧過ぎるくらい、いろいろ書き加えておいたのである。

結果は、反対が三三％で、分離名簿の賛成者は一六％と少ないにしても、「何が問題かわからない」という学生が過半数である。しかも、女性差別の社会では、分離名簿は女性をより差別する役割を果たすのであるが、女子学生も四六％とほぼ半数が「何が問題かわからない」と答えている姿は驚きである。次の設問で、〈男女別の学級名簿の意義をどう考えますか?〉と問うた場合も、「a 教育上必要な区別」が二二％、「b 問題視することに反対」が五四％、「c 不必要に男・女（らしさ）を意識させ、性差別を助長する役割を果たす」が二五％であり、「問題視することに反対」が過半数を占めているのである。なお、問題の八七名の二年生の数字をみると、cが一七％と一番少なく、問題視に反対が六〇％へと増えている。

（新しいものに敏感と思われている）青年たちが何故これほどまでに新しい時代の変化に鈍感なのだろうか。過酷な受験の競争教育体制が一つの原因となって、かれらの社会的な視野が閉塞状況にあることを考えざるを得ない。別の設問への回答で、それを確認することにしよう。

〈国会議員中の女性議員の日本の比率は、世界一三一カ国中〉何位くらいか？ という設問にたいして、正解の「一〇〇～一三一位」を選んだ学生は、男子二五％、女子一五％という低い正解率であり、また〈女性の政治進出の進んでいるノルウェーやフィンランドでは、内閣の閣僚中の女性大臣の比率は？〉への「四〇％以上」の正解（外に三〇％台、二〇％台、一〇％台）を選んだ学生も、男子一八％、女子二六％という低さであった。女子学生は期待もこめて世界の進んでいる国のことを男子以上に認識している、と理解したいが、自国の同性の置かれている実態については男子よりも知らないという結果であり、正しくは、男女ともどちらも余りの世間知らずと考えるべきであろう。

つまり、日本の学生たちは、第一に、自分の国が女性の社会的進出や女性解放の点では「先進」国の中では際立った「超後進」国であることを知らず、第二に、そういう日本の後進性を維持するために、日本の学校では児童・生徒が「男らしさ、女らしさ」を不当に意識するような誤った教育政策が採られているということも知らず、第三に「先進」国の中で男女分離の学級名簿を採用しているのが日本だけである、という事実も知らない文字通りの「井のなかの蛙」のまま大学に入学してくるのである。だから、男女の分離名簿について問われても、名大の過半数もの学生が、恥ずかしげもなく「何が問題かわからない」「問題視することに反対」と答えているのである。

責められるべきは、この名大生の無知や幼さではなく、いまなお全体としては誤った女性差別の教育政策を採っている時代遅れの文部省であり、青年にそうした自国の後進性に気づかせなくさせている受験競争体制であろう。

⑥のcを「本来は夫妻で折半して共同で担うもの」という選択肢にしたら（⑦⑧も同様）、cを選ぶ学生はもっと少なくなることが予想できたが、アンケートに答えること自体が教育になるように配慮して、選択肢を作成した。そのため、⑥⑦ではcを選ぶ学生が一番多かったが、比率を対比すると、⑥で四一％対六一％、⑦で五二％対七四％と、男子と女子の差が大きかったのは現時点では予想通りの結果である。しかし⑧では、夫妻別姓が認められても「自分は同姓を望む」という学生が、男女とも同じ五九％であったのは（「別姓にしてみたい」の男女の比率は六％対二四％と当然女性の希望が多くはなっているが）、やや意外な結果であり、女子学生全体の保守化を示す数字と考えてみた（姓が一緒になってこそ夫妻は「一体化」したと言える、という古典的な合体信仰の反映か）。

⑨で「伝統は守るべし」が半数近くで一番多かった事実がショックであったことと、男子学生の方が保守派であることはすでに指摘した。受講クラス別の保守派（a選択者）の比率を並べると、文系六二％、工学部五六％、理系（理、医、農）四五％である。この数字は、自然科学系の方が合理的に物事を考える学問であることの反映と考えてみた。しかし、文系学生が伝統文化や歴史を研究対象にするからといって、なぜ女性差別まで擁護する必要があるのか、腐っても大学生ではないのか？という思いで、私は六二％という数字に目をむいたのである（つまり、ぼくの学生時代の一九五〇年代であれば、文系学生でもaは三〇％もいなかったのでは、という思いがふっきれないのである）。

テレビタレントのタモリ（森田一義）が一九八九年に大学に呼ばれて講義した時に、当時話題の

『一杯のかけそば』についての若者の反応に関連して、「若い人が年寄りと同じことを考えはじめている」「若い人たちが常識に身を寄せて、疑うことやそこから離れて見ることをしなくなっているのではないか」と語っていた。このように現代の青年・学生が保守化し、伝統への回帰を示していることは、知っているつもりであったが、⑨の結果は私の予想をあきらかに超えた数字であり、自己の不明を恥じざるを得ない。

このような青年たちが一体どういう回路をへて、歴史の未来を切り開く主体へと変わっていくのか、「教育とは変革の主体形成である」と考えている教育学研究者としての私にとって、大きな課題を突きつけられた思いであった。

私の手元には、この新入生アンケート調査のデータは一九九五年までのものがありながら、ここでは一九九二年のデータに基づいて書いた文章を改めなかった。それは、データに大きな変化はなく、男女平等意識や異性観の遅れと歪みが相変わらず続いているからである。ところが、よくよく注意して検討してみると、「女性革命」の時代の動きを反映した確実な変化を読みとることができるのである。一九九五年前期の講義で私の担当したのは、たまたま工学部一年生一〇七名（含、他学部生二名）と同じ工学部二年生一〇六名（含、他学部生四名）の二クラスであった。そこで、同じ工学部の一年生と（前年に一年生であった）二年生の学生数もほぼ同じ二クラスのデータを対比することによって、次のような大きな変化に気づいた。

①　名古屋大学は愛知県を中心に東海地方の学生が多いので、男女混合名簿の体験者が少ない大学

であるが、その体験者の比率が二年生五・七%から一年生一二・〇%へと、一年間で倍増している。

② 「男は仕事、女は家庭」という性別役割分担の考えに対する賛否では、「積極的に反対」の比率がやはり二年生から一年生にかけて二九・一%から五七・一%へと大幅に増えている（逆に「同感する」が二七・二%から八・六%へと三分の一に急減。他は「建前は反対、本音は賛成」）。

③ 遠い将来、名大の新入生の男女比率が同様になると考える学生がやはり二二・七%から三五・一%に増え、学部による違いを別として、女子学生が全体の約何%になるかという予測では、五〇%を選ぶ学生がやはり二年生一一・三%から一年生二六・七%へと倍増している（選択肢は二〇、三〇、四〇、五〇%）。

④ 家事労働を「折半して協同で担う」という学生も、同様に二四・五%から四八・六%へとほぼ倍増。

⑤ 日本の社会にも「未婚化現象」がひろがり始めているが、自分は〈a やはり結婚したい、b 独り立ちできれば、あえてしなくてよい、c 同棲はするが届けはしたくない、d 自由な恋愛のために、断固シングルライフを通す〉という四つの選択肢の設問に対しては、二年生七七・四%、一年生六九・二%と、どちらも大半がaをのぞんでいるが、少数派のd「断固シングルライフ」が二年生の〇・九%から一年生六・五%へと七倍にも急増していることは、将来の『結婚しないかもしれない症候群』の大幅増加を示唆しているようで注目をひく。

⑥ 保守派と思われる学生たちでも、女性の天皇を「容認」する比率がやはり五九・四%から七一

・二％へと増加している事実は、遠くない将来の実現を予想させよう（天皇制の廃止論者は二年生二二・七％対一年生二九・〇％）。もっとも、私がこう予想するのは、一九九五年九月に橋本竜太郎・小泉純一郎両自民党総裁候補がともに女性の天皇を認める「皇室典範」改正を容認する姿勢を示したという記事（九五・九・二二「毎日」）を見たせいもある。

青年像の考察の最後に、以上のような保守的な男女の学生が、異性との間にどういう関係をとり結びたいと思っているのかを、男子学生の側から見ておこう。データは少し古いが（ただし青年の意識状況としては、今日と余り変わらないと言える）、一九八五年の首都圏四九大学の六一五人の男子学生を対象にした興味ある調査結果である。

どういう女性と結婚したいかという設問に対して、「お茶、お花の師範の免状をとっている女性と結婚したい」と六九％もの学生が答え、逆に、「上級公務員試験に挑戦している女性」「医学部で医師を目ざしている女性」「法学部生で弁護士を目ざしている女性」とは、いずれも約六五％が「結婚したくない」と答えている。これは恰好の冷やかしの題材なので、脱線講義をする際に私はしばしば利用させてもらった。

「間違ってでも女性の上級公務員や医師や弁護士と結婚できたなら、男は一生、左ウチワで生活できるよ、ネ」「それだのに、そんな女とは結婚したくない、という学生はトンデモナイ馬鹿だよ、ネ」「ところが、六五％もの男がそんな女と結婚したくない、と答えているということは、日本では、やはり余程『男はつらいよ』ということですか、ネ」「つまり、日本の男性は女性以上に過酷な受験戦争の戦士であることを求められているために、多くの男子青年は不必要なまでにコンプレックスを持たされていて、そのために、せめて恋人の前でくらいは、威張りたい。だから、威張れるようなバカな恋人をもちたいということですか、ネ」

「つまりまた、(卒業後の社会での生活を考えても)日本の男は、会社や職場で上司や上役によほど『はいつくバッタ』の日常を余儀なくされるために、家に帰ったらせめて『ご主人』として威張りたい、あるいはせめて『ご主人』として迎えてほしいということですか、ネ」「確かに健康上から考えても、毎日上役にペコペコ前へはいつくばってばかりいたら、腰痛になるから、せめて帰宅したら、反り返りたいと思うのは健康上からも無理のない話です、ネ」

私の話に最初のうちは笑っている学生たちも、さらにぼくが悪のりして、「要するに、日本の社会では、恋をする時には、男子青年は『自分よりバカ(年下)か、せいぜいドッコイドッコイの女性を選び』、女子青年は何故か『自分より年上かせいぜい同級生の男性を選び、わけもなく男は自分より賢くなければならない、と思い込んでいる』という法則性が成り立っているのですか、ネ。どちらも、『主人=愚妻』的な恋しかしていないということですか、ネ」などと話す頃には、教室は静まり返り、ケワシい表情を見せる学生もいることは、推察願えるであろう。

調査の数字に戻ろう。将来結婚した家庭生活で、男性が「お茶を飲みたくなると、妻を呼んで入れてもらう」が、専業主婦の場合は八一%、妻が教員の場合でも六八%が妻に入れて貰いたい、とのことである。少年期に母親に「いたれり、つくせり」の世話をしてもらった男子学生ほど、結婚観、共働き観が保守的であるという指摘は、当然の結果と言えよう。

佐藤和雄がその著書で、「今日の若い世代の男女関係を見ていると、…現代社会の競争原理とそれに基づく抑圧のために、男女の間には逆に五〇年前の男女関係かと思うほどの保守的な関係が見られて、男女の本当の平等なコミュニケーションには驚くほどの絶望が支配的である。」（『くらしのなかの民主主義』）と書いているのは、現代の日本の青年の男女関係を適切に言い当てたものと言えよう。

c　もうひとつの不安——戦争への道

「女性革命」の近未来を占ううえで、青年の保守化した現状に加えて、もう一つの否定的な展望について、書いておきたい。それは、いま日本が確実に再び戦争への道を歩もうとしている事実であり、そのことが「女性革命」の未来に大きな暗雲となることが予想されるという問題である（戦争こそが差別を醸成し最高度に昂進させる事実については、Ⅳの7で書いた）。

とりあえず、戦後日本社会の簡単な道のりを振り返ってみよう。一九四七年に輝かしい「戦争放棄」の日本国憲法を手にした時、私たちは、わずか三年後にその日本が軍隊を持つとは思わなかった。また、自衛隊が「軍隊ではなく、警察予備隊だ」と説明された時、その警察予備隊が世界第三位の軍隊に膨れ上がるとは考えなかった。さらに、一九五四年の自衛隊の発足時に、国権の最高機関で「自衛隊の海外出動を為さざる」決議がなされた時、将来、海外派兵法が登場するとは予想しなかった。こうした予想をこえた既成事実の積み重ねと、その場その場の国民の追認によって、日本の現実は、

日本人は行く所まで行く

シンガポール前首相「掃海艇」強い懸念

トリビューン紙

リー・クアンユー前首相

【シンガポール4日＝伊沢紘樹】シンガポールのリー・クアンユー前首相は、四日付のインタナショナル・ヘラルド・トリビューン紙とのインタビュー＝説明で「多くのアジア人は、日本が平和維持に軍事的に参加することを望んでいない」「なぜなら、アルコール中毒者にウイスキー入りのチョコレートを与えるようなものだからだ」と語った。

同紙によると、海部首相のシンガポール訪問に先立つ先月三十日に行われた会見で、リー前首相は日本の性癖として「何をするにしても行くところまで行き」ナンバーワンを目指すことを挙げて、平和維持活動に軍事的に加わることに強い懸念を表明、掃海艇の湾岸派遣に対しても、東南アジアは黙認しているにすぎないと述べた。

アジアの目は厳しい（「朝日新聞」1991年5月5日付）

侵略戦争の罪と過ちを贖うものとして制定され、とりあえず世界に誇りうるものであった憲法第九条の理念から、日々遠ざかってきた。

一九八五年の敗戦記念日（五・八）に、西独の保守党のヴァイツゼッカー大統領が、世界に向けてかつての侵略戦争の犯罪を謝罪し、「過去に目を閉ざす者は結局のところ現在にも盲目となります」、「罪の有無、老幼いずれを問わず、われわれ全員が過去（の戦争責任）を引き受けねばなりません」という感銘深い演説をした。同じ八五年の敗戦記念日（八・一五）に、日本の中曽根首相は、それ（公式参拝）なくして「だれが国に命を捧げるか」と半月前に語っていた通り、違憲の靖国神社公式参拝を強行した（同じ日、中国では南京大虐殺記念館がオープン）。

首相の公式参拝強行から半月余の後、文部省は「日の丸」掲揚、「君が代」斉唱徹底の通知を出した。もともと、一九七七年の新学習指導要領で、「君が代」が（教育課程審議会の原案にはなかった）「国歌」と一方的に告示されたのは、防衛庁長官の横車によってであった（文部省が「陸軍省文部局」

と呼ばれた歴史の再開）。八九年になると、東郷平八郎元帥が初登場したことで騒がれた新学習指導要領によって、「君が代」と「日の丸」がいよいよ強制されることになり、文部省はその強制を「守らねば処分」との意向を表明。

　こうした戦争への下準備をへて、一九九〇年代になると事態は急展開を示すことになった。「国連平和協力法案」は廃案となるが、翌九一年一月の湾岸戦争の勃発を好機として、政府は「国際貢献」の大合唱を始め、早々と多国籍軍への九〇億ドルの支援を決定するとともに、避難民移送のための自衛隊機派遣の「特例政令」を決定。四月には、ペルシャ湾への「掃海艇」派遣を決定・強行した。九一年九月には、ＰＫＯ法案を提出し、その成立以前から、自民党特別調査会（小沢一郎）は、「ＰＫＯの先にある重要な課題」として、「武力行使を伴う多国籍軍や国連軍への自衛隊参加も合憲」の見解を表明。

　湾岸戦争開始からわずか十カ月間でのこの急展開。もちろん、一九八〇年の「任務・目的が武力行使を伴うものであれば、自衛隊がこれ（国連平和維持軍）に参加することは憲法上許されない」という政府の公式見解はすでに反故。九〇年十一月の自公民三党合意の「自衛隊と別個の組織」による国際協力も、ＰＫＯ法の内容が「実質は自衛隊派遣法」故にこれも反故。

　一九七〇年代後半以降に急速に対外進出した巨大な日本の資本の権益を、「国益」の名のもとに保護する施策を、かねてから切実に模索していた日本の政府は、湾岸戦争勃発をまさに「千載一遇のチャンス」として、「国際貢献」の美名のもと、自衛隊の海外派兵の突破口を、いま確実にひらきつつあるのである。

そして、資本の権益擁護のためのこの「自衛隊の海外での活動の自由」を積極的に、あるいは消極的にでも了解する国民的合意をとり付けるために、一九八〇年代を境にして、（ドイツ、イタリアとは異なり、侵略戦争の時代と同じ「国旗・国歌」のままである）「日の丸」「君が代」の半強制的な取扱いに見られるように、象徴天皇制が「日本帝国主義の復活の衝動が強まる下で、新たな国家主義統合の要として強化されようとしている」（渡辺治）のである。

こうした時代状況の真っ只中で、マスコミによって演じられている象徴天皇制フィーバー——九〇年六月の秋篠宮ナマズ殿下と紀子「サマ」の結婚報道、一九九三年の皇太子と小和田雅子の婚約・結婚についての（違憲の報道協定に見られる）腰抜けマスコミの途端のタコ踊りについて、私は暗澹たる思いにかられるのである。

重要な国際問題である戦争責任を未決済のままに、自衛隊の派遣がどうして「国際貢献」なのか、という思いが筆を鈍らせるが、九二年十月に〈自衛隊海外派遣を憂える「不戦兵士の会」大講演会〉を主催した「不戦兵士の会・東海支部」（私の研究室に事務局がある）の一員として、日本の戦争への道の行く末に話を戻そう。

憲法の「文民統制」の原則がありながら、海部総理大臣の指示が見事に無視されて、「掃海艇」部隊の帰国した時の歓迎式典で、（明らかに専守防衛の自衛隊の理念と任務に反する）「軍艦マーチ」が演奏された事実を、どう考えるか？　ＰＫＯ法との関係で、宮沢総理も金丸副総裁も「ポル・ポト派の武装解除が先決」と表明していたのに、選挙が終わるやいなや「武装解除もままならぬまま」「参加五原則置き去り」にして、派兵が強行された事実を、どう思うのか？

後者は、憲法第九条を足蹴にしてでも、何が何でも自衛隊を海外に派遣する、派遣できるという実績、既成事実をつくりあげることが、（ご主人としての総資本と）政府の不退転の意志であるということを示しており、前者は、後藤田副総裁が当時憂えていたように、「蟻の一穴」を許すと、軍隊は自己の意志でひとり歩きを始めるという戦前の歴史を想起させるものである。

そして、政府自身も当面軍隊のひとり歩きを許容する意志があるからこそ、自分でつくったＰＫＯ法の「参加五原則」も足蹴にして、宮沢内閣は派兵を強行した。参加五原則を無視すれば、次に戦死者がでることは容易に予想できることであり、九三年二月一五日の衆議院予算委員会において、渡辺副総理兼外務大臣は、早々とＰＫＯ自衛官が死亡してもＰＫＯ部隊の「即撤収はない」と述べ、宮沢首相も、「十三年間内戦をしてきたのだから散発的な事故があるのは仕方ない」といとも簡単に答えているのである。だから、その二カ月後に日本人の国連ボランティアの一人が（予定通り）殺されたからといって、政府の方針が微動だにしないのは当然である。

戦前の日本軍の侵略と蛮行を明確に認識しているシンガポールのリー・クアンユー前首相が、二〇〇ページのように、日本の「掃海艇」派遣強行に際して、「日本人は行く所まで行く」と語った時（九一・五・四）は、さすがに日本の新聞は揃って写真入りで報道した。いま、私たち日本人はこれからの歩みを、アジアのこのような厳しい目で見つめられているのである。

ところが、昨今の日本のマスコミは、戦前日本の侵略戦争の遂行にあたって、天皇制の政治装置と裕仁「大元帥陛下」がどのような犯罪的な役割を果したかを、すっかり忘れたかのようにタコ踊りフィーバーに狂奔しているのである（同盟国イタリアでは、国民投票によって侵略戦争に加担した王制を廃止し、国王一族を国外追放したというのに)。

マスコミが「社会の木鐸」であることを忘れているのなら、自分たちも安心して…、と言わんばかりに、九二年末から九三年にかけて、民社党や日本新党などが騒々しく声高に第九条を中心とする日本国憲法そのものの改正を叫びだしており、政府与党が主導する日本の戦争への道行きの応援団にはこと欠かない日本の現状である。

私は、九〇年の日本戦没学生記念会（わだつみ会）八・一五記念集会で、「教育の危機と戦争への道」のテーマで講演する機会をあたえられた時、最後に今後の日本の展望に触れて、「正直言って、『暗く遠い道のり』だと思っています。もっと正直に言うと、アメリカがベトナム侵略戦争と苦しい反戦運動を経験するなかで、その民主主義をやっと成熟させていったように、日本も、いや、日本の場合はそれ以上の経験をしないと、その民主主義は鍛えられないどころか、根づきさえしないのではないかと予測しています。」と語った。

一九九二年十二月二日、カンボジアＰＫＯ問題にからむ「毎日新聞」の連載〈日本人の平和観〉の最後の番外編に起用された沢地久枝は、「言を左右にしつつ、既成事実を作りあげて押しきる。それは戦後政治においての自民党の常套手段だった。典型的なサンプルが『平和憲法』のもとでの自衛隊である。

重大なことは、いつも政治の停滞のさなかに巧妙に決まり、既成事実となる。これまで、日本人の致命的弱点は、既成事実へのあきらめとひるみだった。それを超える勇気が、民主主義や平和志向を、絵に描いた餅ではなく根づかせる土となり水となるのではないか。」と書いている。

そして沢地は、「小さな勇気、ささやかな行為、その持続。この国で希望の種子が生命をふやしていくためには、ほかに確かな方法などない。」と断言している。私も、そこにしか希望の道は考えられない。「わだつみ会」講演の結びの言葉を引用しよう。

「私たちはいま、見かけの豊かさや（不必要に）多忙な日常生活の中で、知るべきことをあまりにも知ろうとせず、言うべき「あたりまえのこと」（本島等長崎市長）をあまりにも言わなさすぎる存在に自足していないか。自らの「内なる」大勢順応主義と性根をすえてたたかいながら、自らを歴史と社会の主体的な担い手としての自己責任意識をもった主体として鍛えなおし、その自己をおしだしていかなければならない。」

4　「女性革命」をどう評価するか

「女性革命」は日本の社会においてなお進行中であり、その歴史的評価をくだす段階ではない。にもかかわらず、その評価を試みようとする理由は、以上の私の記述が女性革命について、いささか甘い評価になっているのではないかという懸念と自覚があるからである。一九五〇年代の大学の学生時代にサークル「女性問題研究会」に所属し、しばらくの空白をへて大学教員になった一九六〇年代末から、一般教育改革の一環として学生と一緒に「女性論ゼミ」を学ぶようになり、一九八六年の名古屋大学への転勤時にその「女性論ゼミ」を「差別論ゼミ」に改めてからも、その一分野として、四〇年近く女性論への関心を持続してきた私にとっては、女性差別への不満と怒りは自明の前提である。だから、その差別がほころびはじめ、さらに「女性革命」によって「女性解放」の条件整備が進展する事実を目撃できるようになったことは、喜びであった。それだけに、その「女性革命」への評価があまくなっているのではないか、という懸念がある。

今から二〇年くらい前に女性問題で講演をして、私が「専業主婦」というものは過渡的存在で将来は消滅する存在である、という意味の話をした頃の主婦たちの反応は冷たく――当時は専業主婦であることに彼女たちはむしろ誇りを感じており、「隣のおかみさんは気の毒に、甲斐性のない旦那と結婚したために、可哀相に！　結婚しながら、子どもまでいながら働いている！」と、働く女性に哀れみさえかけていた。それが今やその名もズバリ『専業主婦の消える日』（有斐閣、一九八六年）という著書が女性記者（読売新聞）によって書かれる時代となり、「台所症候群」や「アルコール中毒」などの社会事象に象徴されるように、現在は当人たちが専業主婦であり続けることにためらいや疑問や焦りを感じる時代となった。

既述したように、一九七二年の総理府の女性意識調査で「男は仕事、女は家庭」に賛成する女性八三％が「保守的といわれる名古屋市」の女性でも一九九一年には賛成者わずか一七％へとおおきく変わった事実などは予想を上回る劇的な変革であり、文字どおり隔世の感がある。私の身辺の出来事としても、一九九二年度に日頃その保守性を批判してきた愛知県から「女性人材養成事業」の指導者を委嘱されたこともひとつの契機となり、一九九二年秋から九三年春にかけての時期は、最低、毎週二回以上は女性問題を過半のテーマ（他は反戦・平和）とする講演か講座を学外で（名大職組からの初めての女性問題講座の依頼も入れると、学内でも）担当することになった（九六年春の現在でも月一回以上は女性問題で講演・講座）。長年そうあるべきだと考えてきた方向に日本の社会が実際に動きはじめ、保守的な日本政府も「男女共同参画型社会」への変革を女性行政の基本方針（建前）とするに到ったという事情から、私が「女性革命」を基本的に前向きに評価し、プラスの側面を加速したいと願うようになった心情はお分かりいただけるであろう。

しかし、研究者としては、なお中間総括の段階ではあるが、「女性革命」を総体としてどう評価するのか、評価をこころみる社会的責任を免れることはできない。そこでまず、「女性革命」の今後の見通しから論じることにしよう。なぜなら、目下日本のマスコミでは、「女子学生の就職・超氷河期」

「女子学生就職活動・ことしも〝土砂降り〟」という活字や文字が踊っており、「女子学生・自宅通勤に限る、浪人・留年はダメ」「女子学生、門前払い」「女子学生、『滑り止め』まで落ち」「『胸囲は』『体重は』セクハラ質問も」などという数々の「女子学生の就職差別」も報道され、「女性革命」どころか、日本の社会は逆の方向に進んでいるかの印象があるからである。しかし、この印象にはマスコミが誇張してつくりだした側面のあることに注目しなければならない。

一九七〇年代、日本全国の日刊新聞社に働く記者一万二五二〇名中、女性記者は一%以下の一二〇名で、「朝日新聞」の男性記者の妻は九八%が専業主婦であった頃の日本の新聞は、明らかに「男は仕事、女は家庭」という偏見と古典的な人間像を前提にした女性差別記事を文字どおりたれ流していた。当時の女性記者が内部告発していたように、この異常体質のマスコミが、子殺しの母親に向かっては、その背後にいる男性の存在などには目もくれず、「この母は鬼か人か」「冷血、産んで捨て産んで殺し」と彼女を鬼や悪魔なみに罵倒する記事をつくり、逆に、子どもだけをまるまると太らせ、自分は水ばかり飲んで餓死したおろかな母親は「近来にない女性のかがみ」「美談」として賞讃していたのである。

そうしたマスコミも「女性革命」の時代を迎え、女性記者の増加もあり、いまや「男女平等」のたてまえは不動の前提となった。その結果が「女子学生の就職・超氷河期」という記事の乱舞となったのであるが、これは事実を伝えているといえるのか。一例として、一九九五年一二月一日の労働省のまとめた「新規学卒採用内定調査」の記事を見よう。「四年制大学での就職内定率は六九・二%で前年同期に比べ五・七ポイント低い。男子は七一・五%（前年同期七九・五%）、女子は六一・四%（同六三・六％）。女子が男子より一〇ポイント内定率が低いが、男子の方が前年より大きく落ち込んでいる。」（九五・一二・二「毎日」）。この場合も記事の大見出しは「女子の四割内定まだ」とあり、続いて「『超氷河期』といわれる女子学生……」という記事が続いている。

女子の六一・四％の内定率が「超氷河期」なら男子の七一・五％も「氷河期」くらいの見出しがあってもいい。しかも、女子の内定は前年比二・二ポイントしか下がっていないのに、男子は八・〇ポイントと女子の四倍も内定率が下がっているのに、なぜそちらをおおきく扱わないのか？　ここ一両年の学生就職関係の記事は、この場合のように一貫して記事内容と見出しの間にズレがあり、日本の新聞社はいつの間にか（悪しき意味での）「フェミニスト」になったのか、それとも女子学生の就職難を誇張して伝えることで、女性の四年制大学への進学意欲を鈍らせたり、女子学生を採用するのは「時代遅れ」と思わせて、企業に男子学生をとるべきであると励ましているのか、とさえ疑って判断に迷うのである。※

※ 試みに、ある市の私の「女性セミナー」に参加している受講生（主婦が中心）に四年制大学の男女就職内定率がどれくらいと思うか？　と一九九六年一月に質問したところ、「女子学生、氷河期」の見出しをいつも目にさせられている彼女たちは、「七〇％対二〇％？」「七〇％対四〇％？」などと答えた。マスコミの不適切な見出しは読者にこういう誤った判断を与えているのである。

もちろん、「女子学生の就職差別」は実在するし、女子学生の内定率が男子より一〇％低いことも明白な事実である（「平成不況」に遭遇した企業が、目先だけの判断で、「結婚・出産退職」の可能性がなく、

「モーレツ社員」志向も女子よりなおたかい男子の採用を優先するのは自然であるという常識論から考えると、女子が男子より一〇%しか低くないことの方が不思議ともいえる)。しかしマスコミによる誇張を差し引くならば、日本社会の現状は「女性革命」に逆行しているとか、「女性革命」は止まっている状態と判断するべきではなく、「平成不況」による停滞はあっても、全体としての「女性革命」は今後もなお確実に進行するものと考えられる。その理由を二点から説明しよう。

1bにおいて、「女性革命」を可能とし推進している陰の「仕掛け人」は、技術革新(作業工程の機械化・ロボット化、事務部門のOA化など)と分業の進展であることを指摘した。いまひとつの大きな要因として「年功序列賃金」「終身雇用制度」の見直し・解体をはかっている資本の動向がある。「日経連」のアンケート調査によると、回答企業の九七・〇%が年功序列賃金を見直すべきだと答え、終身雇用制についても六二・〇%が見直しを求めている(九四・八・六「朝日」)。

利潤追求のための企業の経済的合理性が労働者総体の低賃金化に向かうことは必然のことであり、年功序列=終身雇用制の見直しや「人件費抑制狙う」(九五・三・二四「毎日」)年俸制などの導入にともない、「中年サラリーマン実質賃金が減少/十年前に比べたら、大卒五十歳で四・六%/労働省調査」(九三・十二・三〇「日経」)、「大卒の生涯賃金初のマイナス/社会経済生産性本部が調査」(九四・十一・一五「朝日」)「トヨタ、終身雇用見直し」(九五・七・一四「朝日」)などという報道が目につくようになったのはなにを意味するのか。「女性革命」以前の古典的な労働者の賃金は家父長としての男性労働者が「妻子を養う」存在ということで、労働者に支払われる賃金=「労働力の価値」は、本人だけでなく妻子を加えた家族全員が生きていくのに必要な生活費であった。ところが「女性革命」の進展によって妻も働くようになると、これまで夫の賃金の一部と見なされていた妻の生活費を支払わなくてもよくなり、労働力の再生産費は本人分と子どもの生活費の（妻の賃金が夫と同額なら）二分の一でよくなるのである。

つまり、「女性革命」が進展し妻も社会に出て働くことが普通になる「男女共同参画型社会」に移行することは（「女性革命」以前は未婚の若年労働者が女性雇用労働者の大半を占めていたのに、一九八四年には既婚者が全女子雇用者の三分の二を超え、三五歳以上の中高年女子雇用者が全女子雇用者の六割近くを占めるようになった）、企業が安心して年功序列賃金＝終身雇用制の見直しや年俸制、能力主義賃金体系を導入して男性労働者の低賃金化を推進していくことができるのである。このように資本主義社会を支えている企業自身が「女性革命」の進展に利益を見いだすことができるようになったからこそ、かつて「女よ家庭に帰れ！」と呼びかけ、家庭科女子必修制を支持していた資本自身が「男女雇用機会均等法」「育児休業法」「夫婦別姓」「家庭科男女共修制」などに同意できるようになり、「女性革命」の味方につくことになったのである。

以上のような道筋で「女性革命」が確実に進展することを裏付けるもうひとつの根拠として、具体的な事例を紹介しよう。それは、「男性社会をハイジャック」と題した「中日新聞」（一九九五・六・三〇）の社会部長の署名入り記事である。記者はイギリスに勤務していた当時に「驚くべき取材力で治安当局を脱帽させた女性記者」の活躍のことを紹介した後、「男女逆転の雪崩」という小見出しで以下のように書いている。「女子学生の就職、超氷河期」という現在の日本とはあまりにも対照的で興味ある内容なのでそのまま引用しよう。

記者に限らず女王や首相、学術、産業、あらゆる分野に女性が大量進出しているフェミニズム（男女同権運動）発祥の地・英国だが、最近、おかしな不協和音が聞こえてくる。生きる道を次々に女性に占領され、職もなく、技能もなく、ガールフレンドにも相手にされない無数の「怒れる若者たち」が、新たな社会的爆弾になってきたとの警告が相次いでいるのだ。

英国ではここ十数年間、女性の社会進出のために政府、教育機関、産業界がこぞってテコ入れを続けてきた。その結果、アッと驚く逆転現象が続々と表れた。

第一は、西暦二〇〇〇年までに女性の就労人口が男性を上回ること。第二は、一八歳から二十四歳の世代で男の失業者は十二万七千人もいるのに、女は三万八千八百人にすぎないこと。第三は、学校ですべての教科で女子の成績が男子を上回り、男が伝統的に強かった数学、物理でさえ敗退してしまったこと。第四に「男の力」を必要とした産業が傾き、女の得意な柔軟性や繊細さを求める職業が増え、就職率が圧倒的に女性優位になったことなど（英紙「サンデー・タイムズ」調査）。

この現象に、労働党の女性問題担当委員のクレア・ショート女史さえ、こう警告するのだ。「今や、若い男性は社会的役割を失ってしまった。安定収入のない彼らは、パートナーとしても父親としても役に立たず、欲求不満が増大する一方だ。そろそろ男性優遇の措置を取るときがきたかもしれない。」

（以下、略）

この記事は、同じ資本主義システムのもとでも、「女性革命」の進展によって、①「男は仕事、女は家庭」という性別役割分担が基本的に消滅し得ること、②人間の「学力」は学んだとしてもそれを生かす場がひらかれているか否かによって基本的に決まること、つまり、男女の知的能力の違いは分野による偏りもふくめてほんらい基本的に無いということ、③「女性革命」がひろがり、一定のアファーマティブ・アクション施策が施行されるなら、資本の立場からは、（技術革新と分業の進展に裏づけられた）労働能力に差異のない男女では、むしろこれまでの家父長制社会によってつくられ助長されてきた女性の方が「おとなしく、我慢強く、柔軟で細やかである」という傾向性が残っている点から、むしろ女性を雇用したほうが有利であると判断され、過渡的には「男子学生の就職、氷河期」という事象も現れ、④同じことであるが、少なくとも「女子学生、氷河期」という現象は「先進国」のなかでは「女性革命」の発展がもっとも遅れ、家父長制の伝統の名残がなおつよい「極東の国・日本」社会の過渡的事象である、ということなどがあからさまに示された貴重な事例といえよう。

最後に、以上のような明るい展望も描きうる「女性革命」を全体としてどう評価するのかという問題が残されている。端的な結論をボーヴォワール『第二の性』の表現をかりて書こう。ボーヴォワールは同書の結論部分にちかい章「自由な女」において、女性が参政権を獲得し全社会的規模で労働の場に参加するようになったからといって、それを「完全な解放だと思ってはあますぎる。今日では働くことがそのまま自由を意味してはいない。……げんざい労働者の大多数は搾取されている。」（この点線の部分で、かつてボーヴォワールは「女が働きながら自由を得られるのはただ社会主義的世界でだけである。」と書いたが、この部分はかの女が書き改めたいと思いながら果たせなかった所である）という次の大きな壁につきあたることである。

同じ問題を本書の「まえがき」とIVに引用したジョン・レノンとオノ・ヨーコの歌の表現をかりて

説明するとしたら、「女性は奴隷たちの奴隷である」。つまり女性は「資本主義社会の奴隷である」（J・コノリー）男性労働者たちの奴隷という存在であり、男が「一重奴隷」とすると女は「二重奴隷」であり、「女性革命」は、女性たちを「二重奴隷」の境涯からやっと「一重奴隷」の地位にまで解放することを意味するものである。一九七九年の国連の「女性差別撤廃条約」第十一条で労働が「すべての人間の奪いえない権利」として、はじめて女性の労働権も宣言されたが、女性が「家庭」を出て労働の主体となることは、やはり女性の人格的自立の不可欠の大前提である。

しかしながら、なお「女性革命」の進行が大幅に遅れている日本では、Ⅱ2aで指摘したように、一九九一年度の女性常用労働者（含む、パート労働者）の平均給与総額は男性の五〇・八％という異常な低さであり、ＩＬＯ報告書によると、一九八〇年から八八年にかけて、女性の対男性賃金比率はオーストラリアが八六・〇％から八七・九％へ、フランスが七九・二％から八一・八％へ、韓国が四四・四％から五一・四％へとそれぞれ上昇しているのに、日本は五三・八％から五〇・七％へと低下さえしていた。この女性賃金の差別構造が打破されないままであるなら、日本の女性は、「二重奴隷」から「一重奴隷」になるのではなく、やっと「一・五重奴隷」になったといわねばならない。

しかしまた、「女性革命」の進展によって女性革命先進国のように賃金格差が縮小したとしても、ボーヴォワールやジョン・レノンがいうように、男性労働者と同じ一重「奴隷」であることに変わりはなく、「自由を意味しない」。もちろん、「女性革命」によって女性が一定の経済力を獲得し、「女らしさの神話」から抜け出していく姿に支えられ・励まされて、他方で年功序列＝終身雇用制の崩壊という現実にも迫られて、男性も「モーレツ社員」「カイシャ人間」であったり、「男らしさの神話」に呪縛されていることの苦しさや虚しさ、さらには「メンズ・リブ（リベレイション）」の必要性にも目覚めはじめ、男女が協同して「一重奴隷」からの解放の闘いに目覚める可能性がでてくる（だからといってもちろんまた、女性の「一重奴隷」への解放がとんとん拍子に進むと期待することは一面的である。男性はなお「一重奴隷」であるからこそ、女性が同じ地位に解放されることは「主人」「第一の性」であることをおびやかされることであり、過渡的には、現に「先進諸国」にみられるように、夫による「家庭内暴力」のようないまわしい事象が触発される可能性なども考えられる）。

他方、資本の側も、イギリスの事例で確認したように、女性を男性と平等な労働力として労働市場に解放し、女性も男性と対等に、能力にもとづいて競争しあう豊かな（二倍の）労働力市場から、有能な労働者を選びだすことが、資本にとっても効率よい運用を意味することから、「女性革命」はさらに促進されよう。したがって、女性が「一重奴隷」になることが即自由を意味しないにしても、それは男女がようやく同じスタート・ラインに立つことであり、長年の「いわれなき差別」のとりあえずの解消であることは明らかである。

また、女が「二重奴隷」でなくなることは男が「主人」の地位に甘んじることによって、自身が一重「奴隷」であることを忘れたり気づかないという状態の解消を迫られることであり、男は「主人」の地位への退路を断たれることによって、真の解放への目覚めも促される可能性がたかまるのである。さらに、「女性革命」によって「一重奴隷」の数が二倍になるということは、自分が一重「奴隷」であることに気づく可能性をもつ人間の数も二倍になるという意味でも、万人の自由・平等・友愛の主体としての解放への道を確実に鼓舞するとも考えられよう（万人が真の自由・平等・友愛の主体としての自己を確立し、差別から解放されるユートピアの展望については、そこへの架橋のこころみであった社会主義的変革が（女性）差別を維持せざるをえないという重要な問題とともにⅣで論じることにする）。

III

一九七九年の女性論

――女性解放の主体的条件と客体的条件

1　女はつくられた、そして男もつくられた

——女性解放の客体的条件

「人は女に生まれない。女になるのだ。」

——ボーヴォワール

「人間が彼自身の性格を形成するということは、かってなかったし、またおよそありえないことである。」「適切な方法が用いられるならば、最善の性格から最悪の性格まで、最も無知なそれから最も知性的なそれまで、どのような性格をも、あらゆる社会や、ひろく世界にまでも付与することができよう。」

——ロバート・オウエン

「女性論入門(上)」(女性問題研究会『一九七七年現在』所収)において、私は、「揺りかごから墓場まで」女の子と男の子が社会によって見事につくられていく様子を描きだした。現在の日本の社会は、女らしさや男らしさの神話の土台が急激な変動にさらされている時代である。しかし、それでもなお今日の日本の社会で目ざされている男女の人間形成のステレオタイプを整理すると、およそつぎのようになろう。

女の子は、性格としては、おとなしく、やさしく、しとやかであることが求められ、勉強はあまり

出来なくてもよいが、「男に媚びる性」としての女性は、身づくろい、化粧、ファッションなどにはかなり気を配り、学校を卒業したら、「職場の花」として若年腰かけ的に勤務し、結婚か第一子の出産とともに退職し、妻＝母としてのかの女は、「家庭を愛の場、憩いの場にせよ！」という資本の期待に応え、「狂育ママ」としての役割をもはたしながら、「モーレツ社員」としての夫の労働力の再生産をひきうけ、わが子の成長とともに、中年以後は趣味やボランティアやその他の疑似社会的活動に生きるか、内職、パートタイマーなどのボロカスに安い再度の短期回転型の超低賃金労働力として、資本の餌食になることを期待されている。

　この女性のパートナーとなる男の子は、たくましく、忍耐づよく、冒険心にとんだ、積極的で能動的な性格形成を求められ、日本では（スポーツや芸能の世界での稀な成功を目ざす者は別として）なによりも受験戦争の兵士として、受験学力を最大限度に伸ばすことを求められる。「企業に媚びる性」としての男性は、生活者としては自立しておらず（半人前）、育児や家事の責任は妻におしつけて、「モーレツ社員」「ソーレツ社員」として、高度に発達した資本主義諸国に冠たる低賃金＝長時間労働を働く「うさぎ小屋の働きバチ」、あるいは「世界無比」の「安くて優秀な労働力」（内田義彦）となる。職場で上役や上司の前に頭をさげる苦渋や屈辱は、家に戻って「主人」としてふるまうことによって、あるいはギャンブルや酒や趣味に逃避することによっていやすのである。

　石川達三『幸福の限界』（岩波文庫、ほか）の主人公・由岐子は、日本の妻のことを「性生活をともなう女中生活」である、とさげすんだ。しかし、その妻の目からいえば、「主人」である男性も、ボーヴォワール『第二の性』が指摘するように、「守則に隷属し……終日その上役に服従し、きゅうくつなカラーをつけ、こうして社会的地位を確保せねばならない。」のであり、女性は、たとえ狭い「うさぎ小屋」の中だけではあっても、「ゆるやかな部屋着で家の中を歩きまわり、歌ったり、近所の女と笑ったりできる」のである。この女性から見れば、「働き中毒」の日本の男性こそが気の毒なドレイなのである。つまり、男性も女性も互いの厳しい目からみれば、現代はなおドレイとしての毎日を生きているのである。

「あなたを頼りに私は生きる」女性がドレイであることは容易に理解できるが、社会や職場の規則、風習に縛られ、上役、上司にはいつくばり、生産性や業績の論理に支配、翻弄されている男性もまた、とても自由や自立した人間といえないことは案外気づかれていない。あるいは、気づかせないためにも、この男ドレイは家庭では「主人」と呼ばれているのである。一説によると、高温多湿地帯にもかかわらず日本サラリーマンのユニフォームとしてのあのドブネズミ色の背広に首を縛ったネクタイ姿は、現代のドレイを象徴するファッションだそうである。そういえば、自由業の画家や作家のネクタイ（ドレイの首飾り）姿は同じ日本でもあまり見かけない。また、日本サラリーマンのドレイ性を象徴しているのは、飲屋に行ってまで職場の上下関係に縛られて、大の男が「まあ、課長一杯どうぞ！」と盃に酒をつがされている悲哀の姿であろう。

いずれにしても、女性論や差別の問題を少し学んだ者にとっては、女性だけでなく男性もまたその自由と自立を抑圧された社会であるからこそ、その社会に各種の差別が存在するのであるという単純明快な事実は、もはやイロハといってよい。そのことを、ビートルズのジョン・レノンとオノ・ヨーコは、“Woman is the slave of the slaves”と歌った。男も女もドレイであるが、違いは、女はドレイのドレイ、犠牲者の犠牲者という点だけである。

したがって、女性の人間的解放はそのまま男性の人間的解放に連動する。女性がドレイ解放を志向することは、男性がその女性の「主人」の道に逃避する退路を断つことであり、かれもまた余儀なく、あるいは進んでという違いはあっても、自由と自立を目ざす可能性をもつのである。しかしながら、何千年の男中心の社会がつくりあげてきた男性の特権を、男は容易に手放そうとはしない。あるいは、その特権が目にみえておびやかされてきているからこそ、現代の男は時代錯誤の「関白宣言」(さだまさし)にしがみつこうとする。ボーヴォワールも指摘するように、「もし女が自立したために男が多くの嫌な目をしなくてもすむとしても、男がたくさんの便宜を失うことはたしかである。」女が自立することは、男がひたすら「妻子を養う」という大変な事業のクビキからも解き放たれることを意味するが、大抵の男はこの大事業が「多くの嫌な目」の筆頭の一つであるとはなかなか考えられないように、つくられているのである。

ボーヴォワールもなげくように、「女に自由をあたえたら男も自由になれるのだ。しかしこれこそ男が恐れていることなのだ。」ドレイが自由になることを自ら恐れているというのは奇妙な図式であるが、じつは彼はドレイだからこそ自由を望まないのである。ドレイがドレイであることに気づき、自由を求めて立ちあがった時、もはや彼はドレイではない。そしてまた、自己解放をしぶるのは男だけではない。「男がもしドレイ女でなく、自分と対等の者を愛する気になるなら、――男のなかにだって尊大さも劣等感もどちらももっていない人があり、この人達はそうしているのだ――女も女らしくすることをいまほど気にすることはなくなるのだ。そうなれば彼女はもっと自然さと単純さをえることができる」ようになるのであるが、この場合もむしろ現状では「異性の個人を自分と対等のものだとみとめるのは男より女の方がしにくい」のであり、後向きの女は、依然として内なる女意識にしがみつき、「愛」の名のもとに男につくそうとするのである。

女性（男性）解放とは、第一に、女と男がこうしたつくられた人格や能力や半人前の性的役割分業から解き放たれることである。最初に列挙した「女らしさ」や「男らしさ」がつくられたものにすぎないことは、II1bでも紹介したように、同じ地球上でも私たちの社会と「男らしさ」「女らしさ」の逆転している社会の存在していることを思い出してもらえば十分である。

「男らしい男、つまり一般的な男性の性格、気質は受動的、内向的、陰気、ヒステリー気味である。かれら男たちは、猜疑心がつよく、団結心にとぼしく、気まぐれ、移り気で、決断力に欠け、虚栄心が旺盛で、おくびょうで依存心が強く、うわさ話に興味をもち、化粧に憂き身をやつしている。……この男同士の関係はデリケートで難かしい。」

「女らしい女、つまり一般的な女性の性格、気質は、積極的、能動的で決断力にとみ、かの女たちはたくましく自立しており、頑健な体格をしている。戦争も女の仕事であり、女性は頭を坊主にして、飾りやアクセサリーの類は一切身につけず、つまり化粧はいっさいせず、畑作り、魚取り、蚊張の袋編みの仕事をして男性を扶養しており、性行為においても女性の方が能動的である。」

日本の学校の修学旅行は、団体行動好きの没個性的サラリーマン形成のための日本特有の後進国的学校行事であり、廃止すべきものである。もしまだしばらく存続させるのならば、生徒たちをこういう社会の見学に引率すべきであろう。かれらの「女らしさ」「男らしさ」の神話に混乱が惹起されるのは確実である。教員の役割とは、このように生徒の常識に意図的かつ適切に矛盾や混乱をひきおこしてやる仕事であるといってよい。

女の子の勉強が一般にあまりできないというのは二〇世紀の日本の事実にすぎないのであり、このことも前掲「女性論入門(上)」で紹介したように、モスクワ大学の教員の五四%が女性であり、旧ソビエトの医師の七八%が女性であるという事実などを思い出せばいい。男の子が忍耐づよく冒険心にとんでいるなどという類もつくられた神話にすぎないことは、出産をになう女性のほうがむしろ持久力があるのであり、近年のマラソン競技における女性の驚異的な活躍を思いおこせばよい。また、冒険心については、ヒマラヤを征服した今井通子一人を思い出せばよい（とは言っても、なかにはそういう例外的な女もいる……としか受けとれない鈍感な読者のために、もう少しだけ書くことにしよう）。

オリンピックの陸上競技に女性の参加が認められたのは一九二八年であるが、八百メートルは「かよわい女性には無理で残酷だ」としてすぐ一度中止され、復活したのが一九六〇年のことである。この「長距離やマラソンは男子」という神話が崩れたのは、わずか十年余前の一九六七年四月のボストン・マラソンにR・ギップが物陰から飛び入り参加、完走し、また翌年、女子大生スウィツァーが男装して参加するなどという神話への挑戦と揺さぶりかけがあって、一九七二年に女性の公式参加が認められて以来のことである。以来、わずか十年足らずの間に女子マラソン記録は一時間近くも短縮され、グレテ・ワイツの二時間二七分二三秒の世界記録は、東京オリンピックマラソンの二七位にくいこむ（一九四八年のロンドンオリンピックマラソンの男子優勝者より七分も速い）速さである。

一九七九年十一月の第一回東京国際女子マラソンの勝者ジョイス・スミスは、二児の母の四二歳で、フルマラソンを始めたのは同年からということである。それぞれの記録や勝利がそのまま、男性的偏見によって書かれてきたこれ迄の「女性史」を書きかえる画期的な事件といえよう。現代は、「最後の植民地」としての女性に関する神話が次々と崩壊を始めている過渡期である。こうして、これまで女性への偏見と差別をふりまいてきた日本のマスコミも、まるでそのことを忘れたような顔をして、スミスの勝利を「見てよ女性のこの粘り」「女性の不思議、驚くべき回復力」「〈男女差の迷信〉グラリ」「四二歳スミス余裕の快走」などの見出し付きで報道し、国際陸連会長の「女子マラソンをオリンピック種目に加えるべき」という談話を伝えたのである。そして、これ迄とは逆に、むしろ女性のほうが持久力、耐久力があり、「マラソンは男子より女子の方が適している」として、「やがてマラソンの世界新記録は女性に握られるだろう」「近い将来、ゆうゆうとゴールする女性の後方で、今にもぶっ倒れそうにフーフーいいながら男性がついてくる、という男性からみると非常に残念（酷）なシーンが生まれるかもしれない。」と予言する迄に変ったのである。

　女性が生物学的に持久力があって、長距離競技に適しているために将来のオリンピックのマラソンで女性の方が勝利することが仮りにあるとしたら、男性は右の記者のように「非常に残念」がる必要はない。この場合は、持久力の有無は自然的差異であり、差異と差別は別の次元の問題である。逆に男性が生物学的に瞬発力があるために百メートル競技などでは女性にまさるとしても、これも差異であって、差別や優劣の問題ではない。

　近年、自分が差別され抑圧されている不幸な性であることに気のつかないオメデタい女性がめっきり増大している事実を、その原因も含めて考えてみると、こうした女性の多くは、自分は家庭でとくに女を意識するように育てられた記憶はないという。しかし、この女性は、「おじいさんは山へ柴刈りに、おばあさんは川へ洗濯に出かけました」という性的役割分業の童話によって、さらに家庭の日常的なしつけによって、女が主として家事労働を担当して、男は精々やさしい男が家事労働を手伝う程度のことでいい――それがおかしいと気づく感覚はもてないように無意識のうちにつくられていることには気づかないのである。

女性が生物学的に家事労働に適しているなどという差異はない（少なくとも育児だけは母性の本職と考える読者のためには、育児は男が担当している人間の社会のあること、男性にも好んで保育所に就職する「保母」さんがおり、保父の資格も既に公認されたことを指摘しておこう）。料理や洗濯を職業にしている人間は、現状ではむしろ男のほうが多い。にもかかわらず家内の家事労働を一般に女性が役割分担させられているのは差別である。右のオメデタい女性は、この差異と差別を区別できないつくられた女である。

女性解放とは、第二に、女性と男性をこうしたつくられた性から解放することによって、すべての人間の人間性（「類的本質存在」）を疎外している階級的抑圧のつっかえ棒をとり除く事業をおし進めることを意味する。ボーヴォワールが家父長制的な「結婚は男をますます気まぐれな帝国主義におもむかせるものだ。……子どもを母親に、妻を夫にまかせることは地上に専制政治を培《つちか》うものである。」と見事に言っているように、性差別は、他の諸差別とならんで、階級的な差別と抑圧という主柱の一つの支柱として存在しているのである。帝国主義や専制政治、さらには資本主義社会一般のイデオロギーや制度が、性差別の制度、慣習、イデオロギーなどによって、補強あるいは補完されている事実、つまり階級的な抑圧こそが差別を存続させている根源である。

男女を問わずほんらい多様な性格や能力をもちうる人間を「男らしさ」や「女らしさ」の鋳型や役割分業におしこめるのは、さしあたり階級社会の仕業である。文化人類学者マーガレット・ミードは男女の性差よりも人間の個人差の方が決定的に大きいことを主張している。一般の理解とは異なり、精神分析学者フロイトも晩年には同様の見解にたどりついていた。J・ミッチェル『精神分析と女性解放』（合同出版）によると、フロイトは、いつも「男らしい」「女らしい」という用語に悩みながらも、当初は、「性的欲望はそれ自身〝男らしい〟（男性に属するという限定された意味で）ものであり、抑圧が〝女らしい〟（女の）ものであるという一般に流布している意見をつかっていた。」ところが、後にはかれは、「普通人にとっては明瞭な意味をもつ〝男らしい〟〝女らしい〟という概念は、科学の中に起こった最も混乱したものに属するということを、はっきり理解することが大事である。」と指摘するようになり、フロイトは、「人間にあっては、純粋な男らしさ、女らしさは心理学的意味でも生物学的意味でも、発見されないということである。反対に、すべての個人は、自分の性と異性とに属する特性の混合状態を見せる。そして人は能動性と受動性——これがその生物学的な特性と一致しようがしまいが関係なく——との組み合わせを見せるのである。」と主張することになったのである。

「両性具有的な心理的傾向のある人間という生物が、いかにして性的な社会的生物」（フロイト）つまり男と女に変えられていくかというプロセスについては、前稿で比較的くわしく考察した。次の課題は、階級社会はなぜそうした男女の鋳型や役割分業を再生産するのか、つまり性差別の客体的条件とはなにかということである。本書のIでは主としてその解明にあたり、その分析結果をふまえて、

Ⅳにおいて、人は「男らしさ」や「女らしさ」の呪縛からいかにして解き放たれるか、つまり女性（男性）解放の客体的展望を描き出すという作業にとりくむ。

なお、この女性差別の本質と解放の展望を明らかにするにあたって、私は、黒人差別、部落差別、ユダヤ人差別、障害者差別など、人間をとりまく諸差別にも可能なかぎり論及する。それは、これら各種の差別現象の起源の違いや独自性をこえて、共通に各種の差異にすぎないものを差別に転化させている社会的・歴史的条件を比較考察的に明らかにしていくなかで、性差別の本質もはじめて正しく解明されると考えるからである。

人種や民族や出生地や性や能力（障害）などの違いはさしあたり自然的差異であり、この差異と差別は異なるという点において、また、こうした違いをもって生まれたことに当人はなんら責任がなく、さらに、そうした差異と人間としての価値もさしあたり無関係だという点においても、差別は共通の性格や本質をもっているのである。各種の差別の現象や起源の違いに目を奪われて、私たちは、各種の差別事象をその共通性において追求していくことをとおして、差別の本質を究明するという本筋の作業を怠ってはならない。こうした諸差別の対比的な考察を進めることによって、既述したように、たとえば日本の部落差別を差別の不当性を強調する意図で「いわれなき差別」と把握することの誤りも明白になってくるのである。

なおまた、女性差別の客体的条件の根源である階級社会は、私たち一人一人が構成している。さらに、学ぶことは生きることであるという二重の意味で、私たちは、つぎに女性差別＝女性解放の主体的条件を明らかにしなければならない。それによって、女性論は初めて日常をどう生きるかという男女両性の身近な自分自身の問題となる。しかしながら、本書は主として前者、つまり女性解放の客体的条件の解明を主題にしているため、次の2、3、4において、女性差別を支え、女性解放を担う主体的条件については最少限度の論及にとどまるが、可能な限り、女性解放の主体的な課題にも言及することにしたい。もちろん、女性解放の主体的条件と客体的条件とは、次にみるように相互媒介的な密接不可分なものとして存在しているのであり、その限りでは、本書の全体が女性（男性）解放の主体的条件を問うていることはいうまでもない。

2 女（男）は自己をつくっている
——女性解放の主体的条件

「半ばは犠牲、半ばは共謀」
——サルトル

「この運動（労働）によって人間は自分の外の自然に働きかけてこれを変化させ、そうすることによって同時に人間自身の自然（人間本性）を変化させる。」
——マルクス

人間は、環境による圧倒的な影響をうけて自己を形成していくが、その環境、なかでも社会環境は人間自身によって構成されている。したがって、現在の環境のあり方に疑問や批判をもって、人間はその環境自体を自己に望ましい方向につくりかえていくことができるのであり、この環境の変革をとおしてあらたな自己をもつくりあげていくことができるのである。

「原始女性は太陽であった」といわれる、女性がなお「自立」して男性同様の「自由」な主体として生きていた時代を別として、私有財産の発生による階級社会が成立して以来の何千年にわたる男性中心の歴史と社会の中で、女性は、大幅にその社会の犠牲者として生きることを余儀なくされてきた。

しかし、女性はたんに犠牲者としてのみ生きてきたのではない。そういう女性差別の社会にたいして疑問や不満や怒りをもちながらも、さしあたりそれはどうにもならない運命とあきらめ、さらには、男性中心の社会の価値観に自分を進んでコミットさせながら生きてきた。このように、女は男あるいは支配者のもとめる「女らしさ」にあわせて、あるいはたえず「内なる女意識」に自己を疎外しながら、ドレイとしての自己の生と性を生きてきたのである。もちろん、ドレイという枠組の中ではそれなりの主体性を幻想する余地は存在していたのであり、多くの女は、「愛」という名のもとに、男につくすことが自己の主体性＝自由の実現だと錯覚してきた。このように、女は全体として男性中心の社会とその価値観に共謀しながら生きてきたという側面は否定できない。

　これにたいして、他方の男性は、この何千年の歴史を女性の犠牲と献身の受益者としてのみ生きてきたわけではない。古代奴隷制社会―中世封建社会―近代資本主義社会の階級的抑圧と差別に踏みしだかれながら、かろうじて家父長制的な家庭の「主人」の地位に自足して、男性は奴隷主や主君や経営者の求める忠君や企業の論理に共謀しながら生きてきたのである。「半ばは犠牲、半ばは共謀」というサルトルの言葉は、女性だけでなく男性も同様の疎外された人生を生きている姿を指摘したものと、受けとめなければならない。

　ボーヴォワールが『第二の性』の最初にこのサルトルの言葉を引用しているのは、読者が本書を読む際に、女性が『第二の性』として強いられてきた「犠牲」者としての「運命」に気づき、たんに「女であることは何たる不幸か！」という不満や怒りをもつことを求めたのではない。女は、犠牲者のつもりで（あるいはそれにさえ気付かずに）、じつはこれまでの人生において、自分自身がたえず内なる女意識に逃げこんだり、男のつくりだした「女らしさ」に身をすりよせ、共謀して生きてきた(あまえとなれあいの)側面をも自己批判的にえぐり出すことを求めているのである。

こうした自己の対象化、自己点検、自己批判を伴いながら、現在の自己のあり方を洗いなおし、そうした疎外や奇形や一面的発達を強いてきた社会とそれに共謀する自己の変革に主体的にかかわりをもつことこそが、女性解放の主体的条件である。

しかしながら、人(女)はある意味で犠牲者や敗者の側に眠っている方が楽である。性差別の社会では、ボーヴォワールが鋭く分析したように、両親も教師も、世間の人も常識(神話)も、絵本も書物も、女の子の眼前に「受動性のよろこび」や「受身の形で成功する夢」をふりまき、自分の未来については自分に責任があるとか、自分の人生は自分できり拓いていくものとか考えなくてもよいという「敗北主義」の生き方を教えこむのである。女であるということは「無能で、無用で、受身で、従順であるという態度を示すこと」とされ、万事にひかえ目で、強いて「主体的」に生きるという場合には、「献身」「自己犠牲」という姿をとることを求められる。

この世で最初に出合う教師である両親をはじめとする社会全体の有形、無形の教育によって、女性は「平気で他人にかばってもらい、愛され、助けてもらい、指導してもらって、平気である」という退嬰的な人格と生き方を身につけていくのである。人にかばわれ、愛され、助けられ、指導されるという生き方が、さしあたり楽な生き方であることは明白である。しかも、女がこうした男の求める「《他者》であることを拒否し、男との共謀を拒否」して主体的に生きようとすることは、保護者、恋人、パトロン、教師などを兼任する男(「主人」=「上層階級」)が「あたえてくれるかもしれぬ利益をことごとく断念する」という危険に身をさらすことになるのである。

女性解放の主体的条件とは、女が用意された「楽な坂道」をころがり続けることに疑問をもち、男の「他者」として生きることを拒み、男との「共謀」を拒否することであり、さしあたり、自立した自由な人間として生きていく能力を自分のものにしていくことであり、同時にそうした生き方をはばむ社会の壁に立ちむかっていくことである。

社会が女性を自立＝自由を望まない女につくりあげ、自立＝自由を望まぬ女が女性の自立＝自由を困難にする社会のあり方を支え、強化する。犠牲が共謀を生みだし、共謀が犠牲を強化する。この悪循環をどこでどう断ち切るか。「人は女に生れない。女になるのだ。」というのが『第二の性』の基本問題である以上、人を女にする社会のあり方、つまり女性解放の客体的条件を問うことがあくまで基本である。しかし、社会によって人はたんに受身的に「女になる」だけでなく、男性中心の社会に「共謀」して人は自ら「女になる」という主体的側面が存在するのである。

この問題に関連して、女の経済的自立さえ実現すれば女性解放は実現するという単純な女性解放論がある。この理論は、第一に、女が経済的自立を望んでもそれが困難であるという厳然たる社会の現実があり、女性解放論というのは、その現実をどう打開するのかという理論と具体的方策を求められていることを見落としている点において不十分である。同様にして、この理論は、第二に、資本主義社会では男性を含めて「働くことがそのまま自由を意味していない」こと、第三に、女性のパートナーである男性の多くがなお女性の自立を望まない「共謀」「共犯」者として存在している原因を解明しようとしていないこと、第四に、女性解放の主体的条件の考察を欠落した客観主義である、などという点において、粗雑な解放論である。

右の第四点とかかわって、経済的自立の困難な日本の現実のもとで、女性がすでに働く以前に働き続ける意思を放棄しているという問題がある。一九七九年十月二三日の「朝日新聞」が伝える日本リクルートセンターの〈女子大生の就職動機調査〉によると、就職しても「十年未満」しか働く意思のない女子大学生が五〇%、短大女子学生の場合は八〇%近くが同様に答えている。もちろん、こうした女子学生の意思が、結婚退職制、若年停年制、職場における数々の性差別にみられるような、女性を職業的専門人として位置づけない日本の経済社会や、切り捨てと甘やかしの女子教育などによって、つくられたものであることは否定できない。しかし、高等教育に学ぶ学生自身が働く前から働き続ける意思をさしあたり主体的に放棄している事実のもっている重大なマイナスの意味を軽視してはならない。

あくまで「人間の社会的存在がその意識を規定するのである」（マルクス）が、存在によって形成された意識が強固に存在を支えていく側面を見落としてはならない。と同時に人間は、状況のなかで自分の主体的な選択とそれにもとづく実践をとおして社会とかかわり、自分自身の意識や人格をつくりあげていくのである。その主体的側面に着目するなら、「人間は、自分が自発的になろうと決心するところのものに、なるのである。」（パッペンハイム）。女性が愛の行為や行動において自分をひどく受身なものとして「感じる」のは、ボーヴォワールのいうように、「自分がそういう受身なものだとすでに前に『かんがえている』からなの」である。

一九七九年現在の日本の社会では、女性は高校よりは短大、短大よりは大学、大学よりは大学院と学歴の高い（同じ大学では入学するのにより困難な学部に入った）女性ほど一般に就職が困難であり、全体として女性が専門的職業人として位置づけられていないことは明白である。しかし、高等教育に学んでいる女性の八〇％や五〇％もの者が、働く前から働きつづけるという困難な道を選択しようとしていないこと、最初から働き続けない道を選択しているということは、きびしく言えば負け犬の敗北主義である。パッペンハイムのいうように簡単に、人は「自分が自発的になろうと決心するところのものに、なる」とは思えないが、それでも決心して努力しようとする意欲と姿勢が大切である。最初から働き続ける意思を断念している女性たちが、女性解放の主体的な担い手になるのは困難であることだけは明白であろう。

資本主義社会では一般に、女性が高等教育に学んだとしても、それを生かす道が十分開かれていない。この未来の生活展望のなさこそが、資本主義社会の女性の知的発達を男性より相対的に低く抑制する最大の原因といってよい。しかしまた、この社会の「男女共通の選抜試験」において、一般に女性が遅れをとることについては、ボーヴォワールもいうように、かの女が「はじめから負けた気で出発しているから、じっさいに成功のチャンスをそっくり男にくれてやってしまう」傾向のあることを見逃してはならないであろう。

のちに考察するように、階級社会を補完する性差別思想としての家父長制イデオロギーは、女性解放の前進につれて、矛盾を顕在化しながら、今日確実に「緩慢な死」の途上にある。しかしながら、このイデオロギーが、同じ緩慢な死の途上にある資本主義社会と同様に、「自然死」で死ぬことはありえないのである。たとえば、前にも言及した〈女に長距離競技は無理〉という神話は、一九六〇年のローマオリンピック大会で八百メートル競技が復活した前後から、その「緩慢な死」を開始したと考えられよう。その神話の生命にショックをあたえたのは、十三年前のボストン・マラソンで号砲とともにギップが物陰から飛び入りして完走し、翌年の大会で、スウィッツァーが名前をごまかし、胸のふくらみを隠し、髪を帽子で包んで完走した反抗による。

つまり、二人の女性が進んで長年の「女人禁制」のタブーに反抗したために、この神話氏は発病してガタが来はじめたのであり、一九七二年のボストンマラソンの女性参加公認によって、その死期は決定的にはやめられ、ノルウェーのワイツが二時間三〇分を軽くきる記録を樹立するにおよんで、〈女に長距離競技は無理〉という神話氏は、ついに頓死をとげるにいたったのである。神話氏が発病以来僅か十三年しか生きながらえなかったという事実は、女にかんする数々の神話のはかなくももろい運命を象徴している。と同時に、神話氏はまさに自然死ではなく、女の自覚的な反抗によってこそ死期をはやめられ、とどめを刺されることが示されたのである。

そうした筋道をボーヴォワールは、つぎのように書いている。

「黒人に投票させてみれば、彼らも投票に値いするものになる。女に責任をもたしてみれば、女はそれをひきうけられるようになるのだ。実際には、圧制者が自発的に寛大な気持ちをおこしてくれるのを期待はできない。あるときは被圧迫者の反抗……が新しい状況をつくり出す。……女としては、ただあくまで上昇をつづけて行くべきであって、獲得する成果によってまた彼女ははげまされるのだ。」

鈴木節子が住友セメントの結婚退職制による解雇無効の訴訟（一九六四年）を始めて以来、何人かの女性のおこした一連の結婚退職制、若年定年制無効の裁判闘争も、右の「被圧迫者の反抗」の典型であり、かの女たちの勇気あるたたかいこそが、いまや結婚退職制の神話と欺瞞に死の宣告を下しつつあるのである。そして、これら一連の訴訟の勝利のもたらす「新しい状況」が、さらに働き続けようと望んでいる女性をどれだけ励ましているか、その意義ははかり知れないものがある。

　こうした各種の事例は、人間はたんに環境、存在、状況をただ漫然と構成しているのではなく、その一翼を主体的に担っているのであり、環境（女性解放の客体的条件）そのものに意識的にゆさぶりをかけ、人はそのあらたな条件や状況そのものを創り出す存在であることを示している。そして、主体のこのゆさぶりかけ、働きかけによってつくりだされる、たとえば企業が結婚を理由に女性を解雇することが困難になるという「新しい状況」が、ふたたび他の女性のあらたな働き続けようとする姿勢や意欲を生みだすのである。そしてさらに、こうした主体の変化がまた、「新しい状況」の限界への疑問や不満、たとえば労働条件そのものの改善への意欲をあらたに生みだしていくのである。このように見てくるなら、Ⅲ１の冒頭に引用した空想的社会主義者ロバート・オウエンの環境決定論の定式が、一面的な把握であることはもはや明白であろう。

　この次々とあらたな次元へと発展する主体⇅客体の相互媒介的な弁証法的な関係こそが、女性解放の真の主体的な条件といえよう。そしてまた、この弁証法的な関係認識をふまえるならば、女性解放の主体的条件と客体的条件を切り離して考察することの誤りであることも明白となろう。さらにまた、この女性解放の主体的条件⇅客体的条件の視点にたつことによって、私たちは、社会「体制そのものを変革することなしには女性解放は一歩も進まない」というペシミスティックな把握の誤りも容易に理解できよう。

また、本稿のⅣで考察するように、社会主義社会においても女性差別が確実に存続するという（意外な）事実とあわせ考えることによって、社会「体制が変革されれば、すべてが自動的に解決される」というオプティミスティックな展望の誤りも明らかになってくる。これについてはボーヴォワールも、社会主義的変革こそが女性解放の必須の前提条件であると把握しながら、「たしかに、女が形をかえるためには経済的条件だけを修正すれば十分だ、と考えてはならない。この要素は女の進化の第一要因であったし、いまでもやはりそうである。しかしこの要因がその予告し要求している精神的、社会的、文化的等での結果をはっきりともなわないかぎり、新しい女はあらわれることができないだろう。」と述べている。

つまり、私たちは、「人間の社会的存在がその意識を規定する」とか、人間が全体として獲得していく権利は、「社会の経済構造およびそれによって制約される文化の発展よりも高度であることはけっしてできない」というマルクス主義の基本的な枠組みや冷厳な事実を認識し、それに配慮しながらも、いな、むしろそれに配慮するからこそ、人類は経済的社会構成体の変革と並行する、永遠の自覚的な文化革命を持続的に推進していかなければならないのである。

3 時代の趨勢を自覚的につくり出していこう！
――女性解放の諸課題

「思うに、希望というものは本来あるともいえないし、ないとも言えない。それは地上の道のようなもの。実際、地上にはもともと道はなかった。歩む人がおおくなれば、おのずと道ができていくのだ。」

――魯迅

「一人じゃなんにもできない。でも一人がやらなければなおなんにもできない。」

――詠み人知らず

女性解放の主体的条件と客体的条件とが、相互媒介的な密接不可分の関係にあり、ほんらい両者を切り離して考察することはできないという前提にたちながらも、本書のＩでは、主として女性差別の根源と解放の展望の客体的条件を明らかにしようとした。したがって、ここでは、現代の日本の社会という条件のもとで、女性解放を展望する主体的条件としては、どういう課題が存在するかということを、長期的な展望も含めて、諸課題を定式的に列挙するという形で、総括的に書いておきたい。

女性解放の基本路線は、あくまで女性の社会的進出＝経済的自立であり、社会的生産の場において、真の経済的な男女平等を確立することである。この解放の基軸は、たんに女性の人間的自立と精神的自由の必須の前提条件の確立を意味するものではない。女性を男性とともに社会的生産の主体に位置づけていくたたかいは、能率中心、生産性第一主義という利潤追求本位の生産社会を、より人間本位の社会的生産の場に変革していくたたかいにつながる。

「人間は意識によって、宗教によって、そのほかの任意のものによって動物から区別することができる。しかし、人間自身は、かれらがかれらの生活手段を生産しはじめるやいなや、自分を動物から区別しはじめる。」

「労働は一切の人間生活の第一の基本条件であり、しかもある意味では、労働が人間そのものを創り出したのだといわなければならないほど、そういう程度にまで基本的な条件なのである。」

「人間は、労働によって、自然をつくりかえると同時に、自分自身をつくりかえる。」

マルクスとエンゲルスは、人間は生存し生活するためには、自然に働きかけて生きるに必要な物質的な生活資料の生産をしなければならないこと、つまり労働があらゆる社会形態をこえた時代貫通的な「人間生活の第一の基本条件」であることをまず指摘する。そして二人は、どういう生産手段（労働手段と労働対象）と、それを駆使する労働能力をもった人間＝労働力が、どういう人間と人間との関係（生産関係）をとり結びながら生産（生産手段＋労働力＝生産力）を行うかというその時代の生産様式のあり方が、人間自身とその社会のあり方を基本的に規制するという唯物論的な歴史観を確立した。

つまりこれは、物をつくることと人間（＝社会）をつくること、労働の過程と人間（＝社会）の形成過程とが離れがたく結びついているという人間観＝労働観＝社会観である。したがって、女性の人間としてのあり方、その形成や解放を考えるためには、まず女性が労働の主体になるという人間の基本的な条件を確立しなければならないのである。ところが私たちは、人間らしい生活というと、むしろ労働を離れた文化的な消費生活やレジャーを人が楽しむことだと考えがちである。何故私たちが（さしあたり誤って）そう考えるのかについては、I2bの「疎外された労働」で考察した。ところが、マルクス主義者ではなく、実存主義哲学者であるボーヴォワールも、女性解放の必須の前提条件を女性が労働の主体となることとのかかわりで把握していた。

かの女も、資本主義社会では「働くことがそのまま自由を意味していない」ことを十分認識しながら、「女が男との距離を大幅にのりこえたのは労働によってだ。具体的な自由を保証してくれるのも労働以外にはない。女が寄生物でなくなってから、女の依存性を土台としてできた体系《システム》は崩壊しつつある。」と主張している。もちろん、ここにいう労働は家事労働ではなく、社会的労働のことであり、当然のことながら、ボーヴォワールも家事労働にたいする評価はきびしい。かつて一九六〇年代の初頭に、日本のジャーナリズムで〈家事労働は価値を生むか否か?〉という、今日の時点からみれば明らかに時代錯誤的な論争があった。家事労働の最大の問題点は、右の論争の場合のように、それが生産的労働かどうかが問題なのではなく、それが「人間的品位」を欠いているという点である。そうしたボーヴォワールの主張を列挙しておこう。

「女が家庭内でやる労働は彼女に少しも自主性をあたえない。そういう労働は社会には直接に有用でない。未来にむかって開かれていないし、何一つ生産しない。労働がその意味をもち品位をもつのは、それが生産や行動の中に社会にむかって自己を超越する生き方と一体化することによってのみである。」

「家庭の生活をいくらけんめいにやっていても女には人間的品位や生きることの意味があたえられぬ」

「この寝床の〈サーヴィス〉と家事の〈サーヴィス〉によって本質的に定義される身分、女が隷属者の地位を承認することによってのみ品位を見いだすという立場」

「女は母になることで事実上男と同等者になる、と主張するのは瞞着だ。」

『第二の性』の刊行が一九四九年。それからさらに女性の社会的進出が進んだ一九六〇年代初頭のアメリカのウーマン・リブ運動の一つの聖典となったベティ・フリーダン『新しい女性の創造』(大和書房)になると、当然ながら専業主婦の生活への評価はさらに手きびしくなる。フリーダンが「家事の大部分は、精神薄弱者や八歳の少女でもやりとげられる」というのは、ひとまず一面的な誇張であるが、その生活が「人間らしさを奪う(ナチ)収容所」のそれであり、「生きているような気がしない」「精神的な死へ一歩一歩近づいていくだけ」の生活であるという主張は、ボーヴォワールのそれと本質的に同じといえよう。

古来、男によって期待されてきた「良妻賢母」という望ましき女性像は、現代ではもはや賞讃の言葉ではなく、侮辱の言葉であると気づかなければならない。「良妻賢母」とは、夫に対する良妻と子どもに対する賢母であって、本人自身に対する人間としての「神聖な義務」はゼロの女性という意味である。ドレイとは、自分自身の人生がゼロの人間である。女性解放の先駆的な戯曲と評されるイプセン『人形の家』(岩波文庫ほか)の主人公ノラは、女もまた一人の人間として生きなければならないという「神聖な義務」のために、三人の子の母、銀行頭取の妻という安住の家を捨てて家出をしたのである。

現代の日本の社会の課題に戻ろう。以上のことからもわかるように、女性を基本的に家庭に緊縛しながら、内職やパートや短期回転型の（超）低賃金労働力として女を最大限に搾取する独占資本＝政府自民党ご推賞の「ライフ・サイクル論」は不正であり、専業主婦は、例外的で過渡的な（将来消滅する）存在形態と考えられるべきである。しかし、社会的労働への参加が女性解放の原点であることを前提としながらも、その参加がなお絶望的に困難な今日の日本の社会において、主婦が物価値上げ反対、公害反対、医療や学校教育の民主化と社会化、消費生活協同組合運動などの革新的な住民運動、市民運動に参加することは、生産、流通、消費の場における独占資本の収奪とのたたかいとして、一定の意味をもつ。

現在の日本の社会において、女性の社会的進出＝経済的自立の基本路線を推進していくためには、いろいろな解放のたたかいの場が考えられるが、最小限にその戦線（場）を整理してみると、第一に、労働主体としての真の男女平等の実現、第二に、家事労働の社会化と民主化、第三に、男女平等教育の実現という三つの場が考えられよう。

第一戦線の労働主体としての男女平等の実現の課題は、「男女雇用平等法」「性差別禁止法」などの制定と、その実効化を保証する「男女平等委員会」「雇用平等監督官」などによるその実質化のたたかいをとおして、働く女性をめぐる雇用差別、賃金差別、コピーとりやお茶くみの慣行にはじまる仕事内容上の差別、研修などの機会の差別、昇進差別、福祉厚生上の差別、結婚退職制、若年停年制などのさまざまな差別をなくし、さらに、当然の権利としての母性「保護」の徹底化をはかるたたかいとして展開されよう。

そのためには、目下の労働省による労働基準法改悪の策動——抽象的で実効性のよわい男女平等法の制定とひきかえに、時間外労働の制限、深夜業の禁止などの女性「保護」規定を画一的に廃止しようとする策動とのたたかいをつよめなければならない。労基法改悪の意図は、国際的にはなはだしく遅れた水準にある日本の男性の労働条件をそのまま放置して、女性の労働条件をその水準にまで切り下げることであり、それによって、安価で調整自由な女性労働力をさらに大幅に導入する、資本にとっての合理的な労働力再編の労働政策である。「保護ぬき男女平等」の原理が、出産をになう性としての女性の自然的差異を無視した差別であることはいうまでもない。これにたいして私たちは、むしろ母性「保護」を必要とする生産性第一主義になじまない女性が男性とならぶ労働の主体に大幅に参加していくことをテコとして、「働き中毒」と冷笑される働かされすぎの日本の男性労働者の労働条件そのものの改善のたたかいにむしろつないでいくべきであろう。

日本でも家事労働以外の社会的労働に従事する女性は、今日女子労働力人口の過半数をこえ、いまや専業主婦は少数派になりつつある。日本の独占資本が、一方で「家庭を愛の場、憩いの場にせよ！」と要求して、女性をほんらい的には家庭とのかかわりでとらえながら、他方で、労基法改悪にみられるように、それと矛盾する女性労働力のいっそうの社会的進出を推進していくのはなぜか。一見矛盾した姿で、にもかかわらず独占資本主義体制のもとで女性の職場進出が確実にかつ着々と進行する必然性については、IIで分析した。

アメリカにおいても同様の事実は着々と進んでおり、米労働省は、「十年後の米国では、家庭にとどまって育児などに専念する〝典型的な主婦〟は全家庭婦人の三分の一に激減するだろう」と予測している（一九七九年十一月）。現在すでに家庭婦人の過半数（五五％）が職場に進出しており、六歳以下の就学前児童をもつ母親の場合は、まだ六二％が家にとどまっているが、十年後の一九九〇年までにはこの数字も四五％に減少し、全体では専業主婦は三分の一の「完全な少数派」になると予言されているのである。この事実を伝える本は『静かな長い革命、働く女性』と題して、「仕事場はもはや、男の世界ではなくなった」と結論している。

日本の女性も、同様の歩みをとると考えてよい。それはまさに『静かな革命』と称するに十分価するような、女性と社会の大きな変革を伴うことになるであろう。こうした展望と自信をもって、女性の自由な労働市場への進出を妨げる壁とたたかいながら、女性の働く場をひろげていくために、当面わずかでも開かれている門戸に各人が挑戦していかなければならない。もちろん、女性の社会的進出が女性解放の基本路線だと考えるからといって、現に日本の社会で働いている女性が、そうした自覚や誇りをもって働いているなどと、楽観的に把握しているわけではない。むしろ、多くの場合は逆である。その点では、共働きで働いている母親の娘が、高等学校で女性問題の授業をうけても、「子ども産んだらやめる、わたしは親みたいな、あげな（共働きの）生活せーんって」と答えるという現状が一般的である。何故であろう。この問題を考える上でも、ボーヴォワールの把握は適切である。

フランスの代表的な自動車メーカーのルノー工場で働いている女性労働者たちは、アンケートにたいして、「女工たちは工場ではたらくよりも家庭にとどまるほうをのぞんでいる」と答えている。これは、三〇年以上前のアンケート結果であるが、現在の日本で働いている女性の少なからぬ者にそのまま共通する気持であろう。現状では、「なろうことなら、夫や子どものために家にいてやりたいが、……」といううしろめたい思いをひきずって働いている女性は、まだまだ多い。この一見矛盾した事実にたいして、ボーヴォワールは次のように答えている。

「おそらく彼女たちは経済的に圧迫されている階級のさなかで経済的自立を求めることを余儀なくさせられているのだし、また工場ではたらいたとしても、家庭の労働をしなくてすむというものでもないのである。もし彼女たちに一週四十時間はたらくなら工場かあるいは家庭かどちらをえらぶかときいてごらんなさい。おそらく前とはちがった答えをするにちがいない。」

「今日はたらく女の大部分は、農村の女はいうまでもなく、昔ながらの女の世界からぬけだしていない。彼女たちは実質的に男と対等なものになるのに必要な援助をば、社会からも夫からもうけていない。ただ政治的な信念をもち組合組織に入ってたたかい、未来を信じている女性だけが、報いられるところの少ない日々の労働に倫理的な意味をあたえるのである。」

当時から三〇年以上たった現在の欧米の労働者の週労働時間が四十時間を割っていることはいうまでもない。製造業の週平均労働時間（一九七六年）がアメリカ三七時間、西ドイツ三六時間、日本四〇・二時間。実際にとられる年次有給休暇日数（同年）がフランス二四日、西ドイツ二〇〜二六日、イギリス一五〜二〇日、イタリア二〇〜二四日、日本はわずか八日。フランスでは、一九七四年に全国民の四八・二％（七七年五七％）が夏のバカンス（有給休暇）に出かけ、その期間は平均二九・九日。階層が上になるほどバカンス率は高くなるが、一般の労働者でも四六％がこの一カ月のバカンスを享受している。たいする日本は、従業員千人以上の上場会社七〇六社でさえ、そもそも夏休みを実施する企業が六五・六％しかなく、しかもその休暇日数平均は八分の一のわずか三・八日というお粗末さ。銀行の週休二日制は世界で百カ国以上（一九七七年）が実施しているのに、OECD加盟国で実施していないのが日本とスペインとギリシャのみ。

「欧米では、週休三日、バカンス休暇八週間が各国の現実課題になりつつあ」り、TUC（イギリス労働組合評議会）では「週三五時間労働制」、西ドイツ金属労組は「年休を一一週間」要求しているという世界的趨勢。たいする「働き中毒」日本の労働者のみじめさばかり目につくが、全社会的規模における女性の社会的進出＝経済的自立という女性解放の基本路線は、現在のような長時間労働を固定化したまま進行するのではなく、右にみたような世界的な労働時間短縮のたたかいの前進と並行して進むことを理解しなければならない。みじめな日本の労働者のばあいでさえ、一九一六（大正五）年に実施された工場法では労働時間が一日一二時間（さらに施行後一五年間に限り一四時間迄延長を認めていた）であったが、三一年後の現行労働基準法では一日八時間となり、現在はそれが実質平均七時間以下にまで短縮されているのである。

おなじ資本主義体制のままの日本でも、このわずか六〇年余りの間に労働時間が一二時間→八時間→七時間と短縮され、現在の欧米資本主義諸国なみになるだけで、今すぐそれが六時間となるのである。したがって、私たちは、この労働時間がさらに今後、一日五時間、四時間と短縮されていくことを展望できるのである。はたしてそれでも働く女性は、「工場ではたらくよりも家庭にとどまるほうをのぞ」むであろうか。そうした労働時間短縮をはじめとする各戦線でたたかいの前進と並行して、女性解放の基本路線は進んでいくのである。

もちろん、「一九七九年現在」の日本の働く女性の労働条件は、なお余りに劣悪できびしい。そして、ボーヴォワールが指摘した三〇年余り前のフランスの女性同様に、共働き家庭においても家事労働の負担の大半が不当にもなお女性にかかっている現状である（一九九〇年の総務庁調査によると、子ども二人の共働き家庭の平日の家事時間は、妻の四時間五分に対し夫はわずか十一分である）。「疲労度高い共働き妻」である日本の母親は、子どもの前で、日々の生活におわれ、ついつい「疲れた、疲れた」と愚痴ばかりこぼしがちになる。もともとこの母親は、もう少し楽な生活がしたいからと、生活に追われて余儀なく働いているという負の意識があり、また、日本の女子教育は、女性が経済的に自立することの誇りと正当さを教えてきていない。さらに、日本の多くの親は、わが子（男女両性）に家事労働を分担させるという当然のことさえ、受験地獄へのおもんばかりから要求しようとしない。こうして母親は、働いていることに人間的意義や誇りをもちえないまま、職場と家事の二重の労働に追われてくたくたになり、つい愚痴をこぼしがちの毎日となるのである。そうした母親の姿を日常的に見ることによって、日本の娘たちは、「わたしは親みたいなあげな生活せーんって」と、愚かしくもフリーダンが「ナチ収容所」とさえよんだ専業主婦の座にあこがれをもつようになるのである。こうした娘が将来母親になって、また余儀なく働くことになると、当然また子どもに同様の意識を再生産するという悪循環がくりかえされるのである。

議論はすでに育児をふくむ家事労働を私的労役から解放し、社会化するという女性解放の第二戦線の問題に移っている。資本主義社会の〈疎外された労働〉のもとで、「働くことがそのまま自由を意味していない」ことに加えて、以上に見たように、現状では働く女性（母親）が職業と家事労働の二重の負担にあえぎ、そのために娘まで、つまり労働者階級の母子二代にわたって、働く中での女性解放の基本路線に自信をもてないまま、むしろ労働からの解放＝離脱に「女の生きがい」を見出そうとさえする傾向をもっている。こうしたきびしい現状を考えると、「ポストの数ほど保育所を！」にはじまる家事労働の社会化と民主化の実現という課題は、日本では、女性解放の必須の前提条件である、という一般的な原則以上の切実さをもって要請されている。

加えて、現在の日本のベタベタした気持ちのわるい親子関係のことを考えると、家事労働の社会化による女性解放の前進は、児童、青年が過保護の親から自立し（「狂育ママ」からも解放され）、「尊敬するのは父と母」という未熟で「受験勉強性視野狭窄症」におかされている子どもから自立し、さらに、夫が「恐妻」や「愚妻」から、妻が「働き中毒」の「主人」から解放されるなどという諸点においても、画期的な意味をもとう。つまり、家事の社会化の前進によって、子どもは長年そう考えられてきた〈親の子ども〉から、〈社会の子ども〉へと解放され、妻も初めて十全な意味で社会的自立をとげるのである。したがって、ゼロ歳段階からの保育所と学童保育所の画期的拡充をはじめとして、家事労働を社会化するための数々の具体的施策を要求していかなければならない。

子どもを親の子から社会の子どもに解放するということは、ボーヴォワールもいうように、子どもを両親から「とりあげる」ことを意味するのではなく、両親だけに子どもを「あずけっぱなし」にしないということであり、また子の養育を「親だけの責任」にしないということである（さしあたり学校教育費の真の無償化の推進が考えられよう）。社会的生産を担い、自立して「豊富な個人的生活をもっている女（母）こそ子どもにもっとも多くを与え、子どもにもっとも少く要求する」のである。『人形の家』のノラは、かの女が夫の「人形」の存在にすぎないという点で、家父長制的家族の被害者であったが、同時に、むしろ自分が自立を欠いた人形であったからこそ、三人の自分の子どもを自分の「人形」にしようとしていた点では、わが子への加害者でもあった。ノラにはその点の痛覚もあったからこそ、かの女は、二重の意味での『人形の家』に離別をしたのである。

なお、家事労働が十分に社会化されるまでの過渡的段階においては、（子どもの積極的参加を含めた）夫妻による家事労働の折半の原則、つまり家庭内の民主化の課題が追求されなければならない。夫も家事、育児を手伝うという不本意の発想ではなく、夫も家事、育児、家庭教育を共同で担うのが平等の原則からいって当然であるだけでなく、とくに家庭内での子どもの教育は親としての当然の責任の範囲内のことと考えなければならない。北欧諸国のように、夫の出産休暇、育児休暇なども当然考えられよう。このように夫も家事、育児、教育の共同責任者になるという道筋は、当然女性解放の第一戦線にたいしては、女性の深夜業禁止や労働時間制限の確保だけでなく、男性労働者、労働者一般の総労働時間の短縮という重要な課題を提起し、つぎの第三戦線にたいしては、男性の生活者的自立の教育の必要性という課題を提起することになる。

男女平等教育の確立という女性解放の第三戦線のたたかいは、さしあたり「男らしさ」「女らしさ」の神話の呪縛からの解放として展開されよう。具体的には、幼児段階から、当面、女性の経済的自立と男性の生活者的自立をめざす教育が必要となる。したがって、家庭科と技術科の男女共修制は必然となる。男性の生活者的自立の教育の推進は、男性を「モーレツ社員」「つくられた強さ」「つっぱりの人生」「働き中毒」などの恥ずかしさと空しさに目ざめさせ、労働時間短縮のたたかいの必要性に覚醒させよう。女性の経済的自立の教育は、「女子教育」をこれまでの切り捨てと甘やかしの教育から解放し、女性のもつ人間的諸能力の社会へむけての全面的開花をうながす。女性も男性も、こうした人間としての自立の能力と力量を身につけることによって、自由な主体として生きる選択可能性の幅を大幅にひろげることになる。

　このような「男らしさ、女らしさの神話」を掘り崩していくためには、「男の子のくせに泣くものではありません」「女の子のくせに飛んだり跳ねたりするものではありません」という家庭の日常的な差別の教育と躾《しつけ》が再検討され、また、教科書の中にある無数の性差別的な記述、内容、さし絵、写真などが徹底的に洗いなおされ、さらに、男女共学の体制をとりながらも、「平等の中にも差異あり」という名目で、体育の種目が区（差）別されたり（たとえば男はサッカー、女はダンス）、進路指導を差別するなど、総じて男女の性的役割分業の意識と能力を助長する学校教育のあり方が根底的に変革されねばならないであろう。

　現在なお数において四分の一も存在している受験エリート校を中心とする時代錯誤的な男女別学の高等学校を廃止していくことは当然の課題である。お茶の水女子大、奈良女子大など国立大学にまで存在している女子大学の共学化も自明のことである。私立の別学の学校は、さしあたり「教育の自由」の原理によってその存続を主張するであろう。これにたいしては、「教育上男女の共学は、認められなければならない。」という現行の「教育基本法」第五条の不徹底な条文そのものを再検討し、さらに、「男らしさ、女らしさの神話」が崩壊しつつある現代において、男女を隔離して教育する本質的な根拠などありえないことを積極的に明らかにしていくなかで、別学の廃止を推進していくことになろう。あるいは、別学の廃止そのものにそれほど力まなくても、女性解放が前進していけば、別学の学校は時代錯誤的な遺物として、自然に消滅の道をたどると考えられる。しかし、時代の趨勢の自然にまかせるということではなく、やはり自覚的にその趨勢をつくり出し、推進していくべきであろう。いずれにしても、総理府婦人問題担当室の各界男女有識者四千人を対象にした「婦人問題に関する世論調査」（一九七八年）の結果では、公立高校は「別学の学校があってもいい」がまだ三〇％余もあるが、「別学のほうがいい」という馬鹿げた回答は、さすがに二％しかないのである。

学校生活を離れても、私たちの日常生活には洗いなおすべき性差別的な慣行はいろいろある。結婚しても「夫婦が別の姓を名乗ることを認めたほうがよい」という意見が、一九七六年の総理府による一般の「婦人意識調査」（対象五千人）でも、未婚者の三四％、全体の二〇％に及んでおり、右の七八年の有識者の調査では、この夫妻別姓の支持が四〇％をこえている。それにもかかわらず、結婚に際して殆んどの場合、女性の方がその姓を男性のそれに変えていることに合理的な根拠のないことは明らかであろう。何故男女が愛しあうのに一つの戸籍をかまえなければならないのか、と根底的に問いかける声も少しずつ芽ばえている。戸籍が一人一戸籍、つまり人籍へと転換することがありうるのかどうか、ありうるとしたらそれはどういう道のりになるのであろう。さしあたりは、戸籍は別としても、結婚後も職場では旧姓を続ける女性がさらに増えていくであろう。同様にして、「彼女（妻）は男（夫）の仕事が呼びよせるところへついて行く。夫婦の住居は男がその職業を行う場所に応じて、本質的に定められる」という現在の風習も次第に崩れていくなかで、あるべき姿も模索されていくことになろう。

「主人」「家内」「女流作家」「未亡人」「後家」「私生児」「消防夫」「看護婦」「保母」など、II2dで指摘したように、日本語にも性差別にまみれた言葉が無数に存在する。そうした差別語に自覚的にこだわりを示していくことは、性差別を否定する人間的な感性を日常的に磨いていくために好ましいことである。もちろん性差別の実体をなくしていくことこそが基本戦略であり、差別がなくなれば差別語が自然に「古語辞典」入りすることはいうまでもない。

男女平等教育の重要な領域でありながら、日本では大幅に遅れているものとして、性教育がある。日本の性教育は、まだこれからやっととり組みが始まろうとしている段階である。女性と男性とが自然的差異をもつ「性」として、互いに自由に生きることを保障する、性器教育ではない、両性の真の平等原理を前提とする新しい性教育が普及することによって、歪められた「フリー・セックス」ではなく、本来の「フリー・フロム・セックス」の意識と行動が次第に確立するであろう（日本では性教育というと、まだもっぱら梅毒などのスライドを見せる「純潔」教育か、男女の生殖器官の図解を見せる「性器」教育の段階にある。それでいて、教科書の女性性器の図解からクリトリスは削除されている）。

とくに性については、これまでそれが隠すべきもの、恥かしいもの、いまわしいものなどという数々のタブーと偏見のもとにおかれてきたため、数ある女性差別の中でも、ケイト・ミレット『性の政治学』（自由国民社）やシェアー・ハイト『ハイト・リポート』（パシフィカ）が強調するように、性の世界ほど男の権力と支配の観念がなおつよく貫徹し、女が「第二の性」として、性の主体であることを大幅に抑圧され、疎外されている世界はない、という前提的な認識がどうしても必要である。性こそまさに「男性がつくり上げた神話のもっとも強い部分」である。

一九七九年に有吉佐和子たちが訳出したブノワット・グルー『最後の植民地』（新潮社）の内容は、衝撃的な事実を伝えている。

「貴女がたは、イエメンで、サウジアラビアで、エチオピアで、いまだに《小さい娘》の切除手術が行われていることを知っていますか。エジプトでは、……田舎ではすべての少女に、また都会では大部分の少女に、現在でもその（クリトリス）切除手術が行われている。……愉しみだけのために供されるこの少さな突起物は、卑猥だということになっている。しかも、この器官は男にとっても、生殖にとっても不必要なのだから、無視され、破壊されても当然であり、実際そうされてきた。……女性の欲望の完全な抹殺、女性における肉体の自由の禁止といった目的遂行のために、男にとってなにほどのものでもなかった。……一九七〇年、エジプトの厚生省附属病院院長、モハメッド・オスニ・コルシェド博士が《女性の苦痛を和らげ、その性欲を押える》この手術を奨励している。……切除手術は、実際には一九六〇年に禁止されたが、男権的、イスラム的精神構造は変わらなかったので、警察も、行政も、この法律の適用に関心を払わなかった。……切除手術を受けた女の九十五％が、オルガスムス経路の正常な成熟の欠落により、完全な膣不感症となっている。」

女性が性（感覚）の主体になることは、男性中心の文化によって抑圧されてきただけでなく、このように、人為的な手術を加えてまで抑圧されているのである。著者グルーの眼の確かさは、かの女がこれら中東やアフリカ諸国の女性の酷薄な運命を、文明国フランスの女性のそれに重ねあわせて把握している点である。つまり、フランスの多くの男性も、つい最近まで同様に女性の性を抑圧し疎外してきたではないか、とかの女は告発しているのである。

「西欧科学の高みから、私たちがこのような（エジプトの病院長の）駄弁を冷笑するとすれば、それは間違っている。教育やスポーツは女性を不妊にすると、十九世紀においても、わが国フランスの藪医者や心理学者は断言していた。

つい最近まで、マスターベーションに耽る少女は貧血を起し、衰弱し、精神障害に苦しむことさえあり得ると主張してきた、フランスの善良な開業医は、奇妙なくらいアフリカの魔術使を想い起させる。」

「自由意志による母性の選択（妊娠中絶法）に反対して、一九六七年、一九七一年、次いで一九七三年に発言した多数のフランスの国会議員（大体においてド・ゴール派の議員であるが）と……アフリカや中東の切除手術執行者、回教司祭及び他の魔法使いどもの発言……とは、私には怖ろしい程似ているように思える。」

つまり、後進国だけでなく先進国においても、女性はなお性の主体としては全般的な抑圧と疎外のもとにおかれてきたと、グルーは主張しているのである。日本においても同様であることについて、簡単な事例を一つだけ紹介しておこう。月刊新聞「ミズ女性ジャーナル」一九七九年九月号は、一面で座談会〈女性解放と性〉を掲載した。「ダイヤル避妊相談室」の荒川夫妻と「幼児期から性を語り合える親子の関わりの必要性を主張している」T記者（母親）の三人の座談である。ところが、Tはお粗末にも生理用品タンポンについて「何となく異物感があるのではと……私自身に抵抗があるのです。これは私の気持の中にある偏見ですが、（娘が）タンポンを使うことに性的快感を覚えてくるのではという懸念があるのです。」と発言して、荒川から「性感を感じてはいけないんでしょうか。不感症を訴えた女性に聞きますとマスターベーションの経験のない方が多いんです。要するに性感というものを自分のものにしていない場合が非常に多く見受けられるということです。子供がマスターベーションをすることは何故いけないのか。なぜ少女が性感を味わってはいけないのですか。」と、たしなめられているのである。このように、男の子のマスターベーションにはそれほどこだわらない母親が、娘のそれにはこだわるという形で、女自身が女性の性を疎外し、抑圧しているのである。

性的成熟にいたる人間としてのごく自然な学習過程であるマスターベーションから日本の女の子はなお大幅に疎外されている。もちろんこれは、生物学的な差異においてそうなるのだと考えられ、「男は狼」で「女は清く正しく美しい」という神話にもとづいて、女性のマスターベーションの経験比率の低さが疎外現象だとは、とらえられていない日本の遅れた現状である。

一九七五年の総理府の「青少年の性行動」調査（一六歳〜二二歳男女五千人対象）は、こうした女性の性の疎外の結果として、マスターベーションの経験が男では一三歳ですでに四五％、一九歳で九二％であるのに、女は二一歳でまだ三〇％という差異を明らかにした。しかし、この数字が急速に変ることは、一九六〇年の数字と対比すると、わずか一五年間に女性の比率は三〜四倍に急増していることで容易に推測できよう。今、日本の女はやっと急速に自分の性（感覚）を自分のものにしつつあるのである。ついでに性交経験をみると、男一五・一％、女六・六％という数字であり、フランスの場合はこの青少年より年下の一五歳ですでに少年の五四％、少女の二八％が経験していることと対比すると、日本が「欧米諸国に比べればなお低率」であることは明白である。しかし、この調査書も「いずれ好むと好まざるとにかかわらず〈欧米型性文化〉に近づくのは必至だ」と予測している。是非の判断をこえて、日本の青年が欧米の青年の後を急速に追うことだけは確実である。

女性が性の世界でとりわけその主体としてのあり方を人為的に抑圧、疎外されていること※がわかれば、女性解放によって女性のあり方が大幅に変化する中でも、とりわけ女性の性の「第二の性」からの解放と自己変革がかなり根底的なものになる、と予測しなければならない。

※私が一番驚いた事例では、「セックスは少しもよくないが、妻のつとめとして夫の相手をしている。夫がその行為をなかなか終らないので、私は仕方なく半身を彼にあずけて、その間本を読むことにしている。」と女性セミナーの講座仲間に平然と証言する妻が実在したことである。これこそ性の疎外の極致であろうか。

しかし、さしあたりは、日本の青年男女全体の性が受験地獄に象徴される歪んだ学校教育と、遅れた文化によって大幅に抑圧されている事実の方が、深刻な問題であろう。もちろん、青年の「性」だけが抑圧されているなどという馬鹿げたことはない。日本の青春そのものが、なお貧しく豊かでないのである。たとえば、高度に発達した資本主義諸国の中で、一八歳、一九歳にもなった青年に選挙権の認められていない後進国は、日本だけである。そしてそれは、意識調査で臆面もなく「尊敬するのは父と母」と答える幼い日本の青年にふさわしい処遇かも知れない。げんに、選挙権を得た筑波大学の学生は、一八〇名もが一票三、〇〇〇円でそれを売りとばすような、かれらのことである。東京教育大学を強行的に廃学にした政府＝文部省の意図は、ひとまず成功したというべきであろう。

女性解放の第一戦線で女性の経済的自立が前進し、第二戦線で子どもは社会の子という意識と制度的保障が前進し、第三戦線で性否定の意識構造が変革され、性の主体としての女性解放が前進していくならば、それらの当然の帰結として、夫と妻の「二人の人間がたがいに嫌いつつ、しかも離れることができないでいるという……あらゆる人間関係の中で……もっとも憐れむべき関係」（ボーヴォワール）からとくに女性が解き放たれ、女性解放の前進に並行して、やはり是非の判断をこえて、さしあたり過渡的に離婚が大幅に増大することになるであろう。そうした混乱の過渡期をへながら、人間は、徐々にあらたな男女の愛の形態をつくり出していくことになろう。

近年マスコミで報じられる「七七年、空前の離婚ブーム」「戦前戦後を通じ最高の離婚ブーム」などという事実は、さしあたりそうした未来の過渡現象を示唆している。ただし、これらで報じられる「昨年（七七年）はついに……結婚六・三組に離婚一組」というのは数字の魔術であり、この「普通離婚率」は、何十年も離婚しないで頑張っている（?）夫妻総数を分母としない不正確な数字である。そして日本では、女性解放、なかでも女性の経済的自立の遅れと法制上の不備のため、「相当数の夫婦が潜在離婚といわれる……状態にありながら、離婚したくてもなかなかできない女性が多」く、「欧米先進国に比べればずいぶん少ないんですよ、まだ。（女性解放の相対的に進んでいる）アメリカの離婚率は日本の四倍、スウェーデンのそれは六倍ですから、」（中島通子）という現状である。

こうした離婚の急増現象は、女性の経済的自立の進む社会主義社会にも当然ひきつがれており、「〝女の反乱〟急増のソ連」という見出しの朝日新聞の記事（七八年二月）によれば、これも数字の魔術によるが、「七六年は三組の結婚のうち、一組は離婚に追い込まれ」「大都会になるとその比率はさらに高く、結婚百組あたりの離婚件数はモスクワで四六、レニングラードで四四にも達している」とのことである。それにしても、世界で離婚率の最高水準にあると思われる北欧デンマークで、教会の結婚式で花嫁と花婿に牧師が問いかける「生きている限り、神の御名において夫婦としてお互いに貞節を誓いますか」という「お決まりの文句」を廃止しそうだという報道（七七年一二月）には、さすがの私も驚いた。離婚の激増している時代に「貞節」を誓うことに意味があるのかどうか、という疑問がことの起こりであり、「七年前に牧師会の典礼式文審議会が設立されて典礼文改正に取り組んできた。新年早々に最終結論が出る予定で、……貞節を要求しないことに落ち着きそう」という内容であった。こういう事実まで考えていくと、はたして「あらたな男女の愛の形態」はどういうものとして創造されていくのか、大変興味ある大きな問題であろう。

女性解放の第三戦線における男女平等教育の推進と並行して、私たちはたえず、つくられた「わが内なる女意識」「わが内なる男意識」とたたかい、そうした後向きの自己の意識の変革を、社会の変革とともに自覚的に追求していかなければならない。そうした自己否定の営為が、多くの特権を失う男にとってよりきびしいとは限らないことは、「異性の個人を自分と対等のものだとみとめるのは男より女の方がしにくい」というボーヴォワールの意外な見方を思い出せばよいであろう。

このつくられた自己の変革のたたかいへのとりくみは、根源としての人間の階級的抑圧と差別の存在、さらにその抑圧と差別をそらすもの、あるいはそのつっかえ棒として存続している人種差別、民族差別、障害者差別、部落差別などの諸差別の存在へと私たちの開眼をうながすであろう。そして、女性解放のたたかいを、こうした諸差別からの解放のたたかいへと自覚的に結びつけていくことになろう。

以上のように、女性解放のたたかいの場はあまりにもひろく、多岐にわたっている。しかも、各々のたたかいの戦線は互いに関連しあって存在している。ということは、誰でも、その意志をもてば身近に女性解放のたたかいに参加できるということである。こうした無数のたたかいの場において、限られた八〇年足らずの生涯の中で、私たちがほんの少しの前進を目ざして（激動の変革期を別として、社会は容易に動かないものである）、うまずたゆまず、持続的にたたかいつづけることが、女性解放＝男性解放、つまり人間解放である。このたたかいへの永遠の固執と持続こそが、目には見えなくとも、女性解放の時代の趨勢をつくりだしていく営為であると確信して、自覚的に生きることを急ごうではないか。

「もともと地上に道はない。歩く人が多くなれば、そこがおのずと道になる。」「一人じゃなんにもできない。でも一人がやらなければなおなんにもできない。」という、あまりにも平凡な真理に自分をかけて。

4　女性（男性）はどこまで変わるか

——解放の展望

「『個人間の天賦の才の相違は、実際には、われわれが知っているよりもはるかに小さい』ということを、アダム・スミスはきわめてよく理解していた。『いろいろの職業に従事する人びとを、彼らが壮年に達したときに差別（区別）づけるように思われるところの、これらの実にさまざまな素質は、分業の原因であるよりも、むしろその結果である。』（スミス『国富論』）そもそものはじめには、人足（女）と哲学者（男）との相違は、雑種犬とウサギ猟犬との相違よりも小さい。両者のあいだに深淵をよこたえたのは分業である。」（カッコ内は安川）

——マルクス

「五感の形成は、いままでにおこなわれた世界史全体の一つの労作である。」

——マルクス

女性解放が実現していくと、女性はどれほどまでに変わるか。「いままで女の可能性はおしころされ」「天才的な作品……を完成する一切の可能性が女にはあたえられてなかった」だけに、「よほど大胆な予想をたててみなければなるまい。」（ボーヴォワール）

デカルトの弟子フランソワ・プーラン・ドゥ・ラ・パールが、「理性を目ざめさせる教育があたえられれば、女性はおおくの点で男性よりすぐれた能力を発揮するであろうし、女性に適さない職業はなくなり、医者はもちろん、裁判官、説教師、将軍にさえなれるだろう。」と、当時としては「よほど大胆な予想」を主張したのは、今から三〇〇年以上前の一六七三年のことである。しかし、それからわずか三〇〇年の間に、パールの考えるような理性の教育だけによる成果では決してないが、女性はこの予想をはるかにこえて、数々の分野において専門家として活躍してきた。大統領、首相、官僚、外交官、科学者、技師、裁判官、実業家、探検家、登山家、芸術家、スポーツ「マン」などと、いちいち列挙するも愚かであろう。

女性解放の後進国日本では、「一九七七年現在」で女性の医者はまだ約一万三千人で全体の一〇％たらず、国立大学教授はわずか一六〇人で一・五％、裁判官が六七年の三七人からやっと五八人。東京都民生局長やデパートの重役に女性が就任した程度の出来事がいちいち全国紙のニュースになる国である。しかし、そうした出来事や事件をとおして、女の子は、かってのように「新聞を読んでも、大人の会話を聞いても、今も昔もかわらず、男が世界を牛耳っているという」不動の認識をもたなくてもすむようになり、こうした新らしい状況の「成果によってまた彼女ははげまされる」ことになるのである。

そして、それほど遠くない将来、日本においても、医者、裁判官、弁護士、技師、大学教員などの五〇％前後が女性となること、つまり全社会的な規模において女性が社会的生産をになうようになることが期待されよう。そうした将来から、現在の日本の社会をふりかえるならば、現在の日本がいかにいびつな男中心の社会であったかということが誰の目にも明らかとなろう。

こうした展望をそれほど抵抗なく受け入れられるようになるためには、私たちは、冒頭に引用しておいたマルクスの人間の発達観を正しく理解しなければならない。つまり、分業の進んだ社会の中で、現在の私たちは、哲学者や学者には頭のいい「素質」の者がなり、「人足」や肉体労働者には頭はよくなくても力のある「素質」の者がそうした職業につくのである、と考えることに慣れているか、あるいは、そう誤解している。それにたいして、アダム・スミスやマルクスは、哲学者と「人足」の能力あるいは素質の「相違」と思われているものは（もちろん、人間の能力の差異に一定の自然的基礎のあること自体を二人が否定しているわけではない）、両者の「分業の原因」ではなく、分業の「結果」としてつくられたものだと把握するのである。つまり、両者が分業社会の中で一人は哲学者として、一人は「人足」としてひたすら一面的、奇形的に発達させられてきた「結果」として、「壮年」期になると、両者の間には決定的とも思える能力の相違（「深淵」）が出来上っているのである。

このことをさらに正しく理解するためには、資本主義社会の「教育の機会均等」というほんらい民主主義的な原理が、実際には「不平等になる機会の平等」にすぎず、この原理そのものが社会の貧富や差別を再生産しているという事実を認識しなければならない。つまり、女性を含めて、一見誰もがその能力を十分に伸ばしうる社会であるように見えながら、事実はそうではないのである。階級的な社会における人間の発達は、その人間の所属する家庭の社会経済的階層と社会的な差別の存在によって、大幅に規制、抑圧、歪曲されるのである。

女性の場合は、かの女の能力の発達は、さしあたりその性的役割分業体制のもとで、これまで決定的に抑制されてきたのである。ところが私たちは、それを、〈らしさの神話〉にもとづいて、つまり、女はその生物学的な差異と素質において男に劣っているから、「彼女が崇拝する国家の長や、将軍や、探検家や、音楽家や、画家は、すべて男である。」という結果になっているのだ、とこれまで誤解させられてきたのである。しかしそれは、女性が「家庭を守る」という性的役割分業を何千年にわたって強制され、その人間的な能力の発達の可能性を抑圧、圧殺されてきた分業体制の「結果」にすぎない、ということはもはや明らかであろう。女性や黒人や障害者や被差別部落民たちが、現時点においてどういう能力をもち、社会の中でどういう位置をしめているかという問題は、基本的に能力の自然的差異の問題でなく、分業を含めた社会体制そのものの問題なのである。

その点では、さきの東京国際女子マラソンでのスミス優勝に言及した「朝日新聞」の「天声人語」氏が、「戦後、男がやれて女がやれないことは、ほとんどなくなった。マラソンはそのわずかなトリデだったが、七〇年代の女性はこの壁を突破した。機会さえ与えられたら、女性は何でもやれる。」と、書いたのは基本的に正しい。それにしても、これまでどちらかというともっぱら女性への偏見と差別をふりまいてきた日本のマスコミも、変ったものである。いや、正確には、女性の前進によって、（男の論理からいえば、だらしなく）変えられつつあるものだ、と書くべきであろう。古来「支配者」が「被圧迫者」についての認識を自ら進んで変えてきたことは少なく、大体の場合は、「被圧迫者（自身）の反抗」によって、その認識を修正させられてきたのである。

ところで、さきの「天声人語」氏は、「女性は何でもやれる。」と書いて、ひょっとして日本の過去のマスコミの罪滅ぼしをしたつもりかもしれない。しかしかれは、右の国際女子マラソンは、日本の地元で行われたにもかかわらず、日本女性はやっと七位に一人入っただけで、上位十二位中十一人までを外国女性に占められた、という大事な事実を見落としている。同じ日本で十数日後に開催されたプレオリンピックの意味をもつ福岡国際マラソンでは、日本の男性は上位三位を独占したのである（十二位中六名）。つまり、同じマラソン競技で男性は世界に伍しているのに、女性はまだあまりにもみじめな成績であることに、日本の女性解放の遅れを見出し（上位一一名の外国女性は、ノルウェー、英、米、仏など、やはり日本より女性解放の相対的に進んでいる国の女性である）、日本のマスコミ関係者は、その結果について、これまで自ら「女らしさの神話」をふりまいてきた過去の社会的犯罪の自己批判をこそ、しなければならないのである。また、自分のマスコミの世界が、まだ（「何でもやれる」はずの）女性の記者をわずか一％以下しか受けいれていないという極端な男やもめの社会であることに気付かなければならない。

それにしても、そうした日本の男やもめ的マスコミでさえが、社会のオピニオンリーダーとして、「機会さえ与えられたら、女性は何でもやれる」のだ、と「よほど大胆な予想」を書きたてる時代になったのであるから、これ以上私までがそれに乗じて、女性解放が実現すれば、女性の能力、性格、気質、さらにボーヴォワールもいうように容貌まで、「よほど」根底的に変化するであろう、といちいち書きたてる必要はないであろう。ただ、先にも指摘したように、「性は男性がつくり上げた神話のもっとも強い部分」であり、「女は受身」「男は狼」などという現在見られる男女の性行動の差異は、生物学的差異にもとづく本質的な違いであるという神話、誤解がとくに日本の社会ではつよいことを考慮して、性の世界の未来の変貌については、とりわけ「よほど大胆な予想」の必要なことだけを指摘しておこう。

一九七三年に実施された女性の「性の意識調査」の「あなたはなぜ初体験を持ちましたか」という質問にたいして、日本の女性の九〇％近くが「相手がそれを望んだから」と答えたという（吉武輝子『愛すれど孤独』ＰＨＰ研究所）。似たような調査（年代不祥）で、ユーゴの心理学者による「若い娘が非処女になる動機」の調査においては、七一％は「男友だちを失いたくないため」、六％は「古風だと思われたくないため」、一六％は「好奇心から」と答えたという（アリス・シュヴァルツァー『性の深層』亜紀書房）。これらの数字をみれば、日本とユーゴの違いはあっても、両国の女性が性の主体としてなお大幅に疎外されていることは明白である。というよりも、こうした事実はこれまで、生物学的差異において女性の性は受身だから当然、と考えられてきたのである。

しかし、これがつくられたものにすぎないことは、一九七三年の同じ質問にたいして、日本よりも女性解放の進んでいるスウェーデンの女性は全員が「わたしがそれを望んだから」と答えていることによって（吉武、前掲書）、明らかとなろう（同じ資本主義体制のもとでも、「状況」が変われば人もこれほどまでに変わるのだろうか、という疑問で、私自身この意識調査のデータや客観性についてもう少し確かめてみたいという思いがわずかに残っている。しかしここでは、そういう疑問をわずかにでも持つこと自体が、私のつくられた男意識の残存である、と考えたい）。

性という人間の本能にもとづく行為と考えられている世界さえもが、誤った文化や社会のあり方によって、これほどまでにつくられ、歪曲されうるものであるということは、さしあたり見事というほかない。吉武輝子が一九七六年に〈男女平等の源をさぐるスウェーデンの旅〉の企画を思い立ったのは、その前年、「国際婦人年メキシコ世界婦人会議」の席において、スウェーデン女性の「わが国においては、この十年間（強姦の）件数が著しく減少した。それは単に、暴力的に女を犯すという行為のみをさしているのではなく、一見、合意であるかのようにみえてはいるものの、実際は結婚をえさに精神的に犯すという行為をも含んでいるが、ことに後者のケースは皆無といっていいと思う」という報告を聞いてからである。

実際に吉武が、妻も経済的に自立し、社会保障の確立しているスウェーデンを訪れ、たとえば、「夫であれ、妻であれ、どちらかがもう愛がなくなった、これ以上結婚生活を続けることは出来ないといい出せば、それでただちに離婚成立。双方ともに慰謝料はなし」などという事実をたしかめ、最後に「男と女の意識がかわれば、性のありようもかわってくる。そしてその背景をなすものが経済的な自立であることを、スウェーデンの男と女のやさしいかかわりかたが、もののみごとに証明しているのだ。」と書いていることは、一定の美化をわり引いて読むとしても、示唆的であるといえよう。やはりピンク・レディーの歌う「男は狼なのよ……ＳＯＳ」はほんらいは誤りであり、「男は狼に生まれない。狼になるのだ。」というのが事実である。

しかし、この私の意見に読者の同意が容易にえられるとは、依然として楽観していない。女の性が「第二の性」であるという神話は、それほどつよいのである。その点では、「第二の性」を書いて無数の〈らしさの神話〉を見事に否定してみせたボーヴォワールでさえが、女の性についてはなお不十分な把握をしているのである。かの女は、男女の性の「対等関係」のあり方について、つぎのように書いている。

「男の方で、彼女の自由を十分認めつつ、女の肉体として彼女を欲望してくるなら、彼女は客体《もの》になる瞬間に自己を本質として再発見するし、すすんで同意する服従のうちではあくまで自由でいられる。こういうときこそ、恋人たちはそれぞれ各自の固有なやり方で共通の快楽を知ることができるのだ。」

性の世界ではやはり基本的に男が主体、女が客体、という図式がかの女においてさえ十分には崩れていないのである。それが「客体《もの》になる瞬間に……」「すすんで同意する服従のうちでは」というかの女のあまりにも苦しい表現になっている、と解釈することができよう。

ボーヴォワールは、精神分析学を批判しながらも、なおその悪しき影響のもとにあったというべきであろうか。その点では、日本のウーマン・リブの一派の女性たちが、「抱かれる女から抱く女へ」というスローガンをかかげて、男女のかかわりを「抱く＝抱かれる」関係ではなく、「抱く＝抱く」関係であると直截に主張した方が正しい。未来の男女の愛が「抱く＝抱く」関係になることは、すでに北欧の女たちの姿に先駆的に示されつつあるのである。ただ、ウーマン・リブ運動の中でも、「性の抑圧こそ人間を隷属させる基本的手段である以上、われら〈女〉の解放は、……本質的には性の解放としてある。」（女性解放連絡会議「エロス解放宣言」一九七〇年）として、女性解放を性の解放に直結してとらえている人々は、批判されなければならない。その点は、「エロス解放」派の女性たちが一定の思想的影響をうけているウィリアム・ライヒ自身が、「性の問題は……婦人の経済的独立や教育や経済の困難な問題抜きにはあり得ない」と主張していることにも示されている。性の問題を女のおかれている状況から孤立して把握することは、あきらかな誤りである。

以上、「機会さえ与えられたら、女性は何でもやれる」という大胆な女性解放の展望について論及した。しかしながら、現在の日本の社会では、そうした解放の展望が今なおきびしい状況にあることを見落してはならない。ここでは、その問題を、女性解放の主体的条件をほんらいその先頭に立ってになうべき日本の青年たちの現在の状況とのかかわりにおいてのみ言及しておこう。私は、前掲「女性論入門(上)」の「II 現代日本青年論——差別はなぜ見えないか——」において、①戦後民主主義教育の空洞化、②入試地獄の深刻化、③青年が「一億総白痴化」装置のテレビ文化によって活字離れをし、本を読まなくなったこと、④真実を伝えぬマスコミ、⑤生活の不健康な豊かさによる「天下太平楽」、⑥主体性＝個人主義を今なお確立しえない日本人の集団志向など、という諸要因によって、現代日本の青年たちが、差別を差別として認識できないオメデタくも鈍感で保守的な青年に変えられてきたことを、比較的詳しく論じた。

女性解放の展望が日本では今なおきびしいと私が言うのは、さしあたりこのような青年の疎外状況が近年ますます深刻化しているという認識による。「一九七九年現在」の一年間に私の目にたまたまとまった主な新聞記事(「朝日」)だけでも次のようになる。順をおって記事の見出しを並べると、①五月、「尊敬するのは父と母——現代学生気質調査」、②六月、「なぜか占いに走る若者たち——自立心の低さと甘えも」、③七月、「『大勢順応』に傾く若者——伝統・保守にUターン——世間のしきたり尊重——『孝行と恩義』増加目立つ——『個人中心』の考え方後退——〈日本人の国民性調査〉から」、④九月、「会社訪問にみる当世学生ファッション——大半が紺のスーツ」。⑤十一月、「東大生の恐るべき学力低下――読書せぬ学生、育たぬ思考力」、となる。

①は日本リクルートセンターが八〇年三月卒業予定の大学生一万五千人を対象に実施したもの（入社試験むけの回答ではない）で、尊敬する人が「いる」と答えた三四％の学生に二名連記させたベスト10は、1父 2母 3王選手 4指導・ゼミ教授 5坂本竜馬 6アインシュタイン 7福沢諭吉 8両親 9松下幸之助 10ケネディ元米大統領。これは、青年たちの「受験勉強性視野狭窄症」がいっそう重症化していることを示している。この世に生きている人間だけでも四〇億をこえているのに、自分の親が偶然にも一番尊敬できる人物にあたっている確率は一体何億分の一だろう……などと反問するも愚かであろう。この症状は、本を読まない、歴史を知らない、世界を知らない「井の中の蛙」の視野狭窄症、とひとまず診断できよう。福沢、松下、ケネディなど青年の抑圧者として存在した（ている）人物を青年が尊敬しているのは、まずは無知のせいか。さしあたり、戦争やファシズムは、こうした井の中の蛙たちの消極的な承認と支持のもとに可能となるのである。

なお、尊敬する人物が「いる」と答えなかった者がむしろ多数いるということは、芥川賞受賞の村上龍『限りなく透明に近いブルー』の主人公の独白「俺はただなあ、今からっぽなんだよ、からっぽ。昔はいろいろあったんだけどさ、今からっぽなんだ、何もできないだろ？ からっぽなんだから、だから今はもうちょっと物事を見ておきたいんだ」にも通じるこの世代の「からっぽ」感覚を示しているといえよう。そして、あらゆる局面でイデオロギー信仰がくずれ、すべての思想が相対化したこの世代の「からっぽ」の空白感について、「いまむしろ積極的なさわやかさとしてとらえ直すべきではないだろうか。」という考えがある。そうした一定の積極面のすべてを否定するつもりはないが、私自身は、とてもこのように青年の現状を楽観的にとらえることはできない。

ただし、私が「現代日本青年論」を論じる視点は、青年だけを批判の対象とすることではない。青年は誰よりも鋭敏な時代と社会の鏡であり、青年が無気力だということは、いうまでもなく年長世代が無気力であり、日本の社会が全体として今、生き生きとした活性を失っているということである。青年を論じることは中年の自己を論じることである。しかしまた、青年は（も）たんなる社会の鏡（客体）ではない。青年は同時に社会の主体である。あるいは、社会の現状に疑問をもち、その現状の変革をとおして自己の解放を志向するという動きにたいしても、青年は鋭敏にそれを映しとる鏡であるといえよう。そうした〈主体⇄客体〉的存在としての相対的に鋭敏な世代として、青年を語ることは、日本の未来を語ることであり、ひいては自己の主体を問うことである、と考えられよう。

②の「占いブーム」は、占い専門の月刊雑誌までが誕生し、星占いの『ホロスコープ』が二千数百万部売れたことにも示されている。新宿の街頭で「待ち時間平均一時間」の行列までして占ってもらっている人間の「大半は二十代前後。すべて女性だ。……それも高校、大学生が大半」という事実は象徴的である。この年代の女性こそ、日本では女は自分自身の人生を自分できりひらいていくことの困難な存在であることを、否応なく、あるいは無意識のうちに感じとらされるのである。そうした「状況」によってつくられた「自立心の低さ」とはいえ、その迷える子羊の姿にいらだちをおぼえるのは私だけであろうか。

③は文部省統計数理研究所が七八年秋に実施した「国民性調査」（対象五千人余）の結果である。戦後民主主義教育の第一世代の私には、この結果について、とりわけ、その若者の老衰、若年寄ぶりに

ついては、無惨としかいえない。まとめると、かれらは「しきたりに従う」という大勢順応的態度に傾き、「権利の尊重」「自由の尊重」といった個人中心の近代的な考え方は後退、……「宗教心は大切」なものという伝統的な見方がふえて、「生活は豊かになる」と見通しは楽観的な若者像。具体的に二十歳代前半の若者の数字をみると、全体として「六十歳代のそれに近づく」老衰加速化現象を示している。この世代は、これまでの調査でも「しきたりに従う」という意見にずっとそっぽを向き続けてきた世代であり、五年前の前回調査でも年齢別に最低の二一％だったのが、今回はそれが四十一％に倍増している。同様にして、「恩返しが大切」、宗教を「信じている」の二つの比率もこれまでの年々の下降線が逆転して、前者がほぼ倍増、後者は二倍以上。逆に、「自分が正しいと思えばおし通す」は、前回の四二％のトップが、今回は最低の二八％に転落。同様にして、「権利の尊重」は六〇％から四六％に激減して、三十代後半のそれよりも下回ったのである。④の学生の背広の「八割以上が紺色に集中」というお粗末ぶりは、この③の青年たち相応のファッションだと解釈すれば、当然の帰結といえよう。ファッションは、一般にその人間の思想をあらわすものである。

　こうした日本の未来ともいうべき青年の伝統、保守への回帰、大勢順応が、女性解放の主体的条件にとって、明確なマイナス要因であることはあきらかであろう。主体的な女性解放のたたかいは、孤独で、しばしば反抗を必要とするきびしいたたかいの道のりである。「自由とは、自己に忠実なることを意味する。そしてそれは反抗する勇気によって維持される。この勇気、しかもこの勇気だけが自由を擁護する力となる。」（ラスキ）

　問題は、ここにみた青年の主体性喪失の姿が単純に、全体志向型、集団埋没型の日本の青年にのみ固有の姿態とはいえないということである。近代資本主義社会の人間の一般的傾向として、人は、自分自身で主体的に決断し、自由な個人として生きるより、むしろ自由や個人であることに不安や恐怖を感じ、「全体」＝「他の人たち」＝「匿名の集団」のふところの中に自我を疎外して、「ワン・オブ・ゼム」＝「多数のなかのひとり」として生きる「自由からの逃走」（フロム）、「保護色的衝動」「束縛の選好み」「成行きまかせ」という行動をとる傾向をもつという問題である。そうした近代人の自己疎外の姿態の中で、女性は夫や家族につくすという束縛と献身の道、自主放棄の夢に逃げこもうとし、男性は、企業集団の一員と家庭の「主人」の地位に自己を疎外しようとするのである。そうしたトータルな近代社会の人間の自己疎外とのかかわりにおいて、特殊日本の現代の青年の考察も深められなければならない。

IV

人間社会における差別消滅の展望

――ジョン・レノンの思想に寄せて

〈一九九二年六月十日　名古屋大学・大学祭
「ジョン・レノン企画」トーク番組レジュメ改稿〉

はじめに――被差別者・被抑圧者の視点

ジョン・レノンの思想といえば、誰しも「愛」と「平和」を思い出す。しかしそれでは、ジョンについての皮相的な理解にとどまる。ジョンの思想の一番の根底には、「差別」への激しい憎悪と怒りがある。オノ・ヨーコとの出会いを契機にして、イギリスやアメリカで差別・抑圧されているアイルランド人の血をひいていたジョンは、自らの思想の立脚点を、明確に被差別者・被抑圧者の視点に置くことを不動のものとした。

かれの思想を正しく理解するには、ジョンが世界の被差別者・被抑圧者としての女性・アイルランド人・黒人たちの視座を自らのものとして獲得していたからこそ、「イマジン」に代表される全人類の解放の詩を歌いえたのである、という把握が決定的に重要である。

ヨーコと協作のジョンの歌『あなたがアイルランド人なら』を思い出そう。

あなたがたまたまアイルランド人として生まれたなら
その運を悲しみ死んだ方がましだと思うだろう
あなたがもしアイルランド人だったら
イギリス人だったらなと願うだろう！
……………

いったい何故イギリス人がここ（アイルランド）にいるのか？
神を自分の味方と称して殺人をした連中
子ども達やＩＲＡが一方的に悪いと称する連中
自分達こそジェノサイドを試みたならず者であるくせに！

一九七一年の対談で、ジョンは「芸術は苦痛を表現する唯一の手段だ。」「ぼくがスターになった唯一の理由といったら、抑圧されていたからだぜ。もし〝ノーマル〟だったら、これほど自分を駆り立てるものなんて、他に見当たらなかったろうね……」と語っている。だから、私たちがジョン・レノンの芸術・音楽を理解しようと思えば、かれのいう差別や抑圧のつらさ＝「苦痛」を理解し、その立場にたって物事を考える力を身につけなければならない。

ところが、差別され抑圧される者のつらさを理解し、その立場からものごとを考え、世界を見るということは、とりわけ差別と選別の過酷な受験競争教育体制の中でバラバラ、ズタズタにされている現代日本の青年・学生には、それは途方もなく困難な課題となる。

差別の本質の理解がどれほど難しいことか、その一例を示してみよう。

1　差別の本質

ジョンとヨーコの歌「女は世界の黒人」の岩谷宏の訳（『ジョン・レノン詩集』シンコー・ミュージック）を見ると、ジョンたちが差別の本質をズバリ表現した、その意味でいちばん重要な、下線を付した部分の英文を、（語学力もありレノンに関心をもつプロが）見事に誤訳しているのである。二つの異なる英文を同一に訳している点からも誤訳は推察できるが、アイルランド問題を自らの問題としてうけとめていたジョンが読んでいたと考えられるＪ・コノリー（アイルランド独立運動のリーダー、一九一六年のイースター蜂起の指導者として銃殺された）『著作集』の下線部分から類推しても、問題の英文は、岩谷訳のような「女は（沢山存在する）奴隷のなかの（その中でももっともひどい目にあっている）奴隷」という意味にはならない。

ジョンたちが、「女は世界の黒人」という題のもとでいおうとしているのは、「女は（世界中に存在している被抑圧者・被差別者としての男）奴隷たちの（ために存在させられている）奴隷」ということである。他方の英文は、そのことをもっと分かりやすく「女は（世界中に存在している被差別者・被抑圧者としての男）奴隷たちに（その不満や怒りをなだめ和らげるための貢ぎ物として）ささげられた奴隷」と、言いかえたものである。

問題は、本書の「はじめに――初歩的な逆立ち」でも指摘したように、ジョンたちが、世界中に存在している被抑圧者・被差別者としての「奴隷」と呼んでいる人間がだれを指しているのかの理解が難しいということである。「奴隷」が、アイルランド人、黒人、ユダヤ人、被差別部落民、障害者、在日韓国・朝鮮人などの被差別者集団（の主として男性）を指すというところまでは、だれでも推測できるが、問題は、ジョン・レノンたちがこの「奴隷」のなかに、当然ながら、現代の日本のサラリーマン・労働者（男性）一般やイギリス人・アメリカ人（男性）一般を入れていることを、なかなか

WOMAN IS THE NIGGER OF THE WORLD

John Lennon & Yoko Ono

Woman is the nigger of the world
Yes she is...think about it
Woman is the nigger of the world
Think about it...do something about it

We make her paint her face and dance
If she won't be a slave, we say that she don't love us
If she's real, we say she's trying to be a man
While putting her down we pretend that she's above us

Woman is the nigger of the world...yes she is
If you don't believe me, take a look at the one you're with
Woman is the slave of the slaves
Ah,yeh...better scream about it

We make her bear and raise our children
And then we leave her flat for being a fat old mother hen
We tell her home is the only place she should be
Then we complain that she's too unworldly to be our friend

Woman is the nigger of the world...yes she is
If you don't believe me, take a look at the one you're with
Woman is the slave to the slaves
Yeh (think about it)

We insult her every day on TV
And wonder why she has no guts or confidence
When she's young we kill her will to be free
While telling her not to be so smart we put her down
for being so dumb

Woman is the nigger of the world...yes she is
If you don't believe me, take a look at the one you're with
Woman is the slave to the slaves
Yes she is...if you believe me, you better scream about it

We make her paint her face and dance
We make her paint her face and dance
We make her paint her face and dance

James Connolly Selected Writings

Edited by P. Berresford Ellis

The worker is the slave of capitalist society, the female worker is the slave of that slave. In Ireland that female worker has hitherto exhibited, in her martyrdom, an almost damnable patience. She has toiled on the farms from her earliest childhood, attaining usually to the age of ripe womanhood without ever being vouchsafed the right to claim as her own a single penny of the money earned by her labour, and knowing that all her toil and privation would not earn her that right to the farm which would go without question to the most worthless member of the family, if that member chanced to be the eldest son.

理解できないということである。

報道写真家・岡村昭彦は、その著作『南ヴェトナム戦争従軍記』（岩波新書）において、日本人は、これまで差別され抑圧されている人間の問題をただ「可哀そうに」という一言で葬り、放置してきた民族であると指摘した。人が差別され抑圧されている人にただ「可哀そうに」という「同情」をよせる姿勢には、その裏に、自分はその「可哀そうな」人たちとは違うのだという、トンマで鈍感で思いあがった気持ちがあるのダ、という意味の鋭い指摘を、岡村は、「同情は連帯を拒否した時に生まれる」と表現した。

世界に「日本の学校は捕虜収容所だ——遅刻で殺され、砂浜に生き埋め——」（一九九〇・七・二五イギリス紙）と報道される「捕虜収容所」から出てきたばかりの、つまり否応なく人間的な感性を歪められ抑圧されてきた日本の学生・青年が、差別され抑圧されている人をただ「可哀そうに」と考えている姿はマンガである。

高校までの教育で、「児童・生徒らしさ」の神話に縛られ、偏差値神話＝信仰と「内申書」の無言の圧力のもとに置かれ、憲法違反の標準服という名の制服や丸刈り強制（ようやく崩壊を始めているが）の「校則」を強いられ、あらたに「日の丸」＝「君が代」強制の教育も強いられ、※大学にたどりついてからも、相変わらず「女らしさ、男らしさ」の神話に呪縛され、（一部の自宅通学女子学生の場合は「門限」までが加わり）、大学をレジャーセンターと誤解し、学生一般が単位制度のもとでしか学べないような（新制大学旧教養部学生むけのみじめな『ブラック・リスト』の内容を思い出そう——そこでは、単位がいかに安直にとれる講義か否かが情報の最大のポイントであり、講義内容の良否や刺激的な中身か否かは問題にならない）、不自由そのもの、抑圧された青春と惨めな学生生活をおくりながら、そうした自己の「奴隷」的境涯や「奴隷性」には気づかず、（程度の差はあっても）同様に自由を抑制されている被差別者・被抑圧者のことを「可哀そうに」と思っている姿は、見当外れといわねばならない。

※「日の丸」は「国旗」でないから、そのタテとヨコの比率は、外務省が二対三、宮内庁が三対五、衆議院が一七対二五、参議院・総理府が七対一〇といろいろである。「君が代」は題名からして憲法違反。どちらも、国旗・国歌と定められたことはない。旧枢軸国ドイツとイタリアがそろって戦後、国旗・国歌を改めている事実に注目。

受験競争教育体制の名残として、すべての学生が（「士農工商えた非人」の単純な身分制度に比べると、一流校から何流校までという無数の学校・学部におよぶ複雑多岐な学校階層的序列意識で分断されて）だれもが一定の優越感と一定のコンプレックスをもたされている現在の日本の大学生の一人である名古屋大学の多くの男子学生は、東海地方では、「腐ってもボクは名大生ダ」という自負に支えられ、恋をする時には、自分より「バカ（年下）かせいぜいドッコイドッコイ（同年）と思われる女子学生」に心ひかれ、一方の女子学生は、何故か自分より「年上かせいぜい同級生の男子学生」を選び、男は自分よりわけもなく「賢く」優秀でなければならないと思い込んでいる（男一般が実際に女より賢く優秀なはずはないから、日本では、「男はつらいよ」ということになる）。どちらも支配（扶養）と被支配（依存と献身）の歪んだ恋しかしていないことを、一般に自覚していないのである。

マンガチックな話では、自分の身長が高過ぎることを気にしている女子学生が、私の恋人はぜったいに身長一七×センチ以上でなければならない、と私の差別論ゼミで公言した事例がある。彼女は結婚によって、自分の将来の娘に一層おおきな「悩み」を伝えようとしていることに気づいていない。

ジョンはオノ・ヨーコとの関係について「ぼくらは、教師と生徒の関係にあった。……彼女が先生で、ぼくが生徒だ。……ぼくの知っていることは、全部、彼女が教えてくれたんだ」と語っていた。ジョンの発言内容の是非は別にして、私たちはここに、つくられた「男意識」から見事に解き放たれ、自由になったレノンの姿を見いだすことができよう。

2　レノンに学ぶこと

ジョン・レノンは、自分がヨーロッパ社会で差別・抑圧されているアイルランド人の血をうけていることを隠さず、自覚し、積極的にこだわり、その視座から世界をとらえ、見つめなおすことによって、「イマジン」をイメージすることが出来た。一九九〇年十二月八日、国連でジョンの追悼式がひらかれ、レノンが人類の解放と平和への祈りをこめた名曲「イマジン」が世界一三〇カ国のラジオ局を通じて同時放送された。多くの国連関係者が、この曲にこそ人類の未来の夢が託されていると考えたからであろう。ジョンはあの栄光のビートルズの中心にいながら、「終始、『異邦人』（よそもの）として人間社会を凝視し続けた、そのゆえにこそ普遍性につらなりえた」人間の一人と考えられよう。

普通私たちは、差別され抑圧されている人間のことを単純に「可哀そうに」と考える。じじつ、「ドレイである人間ほど自分のドレイをもちたがる」という法則に支配されて、差別され抑圧されているからこそ、そこからの逃避や代償行為として、ひとの足を引っ張り、他を攻撃・差別・排除する人間は多い。しかしまた、万人の自由・平等・友愛が人権宣言や憲法に明記され、少なくともそれがたてまえとなっている社会における納得できない差別や排除であるからこそ、それを生みだし強いている社会に疑問をもち、その矛盾した「社会を凝視し続けた、そのゆえにこそ」普遍的で偉大な思想や業績を自分のものにすることのできた人間も少なくないことを、私たちは知らねばならない。

さしずめ、世界的な差別の歴史を背負ったユダヤ人にその事例を求めるならば、マルクス、フロイト、アインシュタイン、カフカ、シャガール、ベルグソン、チャップリン、イブ・モンタンなどという人物の名が浮かんでくるであろう。

シャンソン歌手・俳優として「世界の恋人」といわれたイブ・モンタンは、フランスの歌＝シャンソンと映画を通じて「パリの粋（いき）」をきわめたが、もともとかれはフランス人でもパリっ子でもなく、イタリア生まれのユダヤ人であり、工場労働者としてその人生をスタートした。対照的な事例として、極東の国日本では、「小錦」が一時期横綱の位に近いと騒がれた頃、アメリカ人に日本の

「国技」である相撲道の、とりわけ横綱の品位を身につけることは無理である、と発言した横綱審議会委員のいたことを思いだす。ボブ・ディランにならんで一九六〇年代の「フォークの女王」と呼ばれたジョーン・バエズの両親もアメリカ社会で差別・抑圧された存在であった（父はチカーノ、母はアイリッシュ）が、差別された出自が人間を押しつぶし破滅させる可能性とともに、人間を鍛え、おおきく成長させる力をもつことに気づくであろう。

また、重症心身障害児問題について、ルポルタージュ作家・斉藤茂男が、恵まれない可哀そうな「この子らに世の光を」与えよう、ではなく、「この子らを（こそ）世の光に」しなければならないといって、実在するハンディキャップのゆえにいちばん差別・抑圧の深刻な障害者の視座が「世の光」＝常識にならない限り、すべての人間の解放はあり得ないのダ、とただしくかつラディカルに主張している意味を、ジョン・レノンファンのあなたは理解できるであろうか？

たいへん難しい問題であるが、ジョンに連帯するために人間が差別から解放される「イマジン」の夢の世界をどう描きだすことができるのか、トライしてみようではないか。

3　現段階における人類史の普遍的価値

差別からの解放がもっとも困難とおもわれる障害者の視座が「世の光」になり、すべての人間が自立し、自由・平等・友愛の主体となる人間の解放を、私たちはどう展望するのか？　ボーヴォワールもそうであったように、かつて多くの被差別・被抑圧者が解放の夢をたくした「社会主義体制」の崩壊は、その道のりの険しさを示唆している。しかし、その貴重な失敗はまた逆に、今日にいたる人類史の普遍的な価値として、差別解消のためのつぎの四条件の不可欠性を示している。

① 言論・表現・結社の自由などの政治的民主主義。

② 生産力の限りない上昇を保障する自由競争的な市場経済。人は、なお当面の間は、自分の才覚と努力が実感的に報われる競争と報奨の体制のなかでこそ懸命に働くのである。

③ 老人や障害者問題に代表されるように、生存権や基本的人権にかかわる社会保障や社会福祉のサービスは、利潤原理を旨としない公共部門が担う。

④ 国家や企業から自立した労働組合と市民運動の存在。

以上の四つの普遍的価値が、旧来の社会主義や資本主義体制のもとで達成可能かといえば、答えは「否」となることは、純粋資本主義的な方向を目指す「新自由主義」のチャンピオンである日本における社会保障の大幅な遅れや、「会社の中に憲法なし」といわれる労働者へのきびしい人権抑圧を考えればよい。あるべき理想の社会体制の考察という困難な課題はあとに残して、ユートピアへの接近を少しでも可能にする原理や原則を考えてみよう。そのために、人間の半数を占める女性のおかれている現状と、その解放の手がかりとなるものの考察をすることにしよう。

一九七九年の国連の「女性差別撤廃条約」の成立と「静かで長い革命」と呼ばれる「女性革命」の進展によって、日本の社会においても、女性の労働権の確立と性別役割分業の克服は、時代の常識になろうとしている。一九七二年の五十人対象の総理府女性意識調査において、「男は仕事、女は家庭」

に、かつての長年の日本の常識通りに「賛成」と答えた女性の比率が八三%であったものが、「国際女性年」期間の一九七六年の同じ調査において一挙に五〇%以下となり、さらに一五年後の一九九一年には、「保守的といわれる名古屋市」の女性でも、性別役割分業の賛成者は僅か一七%となり、新聞の見出しも「〝女は家庭に〟とんでもない」となった。

ひとつの同じ社会の常識がわずか二〇年で逆転する事象を、女性「革命」と呼ばずしてなんと呼びうるであろう。経済界の技術革新と分業の進展が熟練や筋力を不要化していく事実と並行して進む、資本の利潤追求の経済的合理性に裏うちされた女性労働の大幅な社会進出は、女性の経済的自立と解放を促しはじめている。しかしながら、日本では女性のひとりの人間=個としての自立と解放をさえぎる壁は、平均すると男性労働者の半分程度という大きな賃金格差の壁を筆頭に、なお無数にある。

老親が「痴呆症」や「寝たきり」になると、在宅福祉の美名のもとに家族福祉が当然視されている日本では、「嫁」や娘としての女性の就業が途端におびやかされる（同じ地上に「寝たきり老人」のいない国も存在するというのに！）。同様にして、障害者ケア体制の大幅に遅れている日本では、障害児をもつ母親の就業も困難となる。どちらの場合にも、働く女性がなお家族的責任の過半を背負うという差別的な「新・性別役割分業」観が背景にあり、専業主婦・パートを優遇する誤った税制・社会保険政策によってその道が補強さえされている。また、女性が結婚しようとすると、夫妻同姓を強制する民法によって、大半の場合、女性が自らのアイデンティティーとしての自己の「姓」の喪失を余儀なくされる。夫妻同姓は女性の個人としての尊厳と両性の本質的平等を否応なく抑圧する。そうした結婚を嫌い、「非婚」に生きようとする女性は、「婚外子差別」によって、自由に子どもをもつことができない（夫妻同姓と婚外子差別は「女性革命」によって間もなく崩壊する）。

4　「家族」思想の見直し

子どもに目を移すと、学歴偏重の過酷な受験競争教育体制の日本社会では、競争が家庭の経済代理戦争の様相をふかめ、子どもが手にいれる「学力」や学歴が、所属する家庭の所得水準によっておおはばに制約される。経済代理総力戦の戦士としての子どもは、しつけや家庭教育と私有財産の相続をとおして親の階級を再生産する。「家族」はまさに利己主義と排除と私有のイデオロギーの培養器そのものとして、資本主義の私的所有の根幹を構成している。つまり、日本のこどもは、「社会のこども」としての側面は軽視・放置され、私的所有を継承する「親のこども」として生まれ養育されるからこそ、親に抑圧され、自由を制約される可能性をもつのであり、日本ではなお絶えず、『家出のすすめ』（寺山修司）が説かれつづける必要があるのである。

旧来のイエ制度は崩壊しながら、なおマイホームの「家父長」に位置づけられている日本の夫は、年功序列＝終身雇用制と「家族賃金」体系のもとで「妻子」を養育するという（男性差別そのものの）過重な責任を背負わされ、「会社の中に憲法なし」といわれる企業の強力な労働者支配と、たよりにならぬ協調的労働組合のもとで、ザンギョウ、タンシンフニン、カローシ※などに象徴される企業戦士＝会社人間であることを日常的に求められている。その埋め合わせとして家庭では、日本の夫は日常的に「主人」と呼ばれ、「メシ、フロ、ネル」という言葉だけで生活できる（高貴な？）地位にいるが、定年を迎えた途端に「粗大ゴミ＝濡れ落葉」と呼ばれるような「男はつらいよ」の非道な人生を余儀なくされているのである。

※社内で営業成績がいつも「横綱」で、会社からつねに「○○君をみならえ！」と賞賛されていてカローシした「カイシャ人間」の模範例を見ておこう。一九九〇年に急死して一九九五年にようやく「過労死」を認められたバブル絶頂期の「猛烈証券マン」は、毎朝七時前に出社し、朝食も会社でとり、午後十時すぎまで連日十五時間以上はたらく毎日で、土曜もほとんど出勤して、営業成績は同期生の三倍であった。そして、二六歳での壮烈な戦死である。

「学校は捕虜収容所だ」といわれる日本の人権蹂躙の過剰な管理主義教育体制は、こうした日本男子の企業戦士の人生コースに子どもたちが疑問をもたず確実に育つための、いかにも無理な教育装置といえよう（だからいま、日本の学校では、「いじめ」をはじめとする矛盾と綻びがいっせいに噴出している。綻びの事例としては、家庭科女子必修制はすでに崩壊、丸刈り強制も崩壊間近か、男女分離名簿は混合名簿への転換期、制服の廃止は始まったところである）。

労働力の生産と再生産を担い、資本主義社会の根幹として構造的に組み込まれている「家族」は、以上のように、夫・妻・子どもというすべての構成員の自由や自立を抑圧している。「結婚しないかもしれない症候群」が若い女性の事例に限らず、一九九〇年の国勢調査によると「一〇年後には全国平均でも五〇歳で未婚の男性が一〇人に一人になるだろう」と予測される遅ればせの未婚化現象の広がりは、一面で、「家族」の重圧下の非人間的な生き方からの日本人の脱出願望を示唆しているようである。

こうした現状にあるからこそ、日本の政府が「家庭基盤充実」政策に固執するだけでなく、「進歩」派の中でも、「家族」こそが資本主義的疎外からの回復や、「人間的発達」を保障する唯一の「解放の拠点」である、と家族を美化し理想化する論議もくりかえされている。その意味では、「家族」をどう捉えるかは、資本主義社会の矛盾の結節点であるとともに、人間のより自由な生きかたを考える今日的なトピックスの最尖端にあるといえよう（安川悦子「『家族』思想の現在」——『女性差別の社会思想史』所収——を参照）。

方向としては、人間の労働を等質で平等なものにする技術革新と分業のさらなる進展を土台にして、老人の労働力化をふくむ（子どもをのぞく）社会構成員全体の労働の主体としての労働権の確立と保障をおしすすめ、家事労働と保育・教育の社会化を最大限にすすめるなかで、すべての人間の個として自立と自由が目ざされることになろう。

老親や障害児・者の介護のために女性や家族が犠牲になる社会や、子どもの「学力」や学歴が家庭の経済水準によって制約される社会は、公正を欠いた社会である。生存権や発達権などの基本的人権の保障は、家庭や家族を介してではなく、北欧諸国に見られるように、例えば高齢者介護や障害者ケアの社会化により、社会の中で直接に個人の権利として公的に保障されるべきである。

親（とりわけ母親）の自由な就業のために、幼児や子どもの（学童）保育も公的に保障されるべきであり、そのためにも、とりわけ今の日本では、子どもは、「親の子ども」よりも「社会の子ども」

の側面を積極的に位置づける思想と施策が求められている。個人の尊厳と平等の原理から、望むものへの夫妻別姓の承認も避けられない。また、専業主婦・パート優遇の新・性別役割分業の税制・年金制度や配偶者控除ではなく、「個人」としての女性の労働者＝納税者としての自立を促す制度改革こそが望まれよう。

つまり、技術革新と分業のさらなる進展をはかることによって、子どもをのぞくすべての人間の労働権の確立と個としての自立がすすめば、その結果として、年功序列＝終身雇用制によって守られてきた家父長的な「家族賃金」がおのずと不要になるのである。その結果、個人の自立を妨げ、人権の保障を不徹底にする「家族」という単位と枠組みの社会における必要性は確実に減少する。そうした方向での施策や改革を推進するためにも、「家族」思想の見なおしは焦眉の課題となっている。

5　アファーマティブ・アクションとノーマライゼーション

——能力主義の是正のはじまり

北欧諸国やアメリカにおけるアファーマティブ・アクションとノーマライゼーションの思想と施策は、人間社会の差別の縮小と解消を促す積極的なこころみといえよう。

「アファーマティブ・アクション」は、マイノリティーや被差別者集団の政治・教育などへの参加と、なによりも雇用を促進するために、一定の年限をかぎって、被差別者集団に進学と政治参加や雇

▼北欧諸国や米国で、アファーマティブ・アクションやクオータ制が差別縮小に大きく貢献している。

1985.12.7. A

白人やめると昇進に有利!?

NY市警　少数派人種優先政策で異変

黒人・スペイン語系に変更届続々

【ニューヨーク五日＝小林特派員】ニューヨーク市警の六人の警察官が、市警本部にこのほど「白人をやめて、黒人、ヒスパニック（スペイン語系）を選ぶ」との人種変更届を出して受理された。警察部内の少数派人種優先登用政策により、「白人でいるより、少数派人種になった方が昇進に有利」と判断したためで、米国社会もここまで変わった、と注目を集めているが、一方で黒人、ヒスパニック系の警官からは反発も起きている。

米国では、六〇年代半ばの公民権法、投票権法などによって人種差別撤廃原則が確立され、その後、実際面での差別廃止を保障するため、政府が、役所から学校、公的取引を持つ企業などまで、黒人、ヒスパニックなどの少数派人種を一定割合採用、登用しなければならない、という政策を進めてきた。

ニューヨーク市警本部は巡査部長昇進試験を実施した際、少数派人種に不利、と問題にされ、結局、八三年昇進試験については約二万六千人の警察官全体に占める少数派人種の比率に応じて、二〇%近くを少数派用とすることをコッチ市長が決めた。

市警本部の雇用平等部によると、両親の人種が違う場合、採用時にどちらかを選ばせる。その時点で、「白人」の方を選んでいた警察官たちのうち六人が、ここに来て「黒人」や「ヒスパニック」の血の方を選び直したという。

1986.7.3. A

米連邦最高裁判決

差別撤廃措置での雇用割当枠は合憲

【ワシントン二日＝岩村特派員】米連邦最高裁は二日、黒人をはじめとする少数民族の雇用を企業や自治体に義務づけた、いわゆる差別撤廃措置計画（アファーマティブ・アクション・プログラム）を合憲とする判決を二つの事例について示した。レーガン政権は、こうした差別撤廃措置が逆に白人の昇進や雇用を阻害する結果を招いているとして、見直しを主張していたが、二日の判決はこうした保守派の巻き返し運動に水をさすものとなった。

差別撤廃措置計画は、社会的弱者としての少数民族の地位向上のため、過去の差別の償いの意味合いも含めて、行政指導や立法によって企業の雇用、職業訓練などに少数民族採用の一定の枠の確保を図ることが中心。

今回問題になったのは、八〇年にできたオハイオ州クリーブランド市の消防局の昇進をめぐる計画。市の人口の半分近くを黒人とラテンアメリカ系の住民が占める中で、八〇年当時は消防士のうち副隊長以上の地位の者は四・五%しかいなかった。これを人口構成に近づけるため、八五年までの五年間に三五%に増やすことにして市当局が黒人、ラテン系消防士の昇進を優先的に図ってきたのに対し、白人消防士の間から「逆差別であり、憲法違反だ」との不満が出て最高裁の憲法判断が求められていた。

もう一つは、ニューヨーク市の鋼板労働組合の組合員のうち黒人・ラテン系の占める割合を二〇%に増やすよう求めた計画。レーガン政権はこうした計画について「差別を受けた個人を救済するのでなく、初めから一定枠を確保することは[illegible]体は反する」として、白人側の提訴を支持する立場を示してきた。

二日の判決は、これら二つの事例について、少数民族雇用の一定枠を設けることは過去に黒人をはじめとする少数民族が受けてきた差別を是正する上で有効な手立てであり、差別是正措置として違憲とはされない、とした。

用と昇進などの機会を優先的に保障する方策である。

アファーマティブ・アクションでもっとも知られているのは、ノルウェーの四〇%クオータ制である（一九八三年の労働党の四〇%女性党員構成比率のこころみにはじまり、一九八八年「男女平等法」第二一条も審議会・委員会の四〇%女性比率を規定）。現在、女性首相（ブルントラント首相）の同国の閣僚の四四%が女性になっている。同じ北欧のスウェーデンも、クオータ制によって、一九九四年秋の選挙結果では、国会議員の女性比率が四一%、閣僚の比率が五〇%の「世界一」となった。ドイツでは、最大野党の社会民主党（SPD）の「二〇〇〇年までに女性議員比率を四〇%以上にする」という方針におされて、与党の保守党・キリスト教民主同盟（CDU）も国会議員や党役員の三分の一以上を女性にする党則改正を提案している。

政治の世界への女性の進出がとりわけ遅れている日本は、衆議院の女性比率二・三%が世界一七六カ国のうち第一四九位という超後進国であり、クオータ制の導入は時間の問題であると予想している。根拠は、「どの女と寝ようといいじゃないか」発言で知られる小沢一郎新進党総裁でさえ、新生党時代に「女性候補を総数の何十%とするための基準を検討中」と表明したり、同じ時期に社会党や日本新党も議員の四分の一のクオータ制を検討しているという報道（九四・二・一四「毎日」）からである（ただし、小選挙区制は逆におおはばなブレーキとなる）。なお、進学のアファーマティブ・アクションについては、一九九四年度から女子学生の比率の低い学科で女子を対象とした推薦入学を実施する名古屋工業大学のように、日本の国立大学でも実質的な優遇措置を開始している所も存在する。

アルゼンチンの場合は、国全体として各党が議員候補の三〇%を女性から出すことを義務づける法律を制定（一九九一年）しており、アファーマティブ・アクションは、かつての世界的な女性参政権獲得運動の広がりの歴史と同様の道のりが予想されよう。アメリカでは、カーター大統領のもとで推進されたアファーマティブ・アクション・プログラムによる黒人や少数民族の企業や自治体職員への優先雇用の義務づけは「逆差別であり、憲法違反である」という訴えに対して、二八九ページの記事のように連邦最高裁が合憲判決をくだしたように（一九八六年七月）、少なからぬ抵抗や反発をともないながらも、被差別者集団の政治参加や進学の保障と雇用確保促進の過渡的方策として、積極的な意義をもつものと考えられている。

ただし、アメリカ社会の保守化とともに、逆流の動きもあり、連邦最高裁は一九九五年六月十二日、アファーマティブ・アクションを「やむを得ない場合に限られる」と制限する判例変更を五対四の判決で決定した。これに先立つ同月一日に、アファーマティブ・アクションの最先進地・カリフォルニア州知事が少数者優遇の雇用枠撤廃の行政命令をだし、翌月、クリントン大統領も、制度の骨格を維持しながらも見直しをはかる意向を表明している。

つぎに、障害も人間の「個性」のひとつと大胆に考え、ハンディキャップをもった障害者がハンディなしに「健常者」と同様なノーマルな生活条件のもとで「共に生きる」ことを保障する「ノーマライゼーション」の理念は、北欧諸国では障害者の積極的な人権擁護策として制度化されており（その一環として、スウェーデンの「盲学校」は差別的学校制度として全廃された）、一九九〇年七月の「全米障害者法」も、同様の理念の制度化を目指したものである。

スウェーデンの場合で見れば、車イスの障害者のために、台所の流しや調理台をスイッチで手前に下りてくるように自宅の生活空間を改善することが、地方公共団体によってすべて無償で実施され、調理台を大理石にするような特別注文の場合に限り、差額を自己負担するというのが、ノーマライゼーションの一つの具体的な事例である。北欧諸国の後を追う形の「全米障害者法」では、①障害ゆえの雇用の差別の禁止（二年以内の発効）、②車イスの障害者の全公共交通機関へのアクセスの保障（最長五年以内の発効）、③スーパー（車イスでの出入り自由だけでなく、車イスのまま全商品を手にできるように陳列替えすることが求められる）から劇場・ホテル・病院などの民営の公的施設においても同様のアクセスを保障することなどを骨子としており、この法律が障害者の「完全参加と平等」と「共生」の理念に裏打ちされていることは明白である。これらの方策は、先に考察したように、障害者の人権保障を、家庭を介してではなく、直接個人の権利として公的に保障する道であり、それが障害者の家族からの自立を意味することも明らかであろう。

重要な視点として、アファーマティブ・アクションやノーマライゼーションの理念は、近代民主主義の原理そのものの手直しの始まりであることに注目しなければならない。

フランス人権宣言は、第六条において「……すべての市民は、……その能力にしたがい、かつその特性および才能以外の差別をのぞいて、平等にあらゆる公の位階、地位および職務に就くことができる」と宣言することによって、近代民主主義思想は、一方で、能力以外の条件による差別を禁止するとともに、他方で、能力による区別や優先や排除は差別でないと認定した。その近代民主主義思想を代表するJ・J・ルソーが、「労働による所有」というラディカルな思想によって、貴族・僧侶らの封建的収奪をはげしく批判するとともに、同じ原則によって「社会の損失を二倍にし」「何もしないのに国家から支払いを受けている」障害者は「強盗」と同じ存在であるとまでいって、障害者差別を当然視していたのも、おなじ近代の強者の論理であった。

つまり、出生主義＝身分制に代わる能力主義の原理によって、封建的収奪や特権を打倒した古典近代の民主主義の理念は、フランス人権宣言（ルソーの民主主義）における女性差別、アメリカ独立宣言における黒人差別、イギリス・ピューリタン革命におけるアイルランド（植民地）差別が各々自明の前提になっていたように、労働能力にハンディキャップをもつ障害者や、女性・黒人・植民地人民などを必然的に差別し、劣等視する可能性をもっていたのである。

近代資本主義社会においては、（子どもを除く）すべての人間が労働力の主体として存在し、ひとはその労働の能力や成果、社会への貢献度によって評価される。したがって、アファーマティブ・アクションやノーマライゼーションの理念によって、労働能力をはじめとする各種の能力や処遇においてハンディキャップをもつ人間の「完全参加と平等」を目指すことは、民主主義の原理そのものの是正のはじまりである。つまり、近代民主主義や資本主義社会の能力主義の正義の原理が修正されることによって、日本国憲法にうたっている「すべて国民は、健康で文化的な最低限度の生活を営む権利を有する」という基本的人権は、はじめて、「絵にかいた餅」ではなくなる、という奇妙な関係になるのである。

ハンディキャップをもつ者や被差別者集団に対するアファーマティブ・アクションやノーマライゼーション理念を採用することは、障害者や被差別者の自立をたすけ、その知的能力や政治参与の能力を伸長する。また、技術革新で機械をともなう分業が進んでいくと、労働の工程が多数の部品の供給と組み立てからなる多くの労働過程に分割されることによって、個々の人間の筋力や能力の違い、熟練の違いが製品に反映されなくなり、だれがやっても同じ製品がそれも短時間のうちに大量に生産されることが可能となる。

その結果、熟練や筋力を不要とする技術革新と分業の進展は、たとえば「世界のトヨタ」の自動車組み立て生産ラインにも女性社員の大量活用の道をひらく（既述したように、アメリカ・ホンダの生産ラインではすでに女性が三割）。超大型ダンプカーが女性でも自在に操作できるようになり、「建設業界、もう男だけの世界じゃない」と報道されたように（一九九一年）、女性の各種の産業界への進出も日常化するのである。つまり、資本の経済的合理性の追求に支えられた技術革新と分業の進展こそが、いま男女の性別役割分業を解体しつつある目にみえぬ最大の「仕掛け人」なのである。同じ発展は、「健常者」と障害者の労働能力の違い、あるいは老人と青年の労働能力の違いをも確実に小さくしていくのである。

一九九一年一月の「湾岸戦争」において、三万二〇〇〇名以上の米女性兵士が中東に出兵した機会に、一九四八年に制定された女性兵士の実戦参加を禁止した法律の是非が問題になり、米国民の七〜八割もが女性の実戦参加に賛成（つまり、女性兵士の昇進が差別されることに反対）するという世論調査結果も出て、一九九一年十二月五日に米連邦議会は（全兵士の一割をこす）女性兵士の実戦参加を認める法改正を決定した（「不戦兵士の会」会員の私は、軍隊という愚かな組織の存在そのものに反対であるが、げんに存続している軍隊組織のなかでの女性差別に反対することは当然である）。

日本の防衛庁も、八千人をこす女性自衛官の実戦参加制限の見直しの検討を開始している。技術革新と分業の進展は、このように、かつて女性にもっとも縁遠い存在と思われていた戦闘行為への直接参加も可能にしつつある。技術革新の話からはズレるが、近年、日本でも、格闘技への参加に関心をもつ若い女性は増えており、私は同意しないが、オリンピック女子柔道コーチの山口香は「格闘技は、女性むきなんです」とさえ語っている。何千年にわたって信仰されてきた「女らしさ、男らしさ」の神話は、いままさに遠い過去の物語になろうとしているのである（一九九五年の正月元旦からの「毎日新聞」の連載は「男らしさよ、さようなら」の見出しのついた≪スカートをはく男たち≫であった）。

「全米障害者法」が障害を理由とする雇用拒否を禁止する規定を導入したのも、たとえば、オフィスがろうあ者の電話事務への雇用を拒否できないのは、音量拡大装置を用意することでそのハンディをカバーできるという理由からであった。同様のことは、老人の労働力化についても充分考えられる。ＴＶ報道で、不況の時代に従業員の平均年齢六四歳のビジネスホテルが好評で、東京全体の宿泊稼働率七四％にたいして、このホテルは九〇％をこす稼働率と紹介されていた。このように、技術革新と分業の進展は、熟練や筋力を不要とし、人間の労働の等質化をもたらすことによって、女性や老人や障害者にも「労働権の確立」をもたらし、雇用と活躍の場をおおきくひらき、人間の自立と自由・平等・友愛の主体としての解放をおおきくおし進めるのである。

しかしながら、もう一つの重要な視点として、アファーマティブ・アクションやノーマライゼーション理念の道は、被差別者のハンディをカバーし埋め合わせることによって、単純化すれば、健康で文化的な「最低限度の生活」を万人に保障する方策ではあっても、それが社会における「平等」の実現を意味するものではないというおおきな問題が残っている。

限られた社会の富を公平に配分しようとするかぎり、人がどれだけ働いたかという労働の能力と成果という共通の尺度で平等に評価せざるをえない。その結果、出産を担う性としての女性や、労働能力のハンディをもつ老人や障害者への配分は一般に不利にならざるを得ず、同種の人間の場合にも、素質や能力の自然的な差異にもとづく労働能力の差異が労働の成果の違いに反映せざるをえないのは当然である。

しかしながらまた、「頭および一般に知的能力の差異はなんら胃および肉体的要求の差異を条件づけるものではないということ」（マルクス『ドイツ・イデオロギー』）も明白な事実である。

つまり、人間の労働の能力や成果における差異にもかかわらず、人間の欲望や欲求自体には大差がない、という超えがたい厳然としたギャップは残らざるをえず、その目にみえるギャップを前にして、万人の了解・納得のできる「平等」を如何にして実現するのかという困難な課題に、人類は対面せざるを得ないのである。そして、かつて封建社会の出生主義＝身分制度が、ブルジョア革命によって社会の自明の原理から差別の原理として廃棄されたのと同様に、能力主義の原理も、どういう筋道をへて、正義の原理からじつは「差別の原理であった」とひろく一般に認識されるようになっていくのかは、人類社会にとって、途轍もなく困難ではあるが、挑戦しがいのある壮大でエキサイティングな課題である。

6 ユートピアへの架橋のこころみ

——社会主義的変革は差別を維持せざるをえない

アファーマティブ・アクションやノーマライゼーションの理念が近代民主主義や資本主義の原理そのものの手直しであるように、万人の真の自由・平等・友愛の主体としての解放というユートピアへの架橋が、資本主義システムのままでは無理であること自体は、明らかである。そのことは、本書Iの理論的考察によっても裏づけられている。これにたいして、一九一七年のロシア革命にはじまる社会主義的変革が、このユートピアへの架橋のひとつのおおきな挑戦であったことは否定できない。しかし、ソ連・東欧を中心とする社会主義体制の崩壊は、その挑戦をもしりぞけた。

しかもなお、万人が真に自由・平等・友愛の主体となることによって差別から解放されることが、人類にとっての夢であることも明らかである。5で見たように、日本にとってはこれからの挑戦である先進的なアファーマティブ・アクションの試みも、社会の保守化という逆流とのたたかいを余儀なくされており、ユートピアへの道は限りなく遠くまた険しい。その遠く険しい道のりを、神ならぬ生身の人間が今から明示的に明らかにすることは無理であるとわり切ろう。

そして以下においては、それにもかかわらず、万人が真に自由・平等・友愛の主体となることによって差別から解放されることが、人類にとっての夢であるとするならば、その道のりの全体像は展望できなくても、その夢に接近するためには少なくともこういう条件は必要ではないか、という消極的な考察をこころみることで、ユートピアへのわずかな一歩を描いてみたい。

そのひとつの試みとして、実存主義哲学者のボーヴォワールが、『第二の性』の一番最後に（五巻の新潮文庫の『第二の性』では、「自由な女」は第三巻に訳出されているが、原書ではこれが同書の末尾になる）意外にもマルクスの『経済学・哲学手稿』を引用し、女性の差別からの解放の展望として、参政権や労働権の獲得で「完全な解放だと思ってはあますぎる。今日では働くことがそのまま自由を意味していない。女がはたらきながら自由をえられるのはただ社会主義的世界だけである。」と書いたことを問題にしよう。つまり、ボーヴォワールは社会主義社会に女性解放の夢をたくしたのであるが、本書では、社会主義社会は社会主義そのものの原理のゆえに必然的になお女性差別をふくむ諸差別を解消しえないシステムであるという問題を論じることにする。

社会主義社会は、生産手段をブルジョアジーの私的所有から社会的所有に移すことによって、労働者を「疎外された労働」から解き放つ可能性と、合理的な計画経済を遂行する可能性をたかめ、家事・育児などの社会化にも支えられて、たとえば革命後六十数年でソ連の医師の約八割、大学教員・弁護士・技師などの約四割が女性になったように、被差別者集団を全社会的規模で社会的生産に参加させる施策を実現した。つまり社会主義的変革は、資本主義制度の場合よりも被差別者集団の自立と自由の地歩をより確実に固めることで、差別の解消の条件をたかめたのである。

しかしながら、社会主義社会はその社会の基本的な分配原則のゆえに、なお偏見や差別を存続させる実在的な土台を克服することができない。社会主義社会は、計画経済や女性の全社会的規模での生産への参加によって、短期間のうちに生産力の飛躍的な発展を可能とするが、同時に3で指摘した自分の才覚と努力が実感的に報われる自由競争と報奨の体制を欠いていることや、なお愚かな軍備拡大競争を続けざるをえないことなどの制約で、その生産力はなお相対的な低位にとどまるのである。したがって、その限られた富の分配の原則は「各人は能力に応じて働き、その労働の成果に応じて受けとる」という限界をもたざるをえず、その結果として、差別や偏見を存続させる実在的土台を残すのである。

限られた生産力のもとでの人間の労働は、なお物質的刺激や権利意識を必要とし、生産物の分配も主として労働報酬の形をとる。つまりこの社会では、人間がその能力に応じてだれしも働くことが可能となるが、生産物はなおその働きに応じて分配することを原則とする社会である。言いかえると、この社会は意外にも、自ら汗して働いた人間がその労働の全成果を所有する権利があると主張する「労働全収権」というブルジョア的原理のもっとも貫徹する社会であり、生産者の権利は、あくまで、かれ・かの女がどれだけ働いたかに比例するのである。

またこの社会では、女性について見たように、たしかにすべての人間の能力の発達が可能なかぎり保障されるが、素質や能力の自然的な差異にもとづく能力の差異は当然残る。自然的な差異として、肉体的あるいは精神的にすぐれた者が、同じ時間内により多くのものを生産したり、より長い時間労働することができるという違いは当然ある。女性の場合は、出産を担う性として、最低出産に際しその労働の遂行に一定のハンディキャップをおう。そうすると、この社会の原理からいって、これらの自然的差異にもとづく不平等な労働にたいしては、不平等な権利を認めることが平等な権利になるという「ブルジョア的権利」の基準が採用されることになる。というよりも、働きに応じた分配という不平等なブルジョア的権利は、社会主義社会になってこそ、はじめて純粋に全面開花するのである。

　また、同じ労働をしたふたりの労働者の場合にも、ひとりが老人や幼児などの不就労者をより多く扶養している場合は、不等量の生活手段が分配されるのが平等となるという点でも、社会主義社会は平等ではなく、不平等が貫かれるのである。もちろん、この社会は「ブルジョアジーのいない国家」であるから、このブルジョア的権利には、階級的差別はない（ただし、それに代わる官僚制的な別の特権の発生する可能性はなお十分ある）。そして、すべての人間の労働権や生存権などが保障され、個人の労働量とは無関係に共通に無料配分されるものの割合も増大する。それによって、アファーマティブ・アクションやノーマライゼーションの場合と同様に「健康で文化的な最低限度の生活を営む権利」も万人のものとなる。

　しかもなお、この社会の富の絶対量はなお一定限度に限定されているので、人間評価の機軸としては、実質的不平等の契機をふくむブルジョア的権利の基準が存続するし、せざるを得ない。つまり社会主義社会は、第一に、人間を労働という共通の尺度で平等に評価せざるをえないという不平等な分配原則のゆえに、働きのすくない人間を差別（区別）せざるをえず、したがってなお、真の平等を実現することはできないのである。この点で、同じ被差別者集団のなかでも、労働能力においてかなりのハンディキャップをもつ障害者と、一定のハンディをもつ女性の解放には問題が残るのである。

　生産力の相対的低位性に加わる歴史発展の不均等性にもとづいて、この社会はなお労働者階級と農民、都市と農村、肉体労働と精神労働の差異と対立、「歴史的アナクロニズム」としての戦争と軍隊を廃止することができない。

つまり、社会主義社会の人民は、なお労働者と農民、精神労働と肉体労働の担い手としてひき裂かれている。また、同じ労働者や農民同士の間も社会主義的分配原則によって分断され、大幅な所得格差が存続する。さらに、自然的差異として、労働能力に一定のハンディキャップをもつ障害者や女性は、他の人民一般から分断される可能性をもつ。このように社会主義は、不平等な労働には不平等な権利をというブルジョア的限界をまだつき破ることができない。したがってこの社会では、人間の社会的不平等はその実在的土台、物質的根拠をもっているのである。そしてこの社会的不平等を生みだす実在的土台をほり崩せないままに、共通の「人民服」で社会的平等を装ったり、強権的な「文化大革命」を発動して人々の意識変革にとり組んでも、そうした欺瞞的で転倒的な方策によって、人間を自由・平等・友愛の主体として解放できないことは、文化大革命期の中国の事例が示すとおりである。

したがって、社会主義社会の民衆は、その社会的不平等の存続・残存の度合いに対応して、みずからの不満や抑圧のはけ口を、自分より劣っていると考える他人や集団（女性、障害者、場合によっては旧社会の被差別者集団にかつて所属していた人々）に転嫁する可能性も、なお確実に残されているのである。著書の最後を「未来は社会主義のものである。すなわち、何よりもまず労働者と婦人のものである」と結んで、社会主義社会における女性の解放を楽天的に描きだした女性論の古典・ベーベル『婦人論』の予言にもかかわらず、この社会には、女性差別や障害者差別がなお一定の限度において確実に残るのである。

なお、ここで私は女性差別と障害者差別については、自然的差異にもとづく一定のハンディキャップの存続のゆえに、そうした能力の自然的な差異のない他の被差別者集団と区別した。しかし、人種差別、民族差別、部落差別などの差別事象は、もともと能力における自然的差異がないからといって、社会主義的変革によってこれらの差別事象が前二者の差別と異なり即時解消するのかというと、これについてもなお問題が残ることも留意しなければならない。

社会主義社会では、さきに見たように、旧被差別者集団を含めてすべての人間の能力の可能なかぎりの発達が保障される。くわえて社会主義権力は、「分裂させて支配せよ」という言葉どおり、人民を分断して統合することに積極的利益を見いだしていた資本主義社会の国家権力とは異なり、差別解消のための過渡的で積極的な行政措置をとることができる。したがって、資本主義社会当時には能力の発達を抑制され差別されていた被差別者集団も、その能力の最大限の発達が保障されることによって、資本主義社会当時に故意につくられていた「学力」や能力の差異を急速に解消していく。この側面からの差別の解消は、十分楽観してよい。

しかし、不平等な労働には不平等な権利をというブルジョア的権利の限界のゆえに、この社会で相対的に少ない報酬にしか浴しえない多くの人々が、いまや彼らと遜色のない活躍をしている旧被差別者集団あるいはその子孫に対して、その不満や心理的抑圧を妬みによる感情のもとに転嫁、委譲する可能性が残るのである。もちろんこの差別は、資本主義社会の場合とあきらかに異なり、差別される側につくられた能力差などの差別される「いわれ」が解消しているゆえに、たんなる残滓としての差別事象でしかない。しかし、配分における社会的不平等という実在的な土台が残っているかぎり、社会主義社会の人民大衆も差別者となる可能性をひきずり、社会主義時代のソ連におけるユダヤ人問題の存続にみられるように、この差別事象の根絶をはかることは不可能となるのである。

7 「イマジン」の壮大な夢に人類の未来をかけよう！

すべての人間が真に自由・平等・友愛の主体となり、自己の不満や疎外感を無意識のうちに他に転嫁する差別の必要性から解き放たれるユートピアを、国連関係者が人類の未来の夢が託されている名曲としてジョン・レノン追悼式で世界一三〇カ国に同時放送した「イマジン」の世界を手掛かりにして、イメージすることにしよう。

ジョンは、「イマジン」において、人間が飢えや強欲から解き放たれ（人並みに食べることに悩むこともなく、人並み以上の欲望にさいなまれることもなく）、私的所有の多寡をめぐって目を血走らせたり、

IMAGINE

John Lennon

Imagine there's no heaven
It's easy if you try
No hell below us
Above us only sky
Imagine all the people
Living for today...

Imagine there's no countries
It isn't hard to do
Nothing to kill or die for
And no religion too
Imagine all the people
Living life in peace...

You may say I'm a dreamer
But I'm not the only one
I hope someday you'll join us
And the world will be as one

Imagine no possessions
I wonder if you can
No need for greed or hunger
A brotherhood of man
Imagine all the people
Sharing all the world...

You may say I'm a dreamer
But I'm not the only one
I hope someday you'll join us
And the world will live as one

（受験戦争や昇進競争を）競い合うことを卒業・克服・廃棄する時代をIMAGINE（＝CREATE）するように呼びかけている。それは、人間が自らの能力のままに生きかつ働きながら、欲望や必要のままに所有や享受を許される夢と豊潤のユートピアといえよう。

このユートピアでは、すべての人間がその労働の能力や成果を気にすることもなく、ただ人間そのものとして、ひとつの個性や人格をもった人間そのものとして生きることができる。何千年にもわたって、男女の性の違い、人種や肌の色の違い、遺伝的素質に一定関係する能力の違い、容姿の違いなど、大半のものが自然的差異でしかないものを特別意味のある相違や不平等と誤解し、人間をその自然的差異において、労働能力において、業績において、社会への貢献度によって評価するという、私的所有の発生いらい何千年と変わることなく、それこそが正義の原則として続けられてきたケチで偏狭な人間評価の視座が、つまり特定の人間を「貴種」としたり、なによりも「能力主義」の原理によって人を評価することが、そこにおいてはじめて崩壊する。そして、観念そのものとしては何千年来説かれてきた「人間が人間である限り誰しも平等である」「差異はあれど差別なし」という人間の無差別平等性、人格的絶対平等の思想が、このユートピアにおいてはじめてだれしもの常識（「世の光」）となるのである。

もちろん、このユートピアを肯定し受け入れるための最大の障壁は、私的所有の多寡をめぐる競争と争いを不要とする豊潤な富の存在である。

それだけの豊潤な富の実現を前提にする前に、いったい「南北問題の解決はどうなるのか？」「エネルギー資源はどう確保するのか？」「地球の生態系の危機は？」などなどと多くの疑問が寄せられよう。そうした多くの難問の存在を確認したうえで、とりあえず、「先進国」の現実を前提にして、ユートピアの豊潤な富を夢見ることを許してもらおう。ただしその際、たえず出される反論「人間の欲望は無限である」という俗説についても、人は誰しも、例えばマイ・カーを一人で三台、四台と望むのか（それこそがジョンが不要という「強欲」そのものではないのか）、あるいは、自由につかえるカーがありさえすれば、マイ・カーであることを必要としない人もいるのではないか、などということもあわせ考えながら、読んでほしい。

①　筋力や熟練を不要とする技術革新と分業のさらなる発展が可能とするアファーマティブ・アクションやノーマライゼーションの方策によって、女性、老人、障害者、被差別者などの膨大な数の人間の労働力化がはかられることにより（資本主義体制のもとでも、雇用を優先させるための消極的方策ではあるが、ひとり当たりの労働時間を減らして多くの人が仕事を分かちあう「ワークシェアリング」の考えは現れている）、国内市場の大幅な拡大をふまえた社会全体の生産力の飛躍的な上昇が考えられよう。それこそが、豊潤な富や労働時間の短縮の基本的な前提になろう。この場合、見落としてはならない視点を、女性を例にとって説明しよう。

女性が全社会的規模において社会的労働に参加することが（これまで男性だけが、あるいは男性主体で働いていた当時よりも）労働時間の短縮をもたらすと書いたが、他方で、③で考察するように「必要労働」時間が短縮するからこそ、女性の全社会的規模での社会的労働への参加がじっさいに可能になることも忘れてはならない。IIIの3で紹介したボーヴォワールが、フランスのルノー工場の女工さんたちも、労働時間がおおはばに短縮されるなら、「工場ではたらくよりも家庭にとどまるほうを」望むことも無くなると指摘していたように、労働時間が一日四時間前後になるなら、女性が全社会的規模で働くようになることを厭わなくなることは容易に考えられよう。IIの3aで紹介した全社会的規模で働いているフィンランドの女性労働者の九八%がパートタイマーでなく、フルタイムの労働者であるという信じがたい事実も、こうした条件のもとで可能になるのである。

② くわえて、ジョンが「イマジン」で、人為的な「国家」という政治的共同体を卒業・克服・廃棄する時代をIMAGINE（＝CREATE）するよう呼びかけていることを思い出そう。階級的な支配の手段としての国家が、どういう筋道をへてどのような自主的で多様な社会的自治制度に転換するのかという困難な課題は、棚上げを許してもらおう。ジョンのいうように、人類が「国家」の廃棄に成功すれば、愚かしくも膨大な富と生命を空しく消耗する戦争は不要となり、何よりも無益で（殺人が職業であるという）愚劣な「軍隊」という組織を解散することができよう。

そして、何百万もの兵士という有能な人材が、人殺しの訓練から生産労働に振り向けられるだけでなく、歴史上いつも戦争とともに飛躍的な発展を遂げてきた科学技術が、少々発展のテンポを落とすことはあっても、破壊から建設的な生産技術の開発・革新に向けられることによって、無益な戦争による壊滅的な破壊がなくなる分とあわせて、社会の生産力の上昇が二重に期待できよう。

身近な歴史の教訓を振り返っても、二回の世界大戦において、スウェーデンを筆頭にした北欧諸国が戦争にたいして中立の努力を重ねたことと、現在の北欧諸国の社会福祉政策の先進性のつながりを推測することができよう。また逆に、ドイツにおいて、例えばヒトラーが政権を掌握すると同時に女性国会議員を追放し、第二次世界大戦中に六百万人のユダヤ人のホロコーストを筆頭に、多数のシンティー・ロマ（ジプシー）や同性愛者や精神病患者を虐殺したように、軍国主義や侵略戦争は、人間の対立・敵対と差別を最高度に昂進させる傾向をもつ。したがって、人間の自由・平等・友愛の主体としての解放をおし進めるためには、国家と国家の抗争や、軍隊組織と戦争を廃棄するという困難な道のりを避けて通ることができないことが示唆されている。

だからまた人類は、総力戦となった第一次世界大戦以来の愚かな戦争の歴史とともに、その戦争とたたかう「良心的兵役拒否」の思想と抵抗の運動を生み出し、すでに第二次世界大戦では、たとえばアメリカで一万六千、イギリスで五万九千名の国民が兵役を拒否して、むしろ獄中の生活を選んでいた。そうした歴史のうえに、ドイツ連邦共和国基本法のように「何人も、その良心に反して、武器をもってする戦争の役務を強制されてはならない」という「良心的兵役拒否」の基本的人権を憲法に規定する国は、すでに一九六〇年代においても、資本主義国で一四カ国にひろがっている。

人類に闘争と戦争はつきものであるという俗論は、世界史の現実をふまえてなお強固であるため、簡単に論破できるとは思っていないが、素朴な疑問を二点だけ書いておこう。ひとつは、私たち人間は生まれたばかりの時にはだれも闘争心や競争意欲や戦闘本能を持っておらず、私的所有の社会制度の只中で成長・発達する過程でそうした心、意欲、「本能」を身につけていくことは明らかであるのに、なぜ人間をそのように変えていく社会制度だけは永遠に不変で、変革不能と即断できるのか、「不戦兵士の会」の会員の私には分からないということである。

ふたつめも同じような単純素朴な疑問である。国立歴史民族博物館副館長の佐原真によると、「人間の歴史は四百万年。これを四メートルの物差しにたとえると、そのうちの三メートル九九センチ、つまり一万年前までのあいだは、戦争はありませんでした」とのことである（一九九六年二月一日「朝日新聞」天声人語欄）。つまり、四百万年の人類史のなかで、人が人を殺しあう愚かな出来事はたった一万年（〇・二五％の期間）の経験に過ぎないのに、なぜ「人類に戦争はつきもの」と軽々しく言えるのかが、やはり分からないのである。

③　技術革新と分業の進展を基盤とした被差別者集団の労働力化の道を保障する①と、無益な戦争＝軍隊組織の廃棄という②の道のりを通しての生産力の飛躍的な発展によって、現存（以上）の人間の生活水準を維持するために社会の全構成員が平均的に働かなければならない「必要労働」時間は、おおはばな短縮が可能となる。この点は、資本主義生産のこれまで道のりからもじゅうぶん推測可能である。

日本の場合では、一九一六年の「工場法」でそれ以前の『女工哀史』などで知られた長時間労働が一日一二時間に制限されたものが、三一年後の「労働基準法」で一日八時間に短縮され、現在ではそれが一日平均実質七時間以下になっている。その日本の労働者がドイツの労働者にくらべると、なお年間六〇〇時間以上（一年で二カ月、生涯で一五年間以上余分に）働いていることから、おなじ資本主義のドイツの労働者なみになるだけで、日本の一日の労働時間は六時間以下となる。

つまり、日本の労働者の必要労働時間は、同じ資本主義体制のもとで、わずか七〇年余の期間で一日一二時間以上の労働から半分の六時間以下への短縮が可能となっている。これにさらなる技術革新と分業の進展に加えて、女性全体の労働力化や、老人・障害者などの労働力化が進めば、一日の必要労働時間は、一二時間 ⇩ 八時間 ⇩ 六時間がさらに ⇩ 五時間 ⇩ 四時間……へと短縮しうることは、容易に展望することができよう。マルクスが『資本論』において、「自由の国」を実現するには「労働日の短縮は根本的条件である」と指摘したように、労働時間の短縮は、人間の解放にとって不可欠の条件である。

④　くわえて、技術革新と分業の進展が、各人の労働能力のちがいや質的な差異を縮小し、無意味にすることはさきに確認した。他方で、「必要労働」時間の短縮によってえられる自由時間の延長のなかで人の知的・肉体的能力のおおはばな向上も予測されよう。すると、一日二四時間から睡眠や食事の時間を差し引いた一日約一三時間前後の生活時間のなかで、会社や職場での「必要労働」についやすわずか四時間前後の時間のもつ意味もおおきく変化する。これまで私たちは、「あの人はえらい」「あの人はすごい」などと、ひとりの人間の能力や価値を評価する場合は、その人間が職場や会社などの社会的労働において発揮する労働能力や業績を不動の暗黙の評価対象としてきた。

ところがその時間は、一日の生活時間の中の十三分の四、わずか三割しか占めない時間となるのである。一日の生活時間の中のわずか三分の一の時間においてその人間がどれだけ活躍するかという労働能力の評価がそのひとりの人間の全体的な評価に占める比重は、当然おおはばに後退すると考えられよう（職業労働時間の二倍もある生活時間でのありかたの方がむしろ、その人間の評価においてよりウエイトをしめることも考えられる。さらにその延長上に、好んで絵をかく人間はいても画家を職業とする人間はいなくなる場合のように、スポーツや学問や各種の社会的分業が職業労働を構成しなくなる可能性も予想されよう)。

現在の社会における私たち人間の優越感・劣等感や差別・被差別意識を奥深い根底で規定しているものは、社会的分業を構成している各人の職務や職業労働における能力の違い(それを規定していると考えられている職種、学歴、知的・肉体的能力の差異など)と考えられているものである。その職務や職業労働の時間が一日の生活時間の三分の一(以下)となれば、その労働における能力や成果の違いがその人間の全般的な評価に占める比重は、当然低下せざるをえない。いまの日本でも、すでに「五時から男」とかいうへんなオジサンがCMではばを効かせはじめており、当人の職業よりは、市民運動やボランティア活動やアウト・ドア活動の方でより知られている人はもはや珍しくない。

⑤　しかも、すでに考察したように、ユートピアに接近するよりもはるか手前の二〇世紀の時代にすでに人類は、アファーマティブ・アクションやノーマライゼーションの理念を受け入れることによって、人間を(けちな)能力主義や業績主義で評価すること自体を「否」として、げんにその是正をはじめているのである。

つまり、人間はこれまで何千年にわたり人間をその労働の能力や成果・業績によって評価してきたし、今後もユートピアの実現をささえる豊潤な富の産出のためにも、それはなお長期間にわたってつづく。しかしまた、人間はユートピアに近づくにしたがい、「必要労働」時間の(無限にゼロに向かう）短縮にも支えられて、その人間評価の視座のもつ意味の比重を否応なくおし下げ、したがって、その評価の視座とかかわって長年にわたりつくられ強いられてきた強固な意識（優越感＝劣等感、差別＝被差別意識）にそれほどこだわらなくなることを確実に夢見ることができるのである。

こうした歩みと7の初めに書いた豊潤な富に近づいた人類は、5に引用した最大のハードル「頭および一般に知的能力の差異はなんら胃および肉体的要求の差異を条件づけるものではないという」障壁をのりこえるという最後の挑戦にいどむことになるのである。それがつぎのマルクスの続いての文章である。

「したがって、われわれの現存の諸関係が基礎になっているまちがった原則、「各人はその能力に応じて」という原則は、これが狭い意味での享受に関係しているかぎり、「各人には必要に応じて」という原則に変更されなければならないということ、別のことばでいえば、活動における、労働における相違は、いかなる不平等の根拠にもならず、所有と享受のいかなる特権の根拠にもならないということである。」（『ドイツ・イデオロギー』）

つまりこれは、ジョン・レノンが希求した人間が飢えや強欲から解き放たれ、私的所有の多寡をめぐって競い、相争うことのない世界、人間が自らの能力のままに生きかつ働きながら、欲望や必要のままに享受を許されるユートピアである。この夢の世界に近づくなかで、人類ははじめて精神労働と肉体労働、都市と農村、労働者階級と農民などの対立をもまったき意味において克服するのである。

そして、「差異はあれど差別なし」という定式が、ルソーや福沢諭吉らによって、むしろ女性差別の現状を隠蔽、合理化、否定する定式として利用されてきたものが、この時点に到ってはじめて、資本の意向や支配イデオロギーの手垢をぬぐい去り、「差異はあれど差別なし」がそのまま万人の常識（「世の光」）となるのである。

一九九六年一月二二日の「朝日新聞」の投書「障害と個性を同一視するな」を私は興味深く読んだ。投書者は、総理府の昨年版『障害者白書』が、日本でもノーマライゼーション（共生の原理）の障害者観が定着しつつあるとして、「『共生』の考え方を更に一歩進めたのが、『障害は個性』という障害者観である」「我々のなかには気の強い人も弱い人もいる、それで世の中を二つに分けたりはしない。……」と記述していることを紹介して、その考えをきびしく批判していた。その批判をみる前に、（依然として、障害児教育機関を「普通児」教育機関と別立てにしたままの）日本の中央官庁がノーマライゼーションというたいへんラディカルな思想を恥ずかしげもなく、これほど軽々しく紹介すること自体に私は驚き呆れた（逆にいえば、世界的な流れに押されて、ノーマライゼーション原理そのものの正当性は日本の「お」役所も否定できない時代となっているということである）。

投書者はその批判を、「冗談ではない。障害を、気の強い弱いといったことと混同して欲しくない。だいいち、気が弱いとか強いといったことで就職で差別されることがあるだろうか。給料で格差をつけられることがあるだろうか。……これまでの人生経験からしても障害は「個性」というようなきれいな言葉で置き換えられるような生易しいものではない。……違いをことさら強調することがよいとは思わないが、「個性」というような言葉で片づけるのは、障害者問題の厳しさから目をそらさせる効果しかないのではないか。」と書いている。

障害者の隔離と差別がつづいている現在の日本の社会では、この投書者の批判はただしい。「障害は個性」という発想は、5で紹介した北欧諸国や「全米障害者法」で実施されつつあるアファーマティブ・アクションやノーマライゼーションの施策の広汎な実施によって、はじめて理解できる可能性が生じるのである。そして、その発想がすべての人の常識として受け入れられるのは、やはりジョン・レノンが歌った、人間が私的所有の多寡をめぐる競争やあらそいを克服し、人間がみずからの能力のままに生き、欲望や必要のままに享受をゆるされるユートピアの社会になってからのことである。

最後に、ジョンが「イマジン」でこの世には「天国」も「地獄」も無いと言って、人類が「魂の救済者」としての「宗教」をも卒業・克服・廃棄する時代をIMAGINE（＝CREATE）することを呼びかけていたことを思い出そう。

もちろん、どんな社会になっても人間の生命は有限であり、また人には思いがけない事故や不幸が見舞うことはよくあることであることから、人間の世界から不動や絶対的なものへの憧れのような、宗教的な想念は永遠に無くならないであろう。

しかしながら、各人はその能力のままに生き、また働きながら、各人はその欲望のままに所有し享受することができ、人間がただ人間そのものとして生き、かつ評価されるようなユートピアに近づいていけば、人は、自己の不自由、疎外感、心理的抑圧、コンプレックスなどという「自己疎外」事象を他に転嫁する代償行為としてのいっさいの「差別」（意識と行為）から解き放たれ、「魂の救済」を求める必要もなくなることによって、教会や教団などの組織としての「宗教」も地上からその姿を消すことになろう。

…………

…………

ぼくは夢想家と言われるかもしれない
でも夢想家は一人じゃないよ
いつかあなたもその輪に加わるだろう
そして世界はひとつになるだろう

——ジョン・レノン

「一人じゃなんにもできない。
でも一人がやらなければなおなんにもできない」

——詠み人知らず

あとがき

本書は、私が新制大学の一般教育実践のとりくみとして、学生たちと「女性論・差別論」を学習してきた途次において書いてきた文章がもとになっている。

日本の国立大学における最初の事例となった宮城教育大学での「女性論ゼミ」は、日本の大学を席捲した「大学紛争」の余燼がくすぶる最中で——宮城教育大学でも講義棟占拠が続いていた一九六九年十月にスタートした。このゼミの体験者が六年目で二百名近くになり、ゼミを離れても女性問題にこだわり続けたいという有志と一緒に研究会を組織することになり、一九七四年から機関誌『一九××年現在』の刊行もはじまった。

一九七七年に私が埼玉大学教育学部に転勤後は、埼玉大の「女性論ゼミ」体験者も加わった女性問題研究会となり、機関誌（年刊）は二号から活版となり、千部印刷して市販もされるようになった（機関誌は第十号『一九八四・八五年現在』までつづき、私の名古屋大学転勤を機に廃刊）。「女性革命」がはじまろうとしていた時代状況にも支えられて、「女性論ゼミ」は多くの学生の関心をひき、学外者や単位取得に無関係の学生の参加がたいへん多いという好ましい伝統も形成され、宮城教育大学いらい今日まで二クラス体制（埼玉大学時代の参加者は毎年三〇～五五名）が続いている。

一九八六年に私が名古屋大学教養部に転勤した機会に「女性論ゼミ」を「差別論ゼミ」に変更したの

は、日本の学生の自発的な学習意欲がおおはばに後退し、女性革命の進行する時代でありながら、(埼玉大学時代の末期には)学生たちの女性差別問題への内発的な興味・関心もあきらかに後退していたため、教員としては、女性論よりも間口のひろい差別論一般というひろい網を張って、すこしでも多くの学生を大学の学問に引きとめようとしたに過ぎない。間口をひろげた結果、多くの参加希望者を確保でき、毎年二回のヘビーさで有名な合宿をふくめ、ゼミのよき伝統は今も続いている。

しかし、「新制大学の運命を決する鍵」とまでいわれた「一般教育」を縮小・解体するという、目下進行中の歴史的過ちの大学「改革」により、名古屋大学でも一九九四年度から教養部が廃止になり、「基礎セミナー」が全学生の必修となった(それ自体はいいことである、と言い切れないみじめな現状がある)ために、単位に関係なくゼミに参加するという意欲的な学生の確保が困難になるという異変が起こっている。

ゼミの「学生」たちとの共同学習のなかで、私は一九七四年、七七年、七九年、九三年の各時点で、前掲機関誌への寄稿や講義教材という形で「女性論入門」「差別論入門」などの文章を書いてきた。この場合は、研究者でなく教育者としての執筆であるため、本書に見るとおり、身近な新聞記事を中心的な資料としており、参考文献の厳密な脚注にもこだわっていない。その点が逆に本書を読みやすくしているものと期待したい。

本書のⅠとⅢは、女性問題研究会『一九七九年現在』に「女性論入門(中)」として寄稿したものである(今回、Ⅰに一部加筆)。Ⅱは、名古屋大学の社会思想史講義教材『民主主義と差別』の一部として、一九九三年に書いた。今回、その内容にかなり加筆するとともに、私の「女性革命」評価が甘いのではないかという疑問に応えて、新たに「4『女性革命』をどう評価するか」を書き加えた。IVは、旧稿「ジョン・レノンの思想に寄せて」（妻との共著『女性差別の社会思想史』明石書店、所収）を、新しい表題のもとで大幅に書き改めようとしたが、「6　ユートピアへの架橋のこころみ――社会主義的変革は差別を維持せざるをえない――」が加わった以外は、部分的な加筆・訂正にとどまった。

　私が男性でありながら、一九五〇年代後半の学生時代から女性差別問題とかかわりをもってきたことから、ときどき「男性がなぜそんなに早い時代から女性問題に関心をもったのか？」という質問を受ける。個人的な動機を別にすれば、女性問題はもっともひろくポピュラーに存在しながら、見えにくい差別であることにひとつの関心がある。くわえて、男性が女性論を学ぶことは、「内なる男意識」という自らの退路を断つことによって、自分の自由と解放を求めて、否応なく前にしか進めなくなるというメリットがあると思う。

「女に自由をあたえたら男も自由になれるのだ。しかしこれこそ男が恐れていることなのだ。」というボーヴォワールの言葉は、男がみずからジョン・レノンのいう「ドレイ」でありながら、ドレイからの自己解放をおそれている不思議な姿を鋭く指摘したものである。女性差別がなくなれば、男性も自由になれるのに、男は自分が人間性を疎外されたドレイであるからこそ、女を差別することによって、自分がドレイであることから目をそらし、自分が自由になれる解放の道をみすみす見失っているのである。

　学生といっしょに学びながら書きなぐってきたものが本になるとは考えていなかった。定年前に年来の約束の部落問題の研究書をかならず書くようにとの督促で、十二月初旬に研究室を訪れた明石書店社長の石井昭男さんが、本棚にあった講義教材『民主主義と差別』に目をとめ手にして、「先生、これを本にさせてもらいます」の一言で即決。私も驚いたが、同行していた編集部の金英達さんもあきれた様子。正月休みを返上しての本づくりの仕事となった。無理な短期間の編集という事情から、とりわけ編集部の是永海南男さんのお世話になった。この機会に、私とともに「女性論・差別論」ゼミで学びあい、ぼくを刺激しつづけてきてくれた二十数年で千人近くになるゼミ卒業生に感謝と連帯の挨拶をおくりたい。

一九九六年三月末

［著者略歴］

安川寿之輔（やすかわ　じゅのすけ）

1935年，兵庫県に生まれる。
1964年，名古屋大学大学院教育学研究科博士課程修了。
宮城教育大学助教授，埼玉大学教育学部教授，名古屋大学情報文化学部教授などをへて，
現在，名古屋大学名誉教授。教育学博士。
不戦兵士・市民の会副代表理事。
著書　『増補・日本近代教育の思想構造』（新評論，1979年）
『十五年戦争と教育』（新日本出版社，1986年）
『日本の近代化と戦争責任』（明石書店，1997年）
『日本近代教育と差別――部落問題の教育史的研究――』（明石書店，編著，1998年）
『大学教育の革新と実践――変革の主体形成――』（新評論，1998年）
『福沢諭吉のアジア認識』（高文研，2000年）
『福沢諭吉と丸山眞男』（高文研，2003 年）
『福沢諭吉の戦争論と天皇制論』（高文研，2006 年）
『福沢諭吉の教育論と女性論』（高文研，2013 年）
『岩波講座・日本歴史』15（岩波書店，1976年，共著）
『部落問題の教育史的研究』（部落問題研究所，1978年，共著）
『日本女性史』4（東京大学出版会，1987年，共著）
『女性差別の社会思想史』（明石書店，1987年，共著）
『学徒出陣』（岩波書店，1993年，共著），ほか。

女性差別はなぜ存続するのか【オンデマンド版】
――差別論入門

1996年 4月30日　初版第 1 刷発行
2015年 6月10日　オンデマンド版発行

著　者　安川寿之輔
発行者　石井昭男
発行所　株式会社明石書店
〒101-0021 東京都千代田区外神田 6-9-5
電　話　03（5818）1171
ＦＡＸ　03（5818）1174
振　替　00100-7-24505
http://www.akashi.co.jp/
組版　株式会社キャップ
印刷／製本　株式会社デジタルパブリッシングサービス

（定価はカバーに表示してあります）　ISBN978-4-7503-9057-4